高职高专“工学结合”特色教材

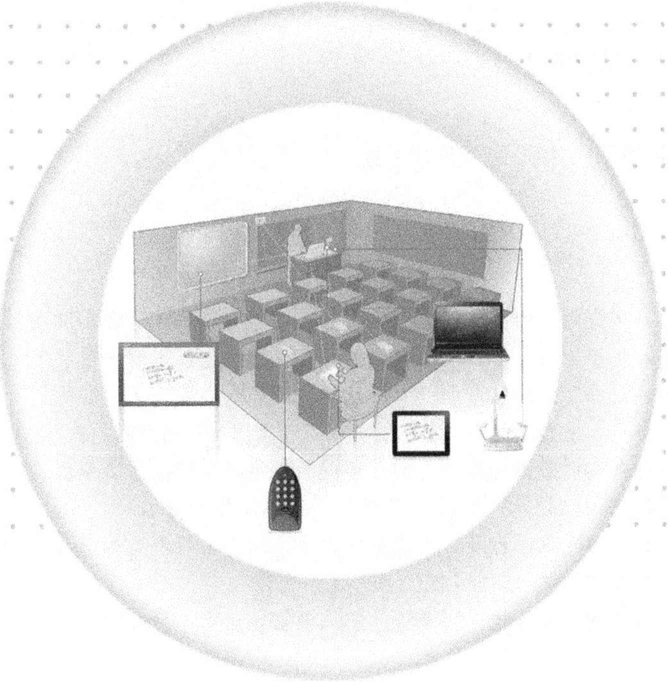

主　审　王巧玲　唐志俊

主　编　冷国华

副主编　许　翊　蔡晓云　皮明慧

现代教育技术实训教程

（第2版）

江苏大学出版社
JIANGSU UNIVERSITY PRESS
镇　江

图书在版编目(CIP)数据

现代教育技术实训教程 / 冷国华主编. —2 版. —
镇江：江苏大学出版社，2019.8(2024.1 重印)
ISBN 978-7-5684-1124-0

Ⅰ. ①现… Ⅱ. ①冷… Ⅲ. ①教育技术学一高等学校
一教材 Ⅳ. ①G40-057

中国版本图书馆 CIP 数据核字(2019)第 160309 号

内容简介

本书基于“工学结合”的理念，根据教师的工作过程确立了“现代教育技术”课程实训的六大模块，即理念篇、资源篇、设计篇、课件篇、教学篇、教研篇；并通过合适的项目展开实训。本书编写上体现“教学做用合一”的理念，即以课程所对应的职业应用作为实训的起点和终点：从应用出发确定实训任务，由典型任务和案例引导学习者实训，做到“做中教”“做中学”，最后通过一些综合应用任务实训来提升学习者的运用能力。每个实训任务步骤清晰，叙述深入浅出，反映该领域最新知识与技术；编排上采用新形态一体化教材编写方式，将实训中需要的素材资源、实训教程等用在线课程及二维码方式提供，利于学习者与教材互动，便于学习者快速掌握现代教育最新实用技术并融会贯通用于工作实践。

本书既可作为高等院校相关专业“现代教育技术”课程的实训教材，也可作为教师教育技术的培训教材和参考书。

现代教育技术实训教程(第 2 版)

Xiandai Jiaoyu Jishu Shixun Jiaocheng(Di 2 Ban)

主　　编/冷国华
责任编辑/仲　蕙
出版发行/江苏大学出版社
地　　址/江苏省镇江市京口区学府路 301 号(邮编：212013)
电　　话/0511-84446464(传真)
网　　址/http://press.ujs.edu.cn
排　　版/镇江文苑制版印刷有限责任公司
印　　刷/广东虎彩云印刷有限公司
开　　本/787 mm×1 092 mm　1/16
印　　张/15.5
字　　数/380 千字
版　　次/2019 年 8 月第 2 版
印　　次/2024 年 1 月第 7 次印刷
书　　号/ISBN 978-7-5684-1124-0
定　　价/48.00 元

前言

Preface

信息技术的飞速发展和应用促进了教育技术的更新换代，现代教育技术成为学校教育教学改革的重要手段和工具。基于信息技术的现代教育技术成为现代教师必备的技能，它应用在教师日常工作的每一个环节。因此，“现代教育技术”课程是教师教育各专业的必修课程，也是教师继续教育的重要项目。

“现代教育技术”是一门理论实践一体化的课程，但目前大多数教材按学科体系编写，追求理论体系的完整，偏重于理念和理论的阐述，实践项目大多是“应证式”的，和具体实践应用有较大脱节，学习者不知学为何用、学有何用，到实践岗位上不能很好地融会贯通、学以致用。这样的教材很不适于课程实训的开展。

工学结合作为职业教育的本质特征已经逐渐被大家所认识，它的核心理念是，学习的内容是工作，通过工作实现学习；教师教育是一种特殊的职业教育，它同样具有工学结合的特征，但教师职业也有其特殊性，它的工作对象是人而不是物。因此，教材编写需要考虑职业教育的共性及教师职业的个性。

基于上述考虑，我们编写了《现代教育技术实训教程》，它以工学结合的理念，从教师这个职业的工作过程和特点来规划结构，全书分为理念篇、资源篇、设计篇、课件篇、教学篇、教研篇；根据教师实际工作提炼出每篇的典型项目及工作任务，并转化为学习领域的任务和案例，依此进行内容的编写。为便于课程实训的开展，每篇由若干项目组成，项目按引导、实训目标、知识准备、实训过程、知识拓展、巩固练习的顺序编写。其中，实训过程是主体，由若干任务或案例组成；实训教材是提供给学习者使用的，在编写上以学习者为中心，采用学习资源提供、引导、任务驱动、对话、指导、实战、练习等多种形式，以“教学做用一体化”的理念来展开实训内容；编排上综合运用各种可视化方式，增强可读性和可用性，方便学习者与教材互动。为更好地使用，我们采用新形态一体化编排方式，建立了“现代教育技术”在线课程，同时以二维码方式提供动态教程和相关素材资源等。

本书由冷国华主编，许翊、蔡晓云、皮明慧担任副主编，王巧玲、唐志俊主审。在编写过程中得到了镇江市高等专科学校和丹阳师范学院领导的大力支持；同时我们也参考了有关教材、论文和著作，使用了某些网站的网页和资料，在此一并表示感谢！

由于编者水平有限，书中难免存在不足和疏漏之处，敬请广大读者不吝指正，联系方式为 E-mail：dslgh@ 163. com。

编　者

2019 年 6 月

目 录

1 理念篇

2 资源篇

3 设计篇

4 课件篇

5 教学篇

6 教研篇

❶ 理　念　篇

本篇是课程的开篇，通过实地参观考察、上网浏览资料、观看视频案例等多种方式的研习，感悟技术在教育教学和学习中的作用，理解现代教育技术相关概念，认识教育技术与教师专业发展的关系，进而确立正确的现代教育理念。

没有任何准备和规划的学习是一种盲目低效的学习，因此本篇首先安排了“做好学前准备工作”项目，通过该项目的实训，做好学好本课程的理念、知识和技能等方面的准备工作。

本篇通过两个项目来实施：

项目 1.1　做好学前准备工作

项目 1.2　认识现代教育技术

项目 1.1

做好学前准备工作

学习本课程，首先必须明确 4 个方面的问题，具体可概括为“4W”：① Why——为什么要学习这门课程？② What——该课程包括什么学习内容？通过学习达到什么目标？③ How——怎样学好该课程？④ Where——要学好该课程，可以从哪里得到帮助？从哪里获取学习资源？本课程的实训项目大都基于计算机和网络环境实施，因此本课程的第一项实训项目——做好学前准备工作，就是要读者熟悉实训场所，熟悉自己所用计算机和网络环境，学会如何浏览、下载和使用本课程的资源，并掌握计算机文件管理方法和技巧，初步认识知识管理的重要性。

实训目标

① 熟悉本课程实训环境，熟悉自己所用计算机和外部设备环境。

② 学会建立合理的文件夹系统来管理计算机文件的技能，逐步养成良好的计算机操作习惯，树立知识管理的正确理念。

③ 学会资源的下载、解压和使用方法。

④ 学会在线课程的使用方法。

知识准备

在学习本课程之前，我们学习了与信息技术相关的计算机、网络、多媒体制作等方面的一些知识和技能：

（1）计算机系统　由计算机硬件和软件两部分组成。硬件包括中央处理器（CPU）、存储器和外部设备等；软件是计算机的运行程序和相应的文档。计算机系统具体组成如图 1-1 所示。

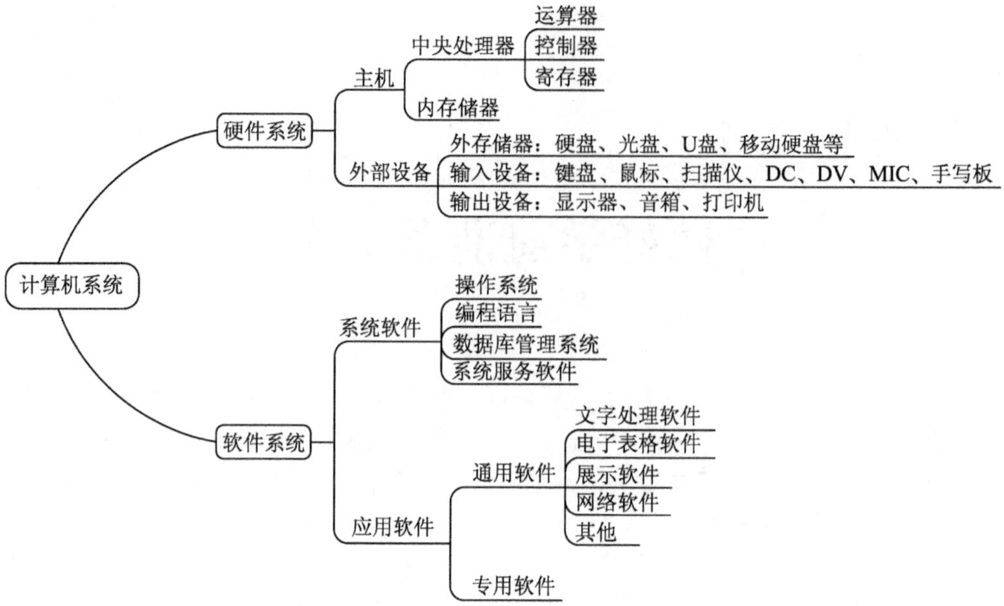

图 1-1　计算机系统

（2）*计算机文件管理*　计算机中的信息是以文件为单位进行存储和管理的。文件是一些相关信息的集合，计算机中的程序、数据、文档等组织为文件并以合适的文件名命名存放在外存储器中，并通过建立相应的文件夹来进行管理。可以通过“我的电脑”“资源管理器”或相关软件来使用和管理文件及文件夹，如新建、复制、移动、删除等操作。

注意

一般来说，电脑的 C 盘是系统盘，D 盘是系统辅助盘。在系统发生问题重装时，C 盘上原有的文件将全部清光，有时 D 盘也会发生一些变化，在公用机房中，为了便于管理，C 盘是还原的（每次开机还原到初始状态）。因此建议个人文件夹应建立在除 C 盘、D 盘以外的其他盘中，如 E 盘、F 盘。为防止他人误删，还可以将文件夹进行隐藏处理。为防止重要文件丢失，可以使用移动存储设备如 U 盘、手机存储卡、移动硬盘或网络存储（网盘）等方式来进行备份。

（3）*文件名和扩展名*　在计算机中，为了区分不同的文件，必须给每个文件命名，计算机对文件实行按名存取的操作方式。文件名由文件主名（文件名）和扩展名组成，在 Windows 系统中，采用的主要命名规则为：文件名最长可以使用 255 个字符，字符可以是英文字母（使用时大小写不区分）、数字、汉字和一些特殊符号、空格等；但下列字符不能用：“<”“>”“/”“\”“|”“:”“"”“*”“?”（英文输入法状态）；可以使用扩展名，扩展名用来表示文件类型，也可以使用多间隔符的扩展名（如 win. ini. txt 是一个合法的文件名），但其文件类型由最后一个扩展名决定。本课程涉及大量不同类型的数字资源，因此要熟悉各种资源文件的扩展名所代表的媒体类型。

（4）*计算机网络*　指将地理位置不同的具有独立功能的多台计算机及其外部设备，

通过通信线路连接起来，在网络操作系统、网络管理软件及网络通信协议的管理和协调下，实现资源共享和信息传递的计算机系统。

因特网是全球最大的网络，其提供的服务主要有：① 信息服务：通过浏览器，人们可以查找资料、浏览文章、欣赏音乐、观看视频、用网盘存取、获取资源、进入论坛讨论、发布博客和微博、在线学习、远程教育等，还可以进行网上购物、网上理财、网上交易等多种电子商务活动；② 通信服务：包括电子邮件、即时通信等；③ 文件传输服务：包括 FTP 和文件下载；④ 远程登录等。

实训过程

任务 1 熟悉实训环境和自己所用的计算机及外部设备

① 参观现代教育技术实训室，列出现代教育技术设备名称，通过上网查询、询问教师、与同学讨论，明确这些设备的作用，并填写表 1-1。

表 1-1 调查常用的现代教育技术设备及作用

现代教育技术设备	设备作用

② 开启计算机。根据教师的安排寻找到自己所用的计算机并开启（没有特殊情况，在课程下面的实训中，每个人将固定使用该计算机），检查计算机中安装了哪些软件？哪些软件学过（掌握程度：学过、基本会用、熟练掌握）？哪些软件与本课程相关？请完成表 1-2。

表 1-2 调查计算机中的软件情况

软件	主要用途	掌握程度

③ 耳麦的使用：区分计算机的耳（耳机）、麦（MIC 麦克风）接口，将耳、麦插头正确地插入相应的接口中，并尝试使用。

手机采用带麦克风的耳机 3. 5 mm 接口标准，耳、麦插头集合到一个插头上，而这对于耳、麦分离接口的台式电脑只能当耳机用，麦克风无效；笔记本电脑一般采用耳、麦集合的标准接口，耳、麦都可以使用。

④ 移动存储设备使用：将自己所带的 U 盘、手机、移动硬盘或其他移动存储设备正确地接插到相应接口中并尝试使用。

任务 2　建立合理的文件夹系统

① 为了在今后的学习中能迅速找到相应的资源，应在电脑硬盘的合适地方建立自己能识别的专用文件夹，并建立一些合理的子文件夹来分类保存。图 1-2a 所示就是一个典型的文件夹系统，采用序号的好处是可以快速排序整理，清晰明了。请换上自己的班级、学号、姓名，并在图 1-2b 中用笔勾画设计好自己计算机的文件夹系统。

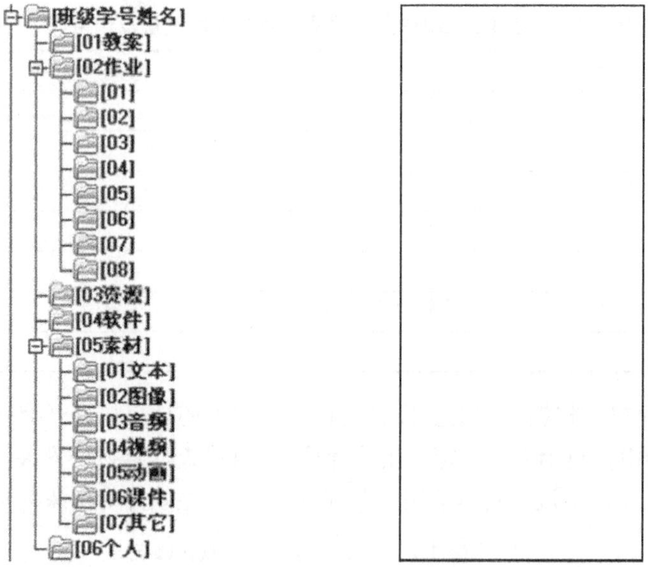

（a）一个典型的文件夹系统　　（b）你的文件夹系统

图 1-2　文件夹系统

② 用“计算机”来建立文件夹系统：在电脑桌面上找到  图标，双击打开，如图 1-3 所示，双击打开 E 盘或 F 盘，在空白处右击打开右键快捷菜单“新建 | 文件夹”菜单项（如图 1-4 所示），给“新建文件夹”命名，双击打开，按上述步骤建立相应的子文件夹。

本过程也可以用“资源管理器”进行操作。

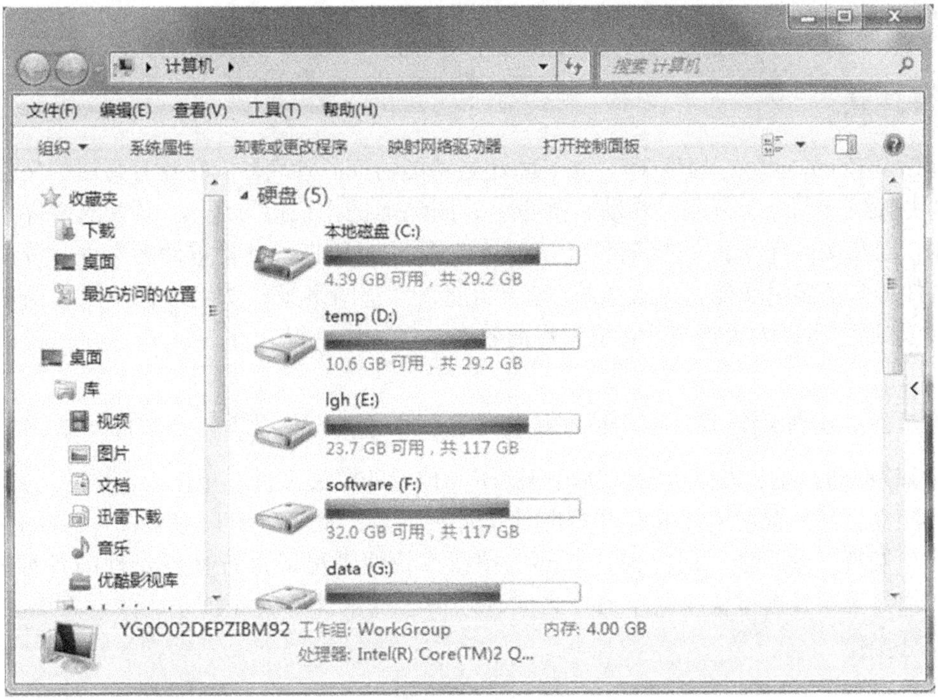

图 1-3　计算机

图 1-4　新建文件夹

③ 学习使用“Total Commander”。

注意

Total Commander，简称 TC，是一款超强功能的资源管理器。它具有高效的文件和文件夹管理（新建、复制、移动、重命名、删除等操作快捷方便）、强大的文件搜索功能，以及文件查看、文件编辑、内容比较、同步文件夹、批量重命名文件、分割合并文件等多个实用功能，内置压缩/解压功能，具备网络操作功能（FTP 操作简单快捷）。掌握它可以大大提高计算机操作的效率。

在桌面上找到 图标双击或在快捷任务栏中单击按钮 打开软件（如图 1-5 所示），该软件通过左、右两个窗口列出电脑不同位置的资源文件，单击上面的盘符选择要操作的磁盘，然后双击文件夹打开相应的文件夹内容，从一个窗口拖动文件或文件夹到另一窗口实现复制功能。通过窗口底部的按钮或快捷键可以进行文件管理的各种操作，也可以通过菜单或右键快捷菜单命令来实现。请尝试用这个软件建立文件夹系统并进行各种文件操作。

图 1-5 Total Commander 软件界面

任务 3　学会 FTP 的使用

TC 的使用

注意

FTP（File Transfer Protocol）文件传输协议，是专门用来传输文件的协议。FTP 的主要作用是从 FTP 服务器下载文件或把文件上传到 FTP 服务器上，也可以在 FTP 服务器中进行文件管理，操作简单快捷。它能让不同的用户具备不同的操作权限，便于资源共享的安全性。FTP 操作可以直接用浏览器实现，但更方便快捷的方式是通过专门的软件来实现。本课程中介绍了利用 Total Commander 操作 FTP 的方法，读者可以到网上下载、安装其他 FTP 客户端软件并尝试操作。

（1）用浏览器进行 FTP 操作　打开浏览器，在地址栏上输入 FTP 服务器地址，如“FTP://001@219.219.209.37”，在打开的对话框中输入相应的账号和密码，登录后进行相应操作。

（2）用 Total Commander 进行 FTP 操作

① 新建 FTP 站点：打开 Total Commander 软件，在界面上方的工具栏中单击“FTP 站点管理器”图标（版本不同，图标有所不同）或选择菜单“网络 | FTP 站点管理器”（如图 1-6 所示），在打开的窗口中可以对 FTP 站点进行新建、连接、删除、编辑、修改等管理操作（如图 1-7 所示）。在如图 1-7 所示的窗口中单击“新建站点”按钮，在弹出的窗口中（如图 1-8 所示）填写 FTP 站点信息，单击“确定”按钮。

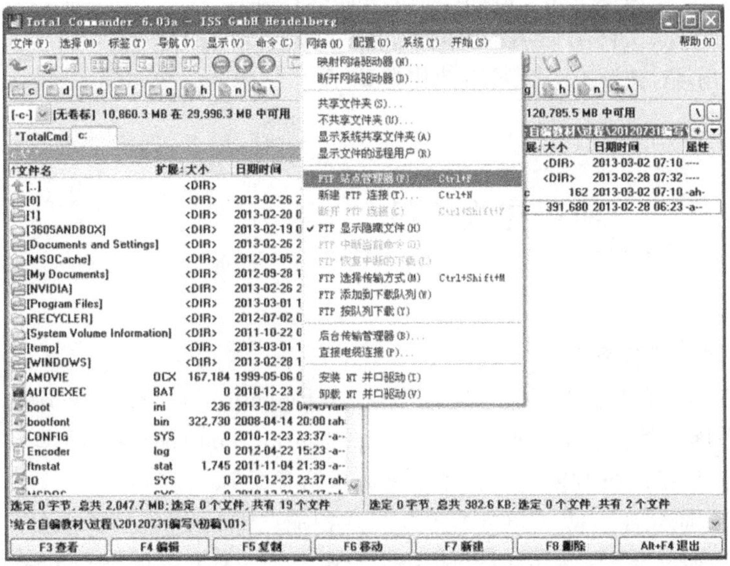

图 1-6　菜单中“FTP 站点管理器”

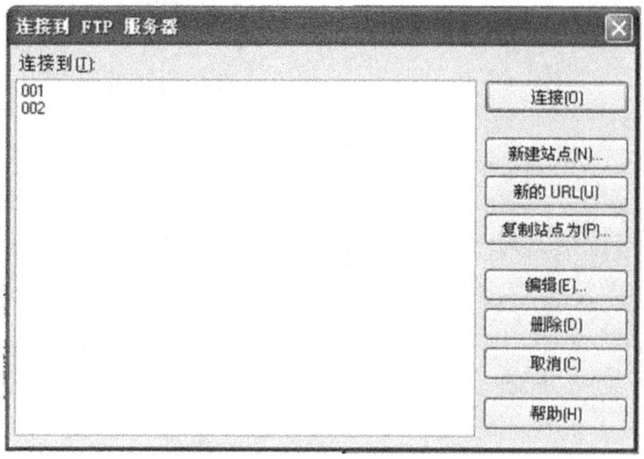

图 1-7　FTP 站点管理器

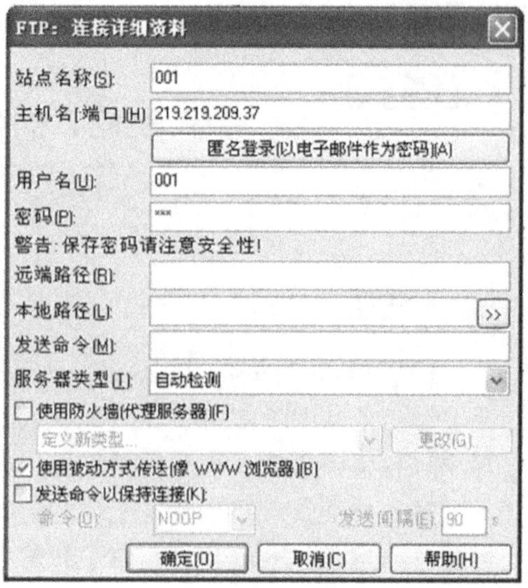

图 1-8　新建 FTP 站点

② 连接站点：在如图 1-7 所示窗口中选择需要连接的 FTP 站点，单击“连接”按钮，即可连接到对应的 FTP 服务器。

③ 下载和上传资源：在打开的 Total Commander 窗口中，一侧为 FTP 服务器位置，另一侧为自己电脑的相应文件夹，通过拖动文件和文件夹可以实现资源的下载或上传。

（3）解压和使用资源　教学资源由于体积较大，有时涉及较多文件和文件夹，一般将所有文件打包压缩后提供下载。

如果所用计算机中没有安装压缩软件，可通过搜索引擎搜索并下载压缩软件（最常用的是 WinRAR），下载的压缩软件可按提示一步步安装在电脑中。安装好压缩软件后，选择需要解压的文件，右键菜单中可以找到解压选项，如图 1-9 所示，一般解压到以文件名命名的文件夹中。打开解压后的文件夹，找到相应的文件打开就可以使用资源了。

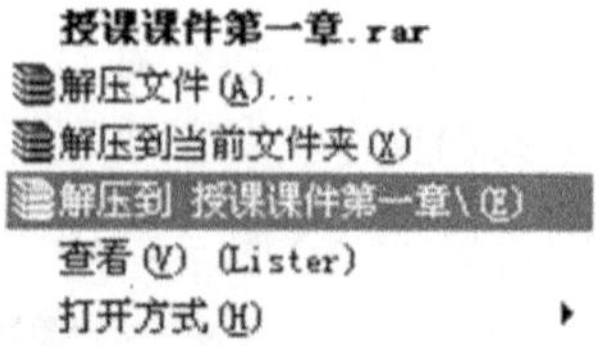

图 1-9　WinRAR 解压选项

任务 4　使用在线课程

（1）进入在线课程平台

① 电脑端：打开浏览器，在地址栏中输入网址 http://i.mooc.chaoxing.com，进行注册并登录（校内用户输入网址 http://zjc.fanya.chaoxing.com/portal，用学号登录，初始密码为 s123456s，登录后更改密码，并用新密码重新登录）。

② 手机端：应用商店搜“超星学习通”或扫描二维码安装 APP。

用手机号注册并登录：校内用户选其他登录方式，进入机构登录页面，输入学校/单位、学号/工号、密码登录。登录后绑定手机号，以后可以通过手机号登录。

（2）进入在线课程　在手机端学习通首页右上角输入邀请码“95254305”或扫描二维码，加入课程后即可进入课程学习。

校内用户由授课教师统一加入，学生登录后即可进入课程学习。

（3）使用在线课程　电脑端和手机端都可以学习在线课程，浏览和下载课程资源，作业、测验和考试，进行交流等。

扫一扫　安装超星学习通 APP

扫一扫　进入“现代教育技术”在线课程

扫一扫　在线课程的使用

知识拓展

① 常用的现代教育技术设备有哪些？分别有什么功能？

从技术上讲，现代教育技术包括硬件设备和软件使用，随着信息化技术的发展，出现了大量的支持教育的设备。常用的设备及功能见表 1-3。

表 1-3　常用的现代教育技术设备及作用

类别	设备	设备功能
视觉型媒体	幻灯机、投影仪	放映幻灯片、投影胶片实物等，已淘汰
	投影机、电子白板	投影各种数字图像或视频到幕或电子白板上，电子白板可以操控
	视频展示台	将实物、文稿、图片、操作过程等信息转换为图像信号输出在投影机、监视器等显示设备上展示
	相机（DC）	采集数字图片、视频等
听觉型媒体	麦克风（话筒）	将声音转换为音频信号
	功放（扩音机）	放大音频信号
	音箱（喇叭）	将音频信号转换为声音，有源音箱可以实现扩音功能
	多功能数码扩音机	集话筒、收音、数字音频播放、功放、音箱于一体，可无线、有线操纵，实现收音、放音、录音、扩音等功能
视听觉媒体	电视机	播放视频和电视信号
	摄像机（DV）	拍摄视频、照片等
综合媒体	多媒体计算机	获取、处理、制作和播放各种媒体
	触控一体机	集投影电视、计算机、触控等于一体，功能强大
	手机、平板	获取和播放各种媒体、多种 APP 应用
	智慧教室	基于物联网、大数据、信息化等技术，集智慧教学、人员考勤、教室资产管理、视频监控及设备远程管控等系统为一体的新型现代化教学管理平台

② 与本课程相关的软件有哪些？分别有什么作用？

硬件设备只有在软件的支撑下才能发挥作用。表 1-4 列出了常用的一些软件及功能。

表 1-4 与本课程相关的常用软件及功能

类别	软件	软件功能
办公	Word，WPS 文字	文字处理，制作各类文档，如教案、论文、报告、板报等
	Excel，WPS 表格	进行各种数据的处理、统计分析等操作
	PowerPoint，WPS 演示	也称演示文稿，俗称 PPT，用于演示各种媒体，是课件的主要形式之一
媒体处理	数字图像类	截图软件用于屏幕图像采集，如 FSCapture 等； 看图软件用于浏览数字图像，如 ACDSee、美图看看等； 图像处理软件用于图像处理，如 Photoshop、美图秀秀
	音频类	音频播放软件用于播放音频，如 QQ 音乐、酷狗音乐； 录音软件用于录制数字音频，如录音机； 音频处理软件用于数字音频的录制、剪辑、处理、合成等，如 GoldWave，Audition （Cool Edit）
	视频类	视频播放软件用于播放视频，如 QQ 影音、暴风影音； 视频处理软件用于数字视频的剪辑、处理、合成等，如 Camtasia、会声会影、Premiere 等
	动画类	Ulead GIF Animator 用于编辑、制作 gif 动画； Flash 用于制作、编辑 Flash 动画； 优芽用于制作动画和互动影片
网络	浏览器	用于浏览网站、资源上传下载、收发邮件等，如 IE、搜狗浏览器、360 浏览器等
	网页制作	用于构建网站和制作网页，如 FrontPage，Dreamweaver
	网页抓取	抓取网页，如为知笔记、有道笔记等
其他	动态屏幕录制	截取屏幕动态过程为视频等多种格式，如 FSCapture、屏幕录像专家、Camtasia 等
	相册制作	把图片、音乐快速制作成动态可控播放的文件，如 Flash Slideshow Builder，MemoriesOnTV
	知识可视化	用来构建、传达和表示复杂知识的图形图像手段，如思维导图软件 MindMapper，MindManager，NovaMind
	演示类	电子白板软件用于组合媒体对象、操纵白板
	几何画板	几何画板是适用于数学、平面几何、物理的矢量分析、作图，函数作图的动态几何工具
	小软件	小软件能够快速完成一些功能
	在线软件	登录相应网站，不安装软件就可以实现一些功能
	手机 APP	上述软件中相应有手机应用或微信小程序

③ 现代教育技术课程实训经常使用的数字资源文件有哪些类型?

现代教育技术课程实训常用数字资源文件见表 1-5。

表 1-5 计算机中常用数字文件扩展名

媒体类型	扩展名	说明
文本	txt	纯文本文件
	rtf	丰富格式文本文件，大多数文字处理软件都支持
	doc/docx	文字处理软件 Word 文件，2007 版本后格式为 docx
	wps	WPS 文字文件
音频	wav	标准 Windows 声音文件
	mid	乐器数字接口 MIDI 的音乐文件
	mp3	MPEG-1 Layer 3 数字声音压缩文件
	wma	Windows 平台的压缩声音文件
图形图像	bmp	Windows 位图文件
	jpg	最常用的 JPEG 压缩的位图文件
	gif	网络上常用格式，最高 256 色
	png	网络图像文件，支持渐变透明
	psd	包含 Photoshop 处理信息的源文件
动画	gif	动态图像格式文件
	swf	Flash 动画文件
视频	avi	Windows 视频文件
	mpg	MPEG 视频文件
	wmv/asf	Windows 流媒体视频文件
	rm/rmvb	Real 流媒体视频文件
	flv	Flash 流媒体视频格式文件
	mp4	便携设备常用视频文件
	mov	QuickTime 视频文件
多媒体	ppt/pps/pptx	PowerPoint 文件/演示文件，2007 版本后为 pptx
	exe	可执行程序文件
	htm/html	网页文件
	pdf/chm	电子书文件格式
	rar/zip	压缩文件

④ 文件为什么要压缩? 常用的压缩文件有哪些格式?

文件压缩有以下好处：一是缩小了文件体积，有利于存储与传输；二是能把多个文件和文件夹压缩成一个文件，便于交流；三是能把大文件压缩成多个压缩包，便于文件容量管理和传输。

文件压缩用软件进行，常用的软件有 WinRAR，WinZip，7-Zip 和好压等；常用的格式有 rar，zip，7z 等。

巩固练习

回顾：通过本项目的实训，读者熟悉了现代教育技术环境，并知道如何下载本课程的资源、上传自己的作业和在线学习。有了资源，就可以自主学习，利于实训的顺利开展。通过建立合理的文件夹系统，能够很好地管理和使用各种资源。

练习：请完成以下习题。

1. 填空题

（1）最常用的压缩文件格式有：________、________、________。

（2）普通多媒体教室中教师进行演示教学所需的基本设备包括________、________、和________。

2. 连线题

将下列文件格式和相对应的类型连接起来。

txt	图像文件
png	演示文稿
docx	音频文件
pptx	视频文件
wav	Word 文档
mp4	电子文档
pdf	文本文件

3. 简答题

（1）Total Commander 在管理电脑资源中有什么作用？

（2）为什么不宜将自己的资料文件等保存在系统盘（如 C 盘）中？

项目 1.2

认识现代教育技术

为了适应信息时代和基础教育课程改革的需要，有效促进教师专业能力提升，早在2004 年国家教育部就正式颁布了《中小学教师教育技术能力标准》(注：中小学教师包含幼儿教师)，2014 年又颁布了《中小学教师信息技术应用能力标准（试行)》。2018 年6 月29 日，教育部—中国移动科研基金项目《师范生信息化教学能力标准与培养模式实证研究》课题组举行了《师范生信息化教学能力标准》发布会。本项目通过学习这些标准，再通过对教学媒体的考察、观看、研习视频案例及浏览学习相关资料，初步认识与现代教育技术相关的一些概念。

实训目标

① 通过相关标准的学习，了解教师教育技术能力的要求，明确掌握现代教育技术的重要性和必要性。

② 通过案例研习，感悟教育技术在教育教学中的作用。

③ 理解教育技术、现代教育技术的基本含义和内涵。

④ 学会快速制作 PPT 的方法。

知识准备

在本课程之前，我们应该已学习了与教育相关的教育学、心理学课程，学习了与信息技术相关的课程，掌握了相关的一些知识和技能：

(1) 教育　教育是培养新生一代准备从事社会生产生活的整个过程，也是人类社会生产经验得以继承发扬的关键环节。广义上讲，凡是增进人们的知识和技能、影响人们的思想品德的活动，都是教育。狭义的教育，主要指学校教育，其含义是教育者根据一定社会（或组织）的要求，有目的、有计划、有组织地对受教育者的身心施加影响，把他们培养成为一定社会（或组织）所需要的人的活动。教育有正规教育、成人教育、技术教育、特殊教育、终身教育等类型。

(2) 教学　教学是教师的教和学生的学所组成的一种人类特有的人才培养活动。通过这种活动，教师有目的、有计划、有组织地引导学生积极自觉地学习和加速掌握科学文化基础知识和基本技能，促进学生的多方面素质全面提高，使他们成为社会所需要的人。

(3) 技术　技术就是关于劳动工具的规则（即制作方式与使用方法）体系，其目的在于提高劳动工具的效率性、目的性与持久性。因此，技术是劳动工具的延伸与扩展，是一种特殊的劳动工具。

(4) 信息技术　信息技术（Information Technology，IT）是指用来扩展人们信息器官功能、协助人们更有效地进行信息处理的一门技术。它包括扩展感觉器官功能的感测（获取）与识别技术、扩展神经系统功能的通信技术、扩展大脑功能的计算（处理）与存储技术和扩展效应器官功能的控制与显示技术。

(5) 媒体　从字面上可以将媒体（Media）理解为传递信息的中介物。它有两种含义，一是指表现信息的载体，如文字符号、语言声音、图形图像、动画影视等；另一种是指存储和传递信息的实体，如书本、画册、报纸、幻灯片、投影片、录音带、电影胶片、录像片、计算机软件（软盘、硬盘和光盘等）、网络及其相关的设备等。本课程中媒体的含义主要指前者。

(6) 多媒体　多媒体技术是一种把文本、图形、图像、音频、动画及视频等运载信息的媒体结合在一起，并通过数字设备进行综合处理和控制，将多媒体各个要素进行有机组合，并完成一系列交互式操作的信息技术。

(7) 课件　课件的英文是 Courseware，它的含义是“一种辅助教学的软件”。

(8) 多媒体课件　多媒体课件是一种根据教学目标设计的，表现特定的教学内容，反映教学设计的计算机软件。它以信息技术为基础，将多种媒体形式有机整合在一起并通过设置交互来展示教学信息，辅助教与学，并可以对学习者的学习作出评价。

(9) 信息化教学　在现代教育理论和教学方法的指导下，借助现代教育媒体、教育信息资源和方法实现师生之间的沟通交流、协作学习，培养学生创新精神和实践能力的一种现代教学形态。

实训过程

任务 1　资源学习和案例研习

① 按项目 1.1 所学的下载方式下载本项目所需要的资源。这个任务是以后每个实训项目的前提，只有具备了资源，才能获得实训所需要的案例、素材、软件、课件等。

② 案例研习：观看相应的案例，填写表 1-6。

表 1-6　案例分析记录

分析项目	分析意见
案例中教师应用了哪些教学媒体？	
你认为哪些教学媒体和教学方法用得恰当？简要说明原因？	
你认为哪些教学媒体和教学方法用得不合适？请提出改进意见。	
通过这些案例，你对“教育技术的作用”有何感想？	

③ 阅读相关标准，浏览相关资源及本书目录，思考：一个合格的中小学教师（包括幼儿教师）应具备的现代教育技术能力有哪些？尝试用可视化的结构图方式表示。

答：

④ 登录百度百科，查询“教育技术”“现代教育技术”等词条，并阅读相关资源，思考并完成表 1-7。什么是教育技术？如何理解教育技术？与教育技术相关的术语有哪些？表 1-7 项目栏中空了几条，请根据自己的研究情况添加项目。

表 1-7　教育技术的含义及术语理解

项目	理解
教育技术（AECT94 定义）	
教育技术（AECT2005 定义）	
《中小学教师教育技术能力标准》教育技术定义	
现代教育技术	

任务 2　交流汇报“我所理解的教育技术”

本任务要求每个人结合前面的案例观摩与资料研习，以“我所理解的教育技术”为主题，设计制作一个 PPT 来展示和交流自己的观点。

① 浏览资源中提供的范例，思考以下相关问题：

什么是 PPT？它有什么作用？

一个汇报演示型 PPT 的制作步骤如何？

你的汇报将用哪几张幻灯片展示？用草图表示出来。

答：

② 快速制作“我所理解的教育技术大纲”PPT：

a. 输入文字：打开 Word 软件，输入要汇报的文字内容大纲。

b. 大纲编辑：选择“视图 | 大纲”菜单项，切换到大纲视图，根据设计对文字内容设置相应的级别，并遵循以下原则：1 级是一张幻灯片，其内容是幻灯片的标题；2 级及以下是相应幻灯片的各级内容（如图 1-10 所示），保存该文件。

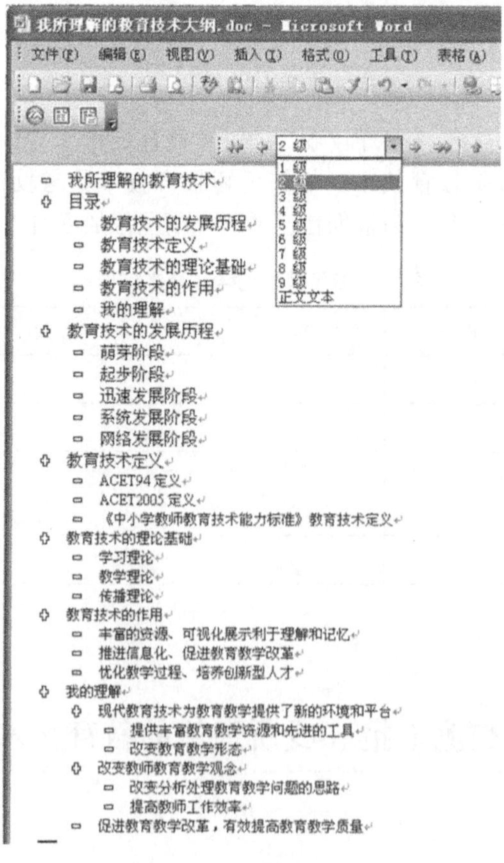

图 1-10 大纲编辑

c. 生成 PPT：开启 PowerPoint，选择“文件 | 打开”菜单项，找到刚才保存文件的位置，选择文件类型为“所有文件”，找到刚才保存的文件，单击打开，此时生成一系列相应的幻灯片。将文件保存为 pptx 格式。

注意

也可以直接在 PowerPoint 的大纲视图中完成上述内容。

d. 美化：选择“设计 | 主题”菜单项，选择合适的主题单击应用。

e. 编辑并保存：选择相应幻灯片进行适当编辑，添加图片及其他多媒体对象。设置“自定义动画”和“幻灯片切换”效果，根据自己的能力将 PPT 演示文稿做得完美一些，并保存文件。

③ 展示交流：按【F5】键或选择“幻灯片放映”菜单项，向同伴展示并讲解，交流自己对教育技术的理解。

④ 完成在线课程中的相应任务。

知识拓展

1. 教育技术的定义

由于时代的限制和发展，教育技术的定义很多，主要有以下几种：

(1) AECT94 的定义　1994 年美国教育传播与技术协会（AECT）发布：教育技术是关于学习资源和学习过程的设计、开发、利用、管理和评价的理论和实践。这一定义得到了国内外教育技术专家学者的广泛认可。图 1-11 详细描述了教育技术的研究范围。

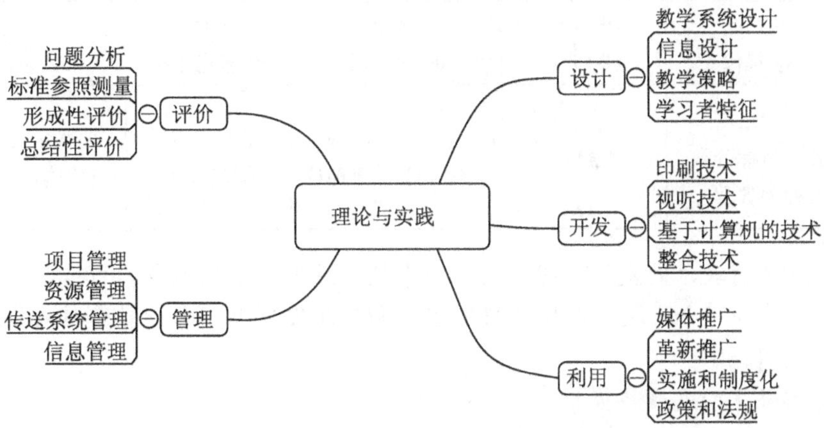

图 1-11　教育技术的研究范围

(2) AECT 的新定义　2005 年，AECT 开始关注教育技术的职业道德规范，从这个角度给出定义：教育技术是指通过创建、运用和管理适当的技术过程和资源来促进学习和提升绩效的研究和符合职业道德规范的实践。

2017 年，AECT 又进行了修改，将教育技术定义为：教育技术是通过对学习与教学的过程和资源的策略性设计、管理和实施，来增进知识，调节和提升学习与绩效的研究及对理论、研究成果和最终实践的合乎道德的应用。

（3）《中小学教师教育技术能力标准》的定义　该标准将教育技术定义为：运用各种理论及技术，通过对教与学过程及相关资源的设计、开发、利用、管理和评价，实现教育教学优化的理论与实践。这个定义通俗易懂。

教育技术概念比较广，有传统教育技术和现代教育技术之分。本课程主要学习现代教育技术，指以计算机为核心的信息技术在教育教学中的理论与技术，运用现代教育理论和技术，通过对教学过程和资源的设计、开发、应用、管理和评价，以实现教学理论与实践的现代化。

2. 教育技术发展简史

（1）国外教育技术的发展　教育技术包含两条平行的发展线索：① 物化技术——媒体技术的发展（如图 1-12 所示）；② 非物化技术——智能技术的发展（见表 1-8）。

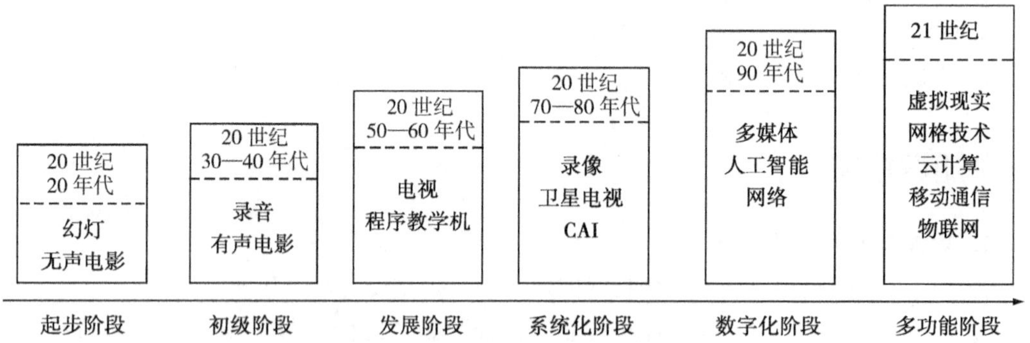

图 1-12　物化技术——媒体技术的发展

表 1-8　非物化技术——智能技术的发展

时间	20 世纪 40 年代	20 世纪 60 年代	20 世纪 70—80 年代	20 世纪 90 年代中期	21 世纪
主要智能技术	经验之塔 教学目标分类 程序教学	教学设计	行为主义学习理论 认知主义学习理论	建构主义 学习理论	关联主义学习理论 新建构主义学习理论

（2）我国教育技术的发展　我国教育技术的发展经历了从电化教育向教育技术的转化，大致可以分为三个阶段：电化教育的出现和初步发展期、电化教育的停滞期和教育技术迅速发展期。

（3）教育技术的发展趋势

① 层出不穷的信息工具用于教育教学：计算机、网络及通信技术的飞速发展，产生了多种新的信息工具如触控一体机、智慧教室、VR（虚拟现实）、AR（增强现实技术）、人工智能等，这些工具很快应用于教育教学。

② 信息技术与教育从整合走向深度融合：信息工具提供了物化的技术，信息技术的变革给人们的生活、工作方式带来了革命性的变化，信息化教育走向纵深。教育技术作为理论和实践并重的交叉学科，需要理论指导实践，更需要在实践中进行理论研究。目

前，教育技术研究前沿领域有信息技术与课程深度融合、信息化教育教学等。人们将越来越重视面向实践的教育技术应用研究，如教学资源建设、在线教与学、教师培训、教学分析与支持等。

③ 教育技术作为交叉学科的特点将日益突出：

第一，教育技术作为交叉学科需要技术的支持，特别是信息技术的支持。教育技术的发展与技术的进步密不可分，信息技术和人工智能将发挥越来越重要的作用，教育技术将更多关注如何更有效地使用技术，以及如何利用技术来促进学习，信息化教育、信息化教学、信息化学习等成为热点。

第二，教育技术作为交叉学科，体现在其融合了多种思想和理论。教育技术的理论基础主要有教学理论、学习理论、传播学理论、系统理论等。人们不仅关注个体的学习心理，还对学生之间如何协同与合作、如何基于项目任务或问题进行探究性学习等进行系统的研究。

第三，教育技术交叉学科的特性决定了其研究和实践主体的多元化，包括教育、心理、教学设计、计算机技术、媒体理论等不同背景的专家和学者参与研究和实践，开放式的交流和协作研究已成为教育技术学科的重要特色。

④ 关注技术环境下的学习心理研究：

第一，需要研究不同的人在依靠技术进行学习时的差异。

第二，进一步研究技术环境下人的学习行为特征和心理过程特征、人与技术环境如何实现交互、什么因素影响学习者的心理等。

⑤ 重视学习活动的设计与支持：未来的教学设计将不仅重视学习资源和学习过程的设计，还将尤其重视学习活动的设计和支持。学习者的学习过程和活动的设计将更加灵活和弹性化，教师在学习过程中的指导者角色将更为突出，学习过程的支持研究将变得更为重要。

3. 教育技术的理论基础

教育技术的理论基础包括学习理论、传播理论、视听教学理论和系统科学理论。

（1）*学习理论* 学习是个体由于经验而引起的相对持久的心理结构及其外显行为的变化。学习理论是探究人类学习的本质及其形成机制的心理学理论，它着重说明学习是怎样产生的；它经历怎样的过程，有哪些规律；学习的结果使学习者发生了怎样的变化，是外部的行为操作还是内部的心理结构；如何才能进行有效的学习等问题。学习理论很多，表 1-9 列出了主要的几种学习理论情况。

表 1-9 学习理论

理论	主要观点	主要教学策略	教师角色	学生角色
行为主义	学习是外在行为的变化；刺激—反应—强化	小步子及时反馈 程序化教学	教学的控制者	知识的被动接受者
认知主义	学习是认知结构的变化，个体的认知、行为、环境相互作用促进学习	“先行组织者”	教学的组织者、知识传授者	知识的接受者 （主动或被动）

续表

理论	主要观点	主要教学策略	教师角色	学生角色
人本主义	学习是人的自我实现	自主学习	学习的服务者	学习的主导者
建构主义	学习是学习者主动建构自己对周遭事物认知结构的过程	支架式教学 抛锚式教学	学习的引导者、帮助者	知识的探索、发现者
关联主义	学习是一个连续的、知识网络形成的过程	连通式学习	资源的提供者、学习的服务者	学习的主导者
新建构主义	学习就是建构； 建构孕育创新； 学习—应用—创新	“零存整取”式学习	资源的提供者、学习的服务者	学习的主导者

（2）传播理论　传播是传播者运用一定的媒体和形式向受传者进行信息传递和交流的一种社会活动，传播理论是研究人类进行信息传递、交流和加工的科学，主要研究传播者、受传者与传播媒体三者之间的关系。传播理论主要有如下 4 种形式。

① 拉斯韦尔提出的 5W 模式（如图 1-13 所示）。

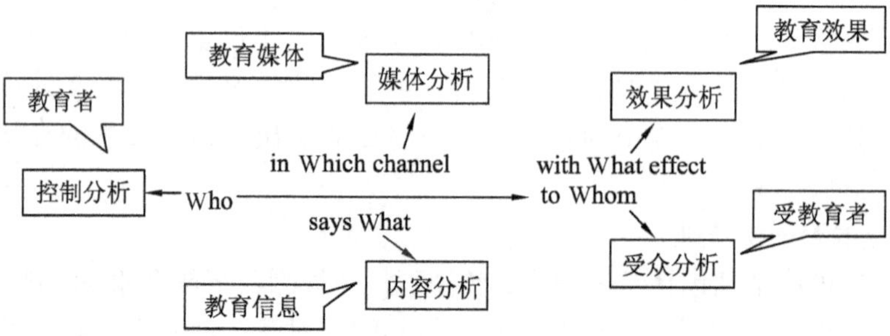

图 1-13　5W 模式

② 香农-韦弗的通信传播模式（如图 1-14 所示）。

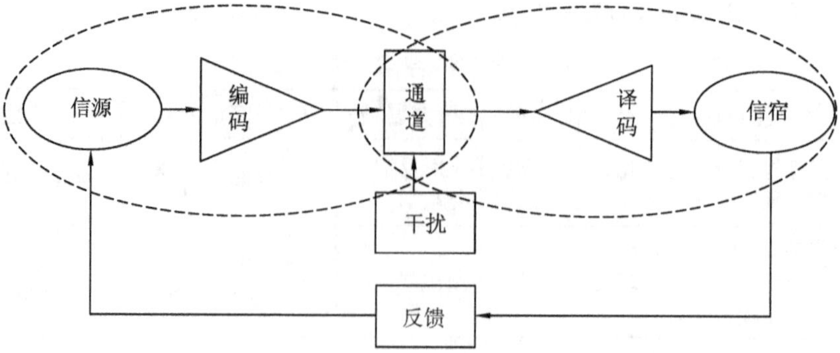

图 1-14　通信传播模式

③ 贝罗的 SMCR 模型（如图 1-15 所示）：S 代表信息源——Source，M 代表信息——Message，C 代表通道——Channel，R 代表接受者——Receiver。贝罗的传播模型将传播过程分解为 4 个基本部分：信源（传播者）、信息、通道和信宿（受传者），每一个基本部分都是由若干因素构成的。

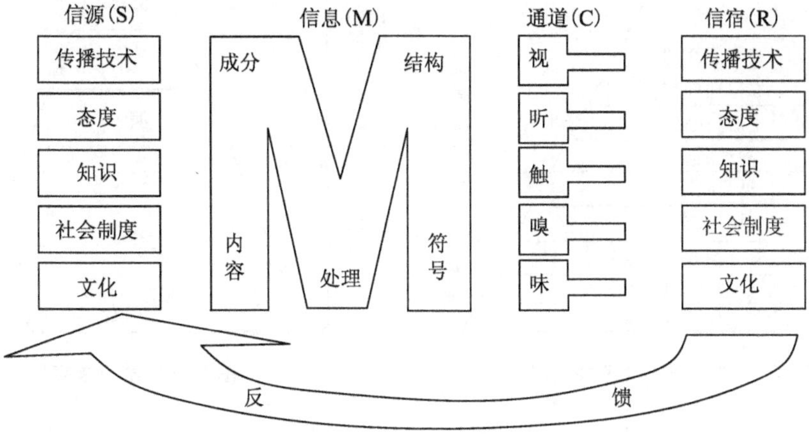

图 1-15　贝罗的 SMCR 模型

④ 教育传播的一般过程（如图 1-16 所示）。

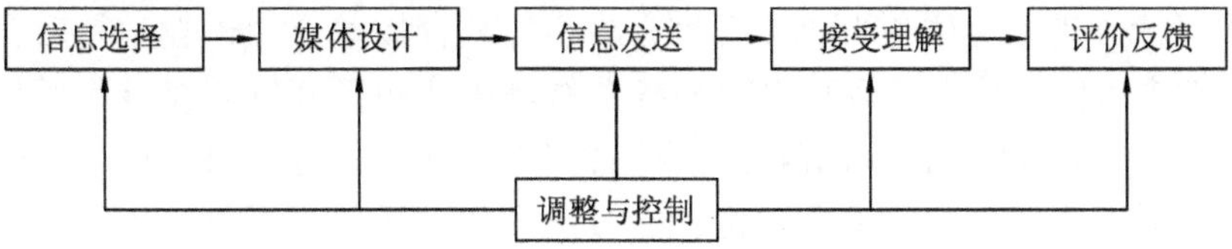

图 1-16　教育传播的一般过程

（3）*视听教学理论*　人类接收信息的主要途径是视和听，视听教学理论指出了各种视听媒体在教学中的地位与作用。最有代表性的就是美国教育家戴尔在 1946 年所著《教学中的视听方法》一书中提出的“经验之塔”理论（如图 1-17 所示）。

美国缅因州的国家训练实验室进行了进一步的研究，提出了“学习金字塔”的研究成果（如图 1-18 所示）：采用不同的学习方式，学习内容留存率（指学习者在 2 周以后还能记住的内容）是有很大差距的，其中“教授给他人”的学习内容平均留存率高达 90%，其次是“实践”为 75%。这表明，对我们大部分人来说，最佳的学习方式是“输出”与“实践”。

（4）*系统科学理论*　教育教学是一个由多种要素及其关系组成的复杂系统，需要用系统科学的理论和方法来指导。系统科学的理论有老三论——系统论、控制论和信息论，新三论——突变论、协同论和耗散结构论。系统科学方法是按照事物本身的系统性，把对象放在系统的形式中加以考察的一种科学方法，其基本步骤如下：① 从需求分析中确定问题；② 确定解决问题的方案；③ 从多种可能的解决方案中选择问题解决的策略；④ 实施问题求解的策略；⑤ 评价实施的效果并改进。

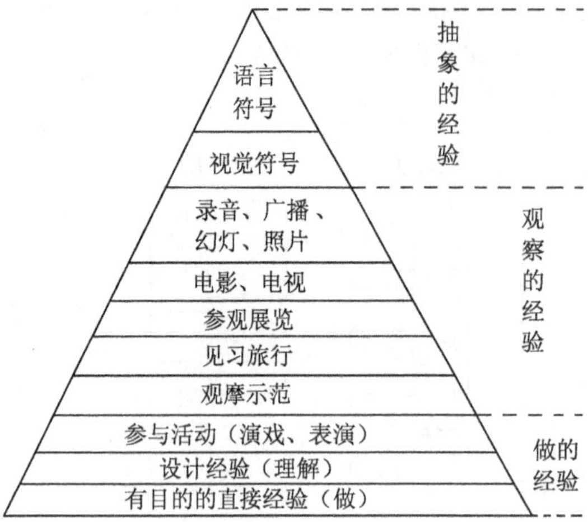

图 1-17 戴尔的“经验之塔”

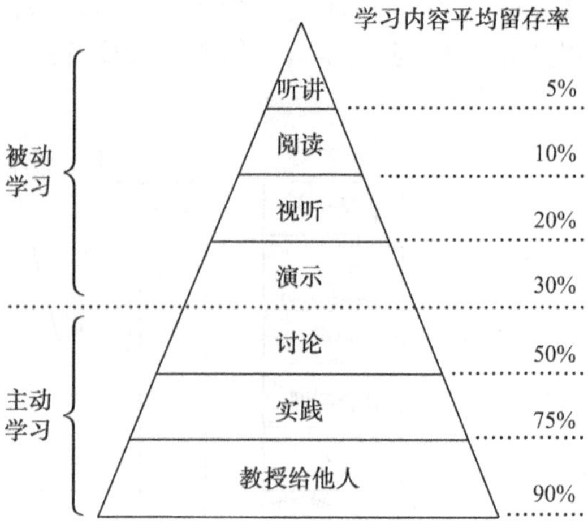

图 1-18 学习金字塔

4. 教育技术的作用

教育技术的应用有助于推进教育信息化、促进教育改革；有助于优化教学，培养创新人才；有助于教师专业化素质的提升。具体说来：

（1）*有助于推进教育信息化、促进教育改革* 教育技术应用于教学是教育信息化的必然要求。教育信息化是指在教育教学的各个领域中，积极开发并充分应用信息技术和信息资源，促进教育现代化，以培养满足社会需求人才的过程。教育信息化的特征为教材多媒体化、资源共享化、教学个性化、学习自主化、任务合作化、环境虚拟化、管理自动化等。这些特征都依赖于教育技术的技术优势来实现。

教育技术是促进教育教学变革的催化剂。教育改革和新课程标准中都强调学习方式的转变，倡导学生主动参与、乐于研究、勤于动手，培养学生搜集和处理信息的能力、获取新知识的能力、分析和解决问题的能力及交流和合作的能力。教育技术一方面可以为这一目标的实现提供多方面的技术支持，包括丰富的资源、虚拟仿真的环境和多种教与学的工具等；另一方面，教育技术在教学的运用中还会潜移默化地改变师生的观念，引发教与学方式的变化。

（2）*有助于优化教学过程、培养创新型人才* 教育技术有效应用于教学，通过以多种媒体呈现学习材料、优化教学设计，有助于促进学习效率的提高、改善学习态度，提高学生的问题解决能力。同时，由于教育技术的理论特征和实践活动都具有培养学生创新能力的优势，因而教育技术有效应用于教学还将促进创新教育的实施，有利于培养创新型人才。

（3）*有助于教师专业化素质的提升* 教育技术能力是教师专业素质的必要组成部分，与教师的专业知识、专业技能和专业态度密切相关。教育技术素质的提升，有利于让教师具有与时代相通的教育理念与教育思想，掌握最先进的教育手段，实施现代教育与教学，从而促进教师综合素质的提高。

巩固练习

回顾：本项目通过案例分析、资源研习和网络查询等方式的实训，使读者形成了对教育技术的感性认识，通过交流汇报，对教育技术、现代教育技术的概念和内涵有了一定的理解。

练习：请完成以下习题。

1. 名词解释

（1）AECT94 定义：____。

（2）AECT2017 定义：____。

2. 填空题

（1）教育技术发展包含两条平行的线索：一条是____________________，另一条是____________________。

（2）教育技术的四大理论基础包括________、________、________、________。

（3）拉斯韦尔提出的 5W 模式中的五个 W 是________、________、________、________、________。

3. 画图题

请画出“学习金字塔”。

4. 简答题

（1）教育技术的发展趋势主要体现在哪些方面？

（2）教育技术的作用有哪些？

❷ 资 源 篇

信息时代的教育教学缺少的不是信息，而是合适的教育教学资源，它包括支撑教学过程的各类媒体、软件、资料和硬件系统。广义的教育教学资源包括一切为教学服务的人、财、物；狭义的教育教学资源指与教学媒体相关的资源及支撑环境。本篇主要研究多媒体教育教学数字资源的搜索、获取、加工处理等方法。

本篇通过两个项目来实施：

项目2.1　资源搜集技术

项目2.2　媒体技术

项目 2.1

资源搜集技术

教学是教师和学生利用教学媒体达成教学目标的过程，而教学媒体是教学内容的载体，是教学内容的表现形式，是师生之间传递信息的工具。如果把教学比拟成做一顿丰盛的宴席，则首先需要根据设计的菜单准备原料，并对原料进行加工处理并搭配，然后上灶加工，最后摆放上桌。准备教学媒体资源就相当于宴席中菜肴的原料准备、加工处理及配菜，它对于教学过程的实施至关重要。本项目将研究各种多媒体素材资源的搜寻和获取方法，下一项目再分类研究各种媒体素材的加工处理和制作方法。

实训目标

① 了解多媒体素材资源获取的一般方法。

② 掌握利用搜索引擎高效获取网络教学资源的技巧。

知识准备

1. 多媒体素材的分类

从形式上划分，多媒体素材可分为文本、图形、图像、音频、视频、动画等类别。

（1）文本（Text） 文本是指各种文字和各类符号等。文本的属性包括字体、字号、颜色和段落格式（样式）等，通过多种方式可以对文本进行修饰，如填充、描边、阴影、倒影、立体化、变形等，从而产生特殊效果（艺术字），如图 2-1 所示。

图 2-1 文本素材

（2）图形（Graphics） 图形是由点、线和面组成的二维和三维的图形，也称矢量图。

（3）图像（Image） 图像也称位图或点阵图，它是由像素构成的，如数码照片、扫描图片等。图形和图像素材如图 2-2 所示。

图 2-2 图形和图像素材

说到图片时，如果不特指，一般指的是位图格式。

（4）音频（Audio） 音频包括音响（如解说旁白、自然声响、效果声等）和音乐（如歌曲、乐曲等）。

（5）视频（Video） 视频是指数字化影视资料等。

（6）动画（Animation） 动画包括卡通、动画片、Flash 动画等。

2. 数字媒体

数字媒体是指以二进制数的形式记录、处理、传播、获取过程的信息载体，包括数字化的文字、图形、图像、声音、视频影像和动画等感觉媒体和表示这些感觉媒体的表示媒体（编码）等（它们统称为逻辑媒体），以及存储、传输、显示逻辑媒体的实物媒体。

通常意义下，数字媒体指的是感觉媒体，在本课程中称之为多媒体素材。数字媒体技术的历史虽然不过三四十年，但至今已得到非常广泛的应用，这主要得益于媒体数字化技术的发展。媒体数字化技术包括数据压缩与编码技术、数据压缩传输技术，以及以它们为基础的数字图像技术、数字音频技术、数字视频技术、数字动画技术、多媒体网络技术和超媒体技术等。

3. 多媒体素材获取方法

多媒体素材完全靠自己制作，工程量很大，因而人们更多的是通过一些方法获取现成的素材，并根据实际需要对素材进行合理的加工处理。

（1）利用网络获取 这是最常用的方法，因为网络为人们提供了大量的资源，制作多媒体课件所需要的素材在网上一般都能找到；但首先要解决的问题是"如何寻找到合适的素材并下载下来为自己所用"，这需要掌握各种多媒体素材的搜索和下载技能。

（2）利用拷贝获取 U 盘、移动硬盘、光盘（各种素材光盘或资料光盘）等也有大量的各种多媒体数字文件，可以直接拷贝或采集相应文件到电脑中使用。

（3）利用工具软件截取 有些素材不是直接以需要的数字素材文件的形式出现的，有些素材通过技术保护不允许下载，此时可以通过工具软件截取，如通过图像截取软件和视频截图可截取屏幕图像；通过录音可截取音频素材；通过动态截图可以获取屏幕动态过程；通过视频采集卡和视频截取可获取视频素材；利用工具软件从运行的程序中提取一些素材。

(4) 利用设备获取 利用设备可以将现实素材转换为数字素材输入到电脑中，如用扫描仪扫描将照片、图片、书页等转换成数字图像（利用OCR文字识别技术可以得到文本），利用数码相机拍摄实际景象可得到数字图像，利用摄像头或数码摄像机拍摄实际动态景象得到数字视频，利用数码录音机录制实际声音得到数字音频等。

(5) 利用软件制作 无法直接获取的素材可以通过相应的多媒体素材制作软件制作，如艺术字制作、绘制图形图像、合成声音、合成视频、动画制作等。

实训过程

任务1 搜索引擎的使用

① 搜索引擎将浩如烟海的网络信息有序组织，提供索引供人们查询使用。掌握相应的搜索技巧，就能快速找到所需的教学资源。

请列出常用的搜索引擎。

答：

搜索引擎能为人们提供的服务有哪些？

答：

② 使用“百度”。选择一个自己感兴趣的主题，用浏览器进入“百度”（www.baidu.com），输入合适的“关键词”搜索并浏览相应资源，完成表2-1。

表 2-1 百度使用记录

主题	
搜索所用的关键词	
搜索相关图片的方法	
搜索相关音频的方法	
搜索相关视频的方法	
搜索相关文档的方法	
搜索相关 PPT 的方法	

③ 进入百度搜索帮助中心（网址为 http://help. baidu. com 或通过搜索进入），列出你认为实用的百度搜索技巧。

答：

任务 2 网络资源的获取

FLVCD 下载视频

根据上一任务搜索到的网页及链接，将相应资源保存到自己电脑的合适位置，注意重命名并分类管理。

（1）保存网页　将网页分别保存为 htm，mht，txt 等类型格式，如图 2-3 所示。

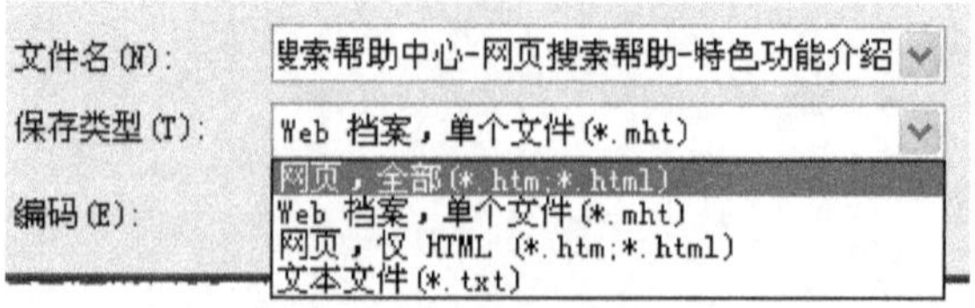

图 2-3 网页保存类型

（2）保存网页文本　选择网页中相应文字并单击鼠标右键选择“复制”菜单项（快捷键【Ctrl + C】），新建 Word 文档，将文字“粘贴”（快捷键【Ctrl + V】）进来。若采用“选择性粘贴”，文字将以纯文本方式粘贴到 Word 文档中。

注意

网页文本在选择上可以跳选和连选，跳选的方法是先选择一部分，再按住【Ctrl】键，同时按下鼠标左键拖动选择另一部分；连选的方法是选择开头一部分，松开鼠标，转动鼠标滚轮，在结束处按住【Shift】键的同时用鼠标左键单击结尾处。有些网页做了保护处理，不能选择网页中的文字，可以通过把网页保存为文本文件或查看网页源文件来获取文本。上述方法还不能获取的，可以用 OCR 软件识别转换为文本。

（3）保存图片　在搜索到的图片上右击，选择“图片另存为”或“目标另存为”，将图片保存到电脑中。

（4）下载音频　在搜索到的音乐页面上找到下载按钮，单击或右击打开快捷菜单选择“目标另存为”，将音频文件保存到电脑中。

（5）下载视频　网络视频由于采用流媒体形式，因此需要解析真实视频地址才能下载。

① 搜索视频：打开百度视频搜索网站（http://video. baidu. com/），输入搜索视频的关键词，可以得到视频的相关链接，单击该链接可以在网页上观看视频。选择该视频的网页地址，在右键快捷菜单中选择“复制”。

② 下载视频：打开微视频/音乐专辑批量解析下载门户网站 FLVCD（网址为 http://www. flvcd. com/，如图 2-4 所示），在右键快捷菜单中选择“粘贴”将视频原网页地址粘贴到地址框中，单击“开始 GO!”按钮，在下方将出现视频文件的下载地址，此时在右键快捷菜单中选择“目标另存为”，将视频文件下载到电脑硬盘中。

图 2-4　FLVCD 网站

③ 下载 FLVCD 网站中的“硕鼠”软件并安装，尝试用软件下载网络流视频，并利用该软件合并多个视频。

注意

由于版权保护，FLVCD不再提供一些主流视频网站如优酷、土豆、爱奇艺、腾讯等视频解析，可以安装这些视频网站的客户端进行视频下载。

(6) 保存文档或PPT 在搜索到的文档或PPT链接上右击，在快捷菜单中选择“目标另存为”，将相应文件保存到电脑中。

(7) 使用迅雷 迅雷是目前网络上最流行的下载软件，它采用基于网格原理的多资源超线程技术，支持多种协议的资源下载，使各种数据文件以最快的速度下载。

请尝试下载迅雷软件并安装，利用迅雷下载相应资源。

任务3 获取文库中的资源

文库类网站专门提供相关的文档和资源如教案、论文和PPT课件，常用的文库类网站如百度文库（https://wenku.baidu.com/）、豆丁（https://www.docin.com/）、道客巴巴（http://www.doc88.com/）等，免费注册账号后即可使用，这些网站采用分享的机制来实现资源的共享，每个用户可以上传自己的文档供他人下载来提高积分，同时可以搜索和下载别人提供的资源。

本任务以百度文库为例，如图2-5所示。

(1) 注册百度账号 在百度首页或百度文库首页中找到注册按钮，用邮箱或手机进行免费注册（请妥善记录自己的账号和密码）。

(2) 搜索并下载资源 根据自己感兴趣的主题用合适的关键词进行搜索，浏览相关资源，并根据需要下载。

注意

百度文库是百度为网友提供的信息存储空间，是供网友在线分享文档的开放平台。在这里，用户可以在线阅读和下载包括课件、习题、论文报告、专业资料、各类公文模板及法律法规、政策文件等多个领域的资料。平台支持主流的.doc（.docx），.ppt（.pptx），.xls（.xlsx），.pot，.pps，.rtf，.wps，.pdf，.txt等文件格式。下载文档时往往需要下载券，用户可以通过以下方式获取：新注册并完善资料、上传自己的文档、别人下载自己的文档、评价别人的文档、建立专辑、完成文库任务等。

图 2-5 百度文库

任务 4 用其他方式获取教学资源

1. 用截图软件截取屏幕图像

网上的图片如果不能用右键菜单“图片另存为”获取时，可以用屏幕截图的方式截取屏幕并保存为图片。

（1）【PrintScreen】+画图软件

【PrintScreen】+画图软件截取屏幕图像的步骤如下：

① 在屏幕上显示需要截取的画面；

② 按一下键盘上的【PrintScreen】键（有些键盘上表示为【PrtScr】）；

③ 屏幕左下角单击，选择“开始 | 所有程序 | 附件 | 画图”，打开画图软件；

④ 单击“粘贴”按钮；

⑤ 用选定或裁切工具对图像进行适当的裁剪，保存文件（选择合适的格式）。

注意

截取的图像也可以用其他图像处理软件如 Photoshop 处理，或直接粘贴到多种类型的文档如 Word，PPT 或多媒体制作软件中，再用这些软件自带的图片工具进行裁剪。

(2) QQ 截图

① 打开 QQ，双击任意用户头像，打开聊天窗口。

② 单击“截图”按钮或用快捷键【Ctrl + Alt + A】(快捷键可通过 QQ 设置实现)，按住鼠标左键在屏幕上拉出截图范围并双击，所截图像将自动出现在对话框里，如图 2-6 所示。

图 2-6 QQ 截图

如果截得不好或者截错了，单击“退出截图”或右击取消。

③ 在对话框中找到截取的图片右击，并在快捷菜单中选择“另存为”，为其选择合适的存储格式。

(3) 截图软件截图

这里以 FSCapture 绿色版为例，其操作步骤如下：

① 搜索并下载相应的文件压缩包，在右键菜单中选择“解压到文件夹”。

② 在文件夹中找到“FSCapture. exe”，双击运行。此时会打开截图工具组，如图 2-7 所示。

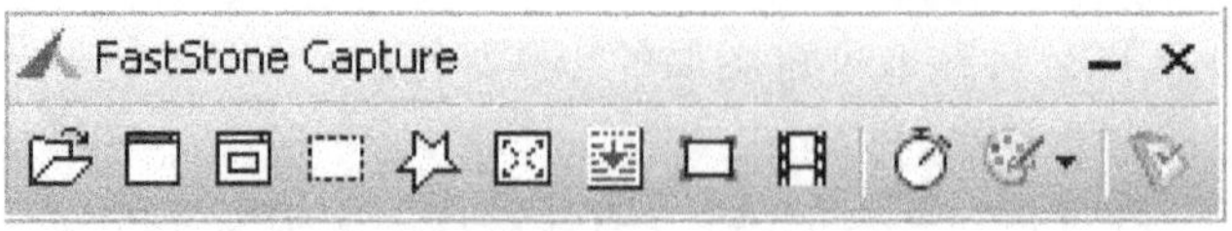

图 2-7 FastStone Capture 截图工具组

- 设置：单击工具组最右侧按钮，在打开的菜单中选择“设置”，设置捕捉、快捷键等。
- 截图：当屏幕出现需要截图的对象时，单击工具组中相应截图按钮或按下热键，此时光标变成“+”字形，按住鼠标左键拖动截图区域，松开鼠标时 FastStone 会打开预览编辑窗口，对截图进行适当编辑后保存为合适的格式即可。

（4）视频播放软件截图

对于视频，还可以用视频播放软件提供的截图功能截图，这里以 QQ 影音 3.9 为例操作，其操作步骤如下：

① 从网上搜索并下载 QQ 影音 3.9，按说明进行安装。

② 用 QQ 影音打开要播放的视频文件进行播放。

③ 播放到需要截取的画面时暂停播放（在播放画面中单击即可，如图 2-8 所示）。

图 2-8 用 QQ 影音进行视频截图

④ 单击播放器右下角处的“影音工具箱”中“截图”按钮（或热键，默认是【Ctrl + A】”；或右键菜单的“转码/截取/合并 | 截图”），此时出现“截图另存为…”对话框，选择保存路径和保存类型，单击“确定”即可。

⑤ 剧情连拍功能：单击“影音工具箱”中“连拍”按钮或右键菜单中选择“转码/截取/合并 | 剧情连拍……”，在弹出的保存对话框中设置保存位置、文件名、格式及缩略图布局（几行几列）和图片尺寸，确定后播放器会等时截取视频中的若干幅图，组成一幅介绍视频整体情况的图像并保存在设置好的文件夹中。这种方式常用来介绍视频简况。

扫一扫

“抠抠视频秀”截取屏幕动态为 gif 动画

2. 用动态截图软件截取屏幕动态

利用动态截图软件可以把屏幕的动态变化过程截取为动画或视频格式，可直接用于教学或作为媒体素材。

(1) 用“抠抠视频秀”软件截取屏幕动态为 gif 动画文件　这里以录制文字书写过程为例。

① 打开浏览器，搜索汉典网（网址：https：//www. zdic. net/）并打开，输入要书写的汉字，单击“搜索”，此时在下方左侧将出现该汉字的动态书写过程，单击此处将出现放大的动态书写过程窗口。

② 运行“抠抠视频秀”软件，出现如图 2-9 所示的截取窗口，它中间是透明的，改变其大小和位置，使需要截取的画面处于透明区域中。

③ 在动态书写的第一笔前，单击“开始”按钮（此时按钮变为“停止”按钮），软件会把书写过程录制下来，到书写最后一笔，单击“停止”按钮结束录制。

④ 单击“生成动画”按钮，稍等片刻，出现动画预览窗口，如图 2-10 所示，单击“保存到丨保存到电脑”，将文件保存到电脑中的合适位置。

图 2-9　录制文字书写动态过程

图 2-10　“抠抠视频秀”软件的文件保存窗口

(2) 用 SCREEN2SWF 软件截取动态屏幕　利用该软件可以把屏幕操作过程录制成可播放的 swf，flv，exe，avi 等格式，并且可以同时将声音录制下来，特别适合做动态教程。其操作步骤如下：

扫一扫

SCREEN2SWF 软件截取动态屏幕

① 运行 SCREEN2SWF，在窗口中拖出需要录制的区域，根据需要勾选“包含音频”，单击“开始录制”按钮，倒计时 5 秒后开始录制。录制设置窗口如图 2-11 所示。

② 录制期间按【F9】键可暂停、继续，按【F10】键可停止录制。录制结束的选项窗口如图 2-12 所示。

③ 单击“继续/编辑”按钮进入删减编辑界面，可根据需要在相应的页面上添加各种说明和素材。单击“完成”按钮进入保存窗口（如无须编辑，可直接选“立即保存”）。编辑窗口如图 2-13 所示。

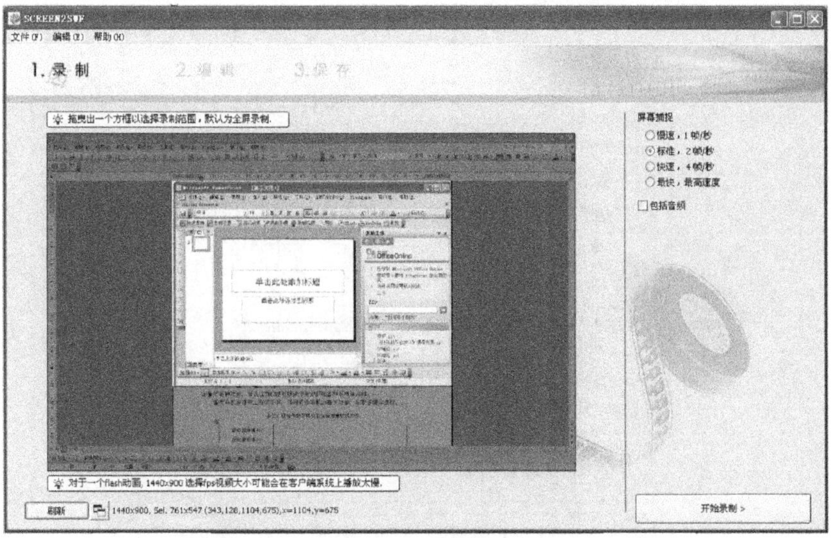

图 2-11 SCREEN2SWF 录制设置窗口

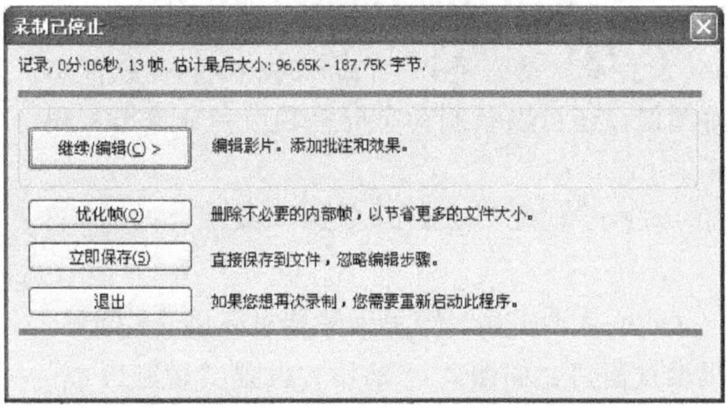

图 2-12 SCREEN2SWF 录制结束的选项窗口

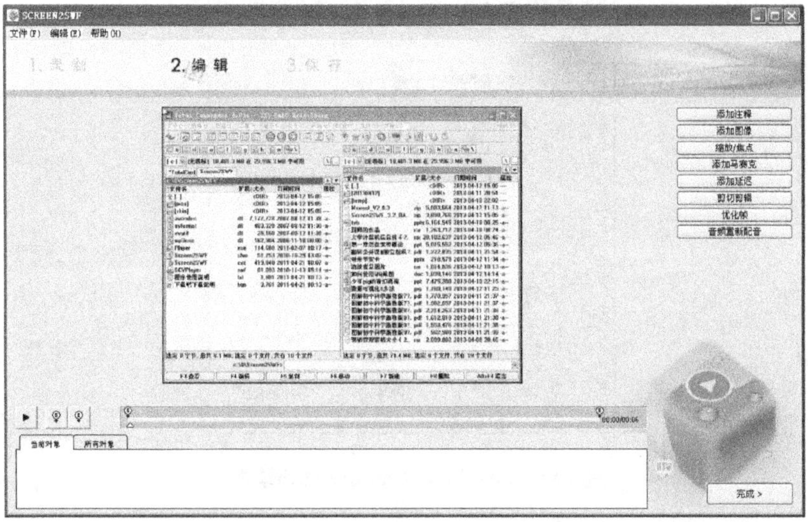

图 2-13 SCREEN2SWF 的编辑窗口

④ 在保存窗口按照需要进行一些设置，单击“立即保存”按钮将文件保存到合适位置。保存窗口如图 2-14 所示。

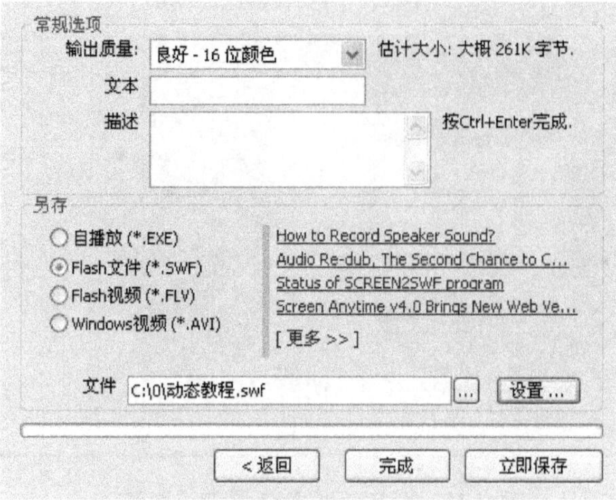

图 2-14 SCREEN2SWF 的保存窗口

(3) 用 FSCapture 软件截取动态屏幕　FastStone Capture 软件不仅可以截取静态屏幕图像，还可以录制动态屏幕和声音并输出为视频文件。其操作步骤如下：

扫一扫

FSCapture 软件的使用

① 运行“FSCapture. exe”，此时会打开截图工具组，如图 2-7 所示。

② 在 FastStone Capture 截图工具组中单击屏幕录像机图标，此时出现屏幕录像机设置窗口，如图 2-15 所示，设置“录制屏幕”和“录制音频”选项。

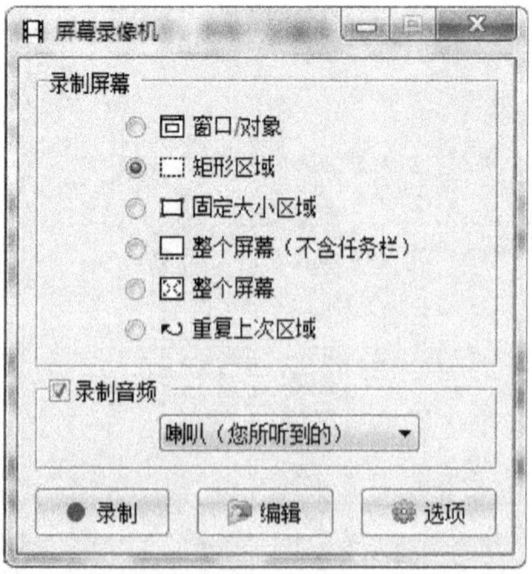

图 2-15 FastStone Capture 屏幕录像机

③ 单击“录制”按钮，选择录制区域，单击“开始”按钮，此时便开始录屏，录制区域边框闪烁表示正在录制，如图 2-16 所示。

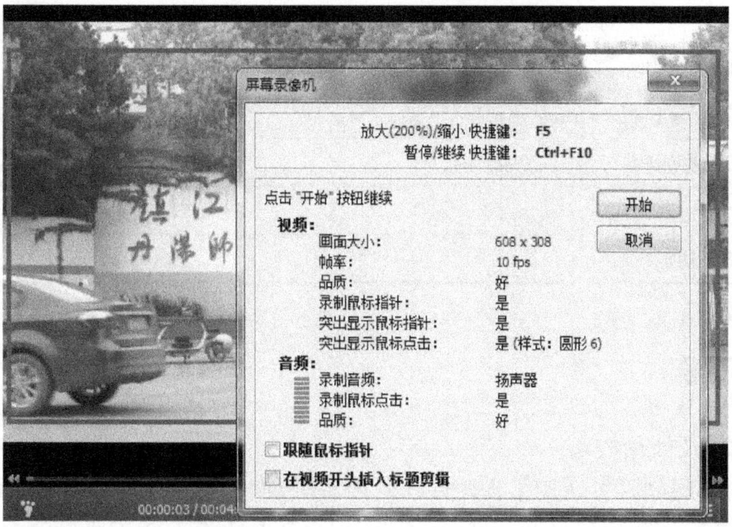

图 2-16　FastStone Capture 录屏窗口

④ 单击“停止”按钮（或按快捷键【Ctrl + F10】）停止录制，如图 2-17 所示，单击“保存”按钮，将录制的动态过程保存为视频文件。

图 2-17　FastStone Capture 保存窗口

3. 用智能手机获取多媒体素材

智能手机除了基本的通信功能外，还具备上网、播放音频和视频、浏览图片、照相、摄像、录音等多种功能，可以随时随地方便地获取各种多媒体素材。

各类手机在使用上有所不同，请研究自己手机的相关功能，获取多媒体素材并传送到电脑中，完成表 2-2。

表 2-2 研究自己的手机获取多媒体素材的方法

获取图像素材	
获取音频素材	
获取视频素材	
将素材传送到电脑	
其他功能	

知识拓展

1. 搜索引擎及使用技巧

搜索引擎是对互联网上的信息资源进行搜集整理，然后供用户查询的系统，它包括信息搜集、信息整理和用户查询三部分。搜索引擎按其工作方式主要可分为3种，分别是全文搜索引擎、目录索引类搜索引擎和元搜索引擎，而使用得最多的是第一种方式。

目前最常用的搜索引擎有百度、搜狗、微软 Bing 和 Google 等。

使用搜索引擎搜索时，选择合适的关键词搜索有利于快速找到相应的资源。百度帮助对搜索引擎的使用提出了3个原则：一是表达准确；二是查询词的主题关联和简练；三是根据网页特征选择关键词。

为了更准确地定位资源，可以使用相应的语法来搜索。例如，使用通过空格隔开的多个关键词搜索，可以提高资源的命中率；使用“关键词 site：站点域名”可以搜索相应站点内的资源；使用“关键词 A - 关键词 B”可以搜索包含关键词 A 但排除包含关键词 B 的资源；使用“关键词 A | 关键词 B”可以搜索关键词 A 或 B 的资源；使用“关键词 filetype：文件扩展名”可以搜索相应的文档，文件扩展名包括 doc（Word 文档）、ppt（PowerPoint 演示文稿）、xls（Excel 电子表格）、pdf（PDF 文档）等。

在搜索时，用英文或汉语拼音作为关键词有时会很快地找到合适的资源。

上网时，如果出现“该页无法显示”（找不到网页的错误信息），可以在浏览器上单击“刷新”按钮，多次刷新无效后可以利用百度为用户提供的“百度快照”功能——百度搜索引擎已先预览了各网站，并拍下网页的快照，为用户贮存大量应急网页。在快照中，搜索的关键词用不同的颜色标明。

2. 图片搜寻技巧

一图胜万言，教育教学中利用合适的图像可以达到事半功倍的作用，快节奏的生活更促使人们进入读图时代。但网上图像浩如烟海，需要掌握相应的技巧才能搜寻到合乎心意的图片。

搜索引擎不但提供用关键词搜寻图片的功能，而且还提供了根据图片属性分类搜寻的功能，包括尺寸、颜色、类型、格式等，如图 2-18 所示，用户可根据需要缩小范围来搜寻。

搜索引擎还为用户提供了一种“以图搜图”的方式，如百度识图，它能让用户通过上传图片或输入图片的 URL 网址，搜索到互联网上与这张图片相似的其他图片资源，同时也能找到这张图片的相关信息。利用这种方式可以找到与现有图片相近的其他图片资源及相关其他形式的资源和网站。

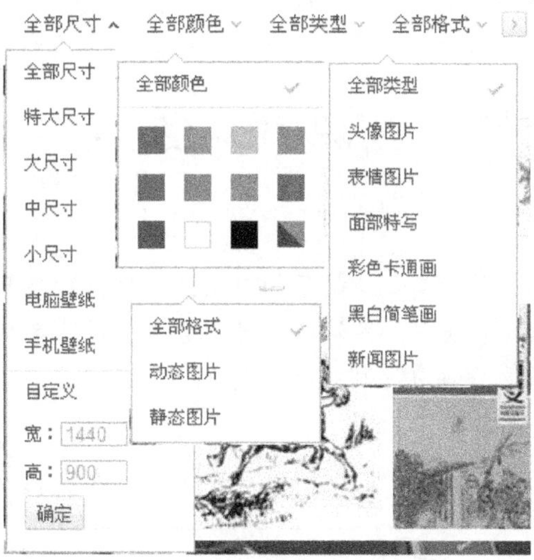

图 2-18　百度图片搜索的分类

虽然通过搜索引擎的图片搜索功能搜寻到的图片基本满足多媒体制作的需求，但这种方式搜寻到的图片质量不是很高。如果是制作多媒体精品，就需要搜寻高质量的图片，这里可以到专门的图片网站上去搜寻并下载。下面介绍几个专业图片网站。

（1）微软的“联机图片”　如图 2-19 所示，通过 Office 软件中的“插入 | 联机图片”，可以搜索到相应的资源并插入各类文档中。

图 2-19　微软的“联机图片”

（2）素材网　如千库网（http://588ku.com/）、摄图网（http://699pic.com/）、爱给网（http://www.aigei.com/）等。

（3）昵图网　网址为 http://www.nipic.com/，它以分享的方式提供各种类型的图片。

巩固练习

回顾：通过本项目的实训，读者掌握了如何从浩如烟海的信息海洋中搜寻到符合自己需求的资源并下载到自己的电脑中，还学习了屏幕截取、屏幕录制及尝试用手机或其他设备获得素材的方法。多掌握一种方法和技巧，资源之门就多了一道。

练习：请完成以下习题。

1. 填空题

(1) 多媒体素材的类型主要有＿＿＿＿＿＿、＿＿＿＿＿＿、＿＿＿＿＿＿、＿＿＿＿＿＿、＿＿＿＿＿＿等。

(2) 搜索引擎的主要工作方式有＿＿＿＿＿＿、＿＿＿＿＿＿、＿＿＿＿＿＿。

2. 选择题

(1) 搜索引擎中搜索 PPT 文件格式是＿＿＿＿。

A. 关键词 filePPT　　B. 关键词 filetype：ppt

C. 关键词 filetypePPT　　D. 关键词 filetype：doc

(2) 截图软件最常用的快捷键是＿＿＿＿。

A. F5　　B. ESC　　C. PrintScreen　　D. Numlock

3. 简答题

(1) 常用的图片搜索技巧有哪些?

(2) 高质量的图片资源网站有哪些?

项目 2.2 媒体技术

通过各种方式获取的多媒体素材和资源并不一定适合教育教学的需要，但可以通过使用相应软件处理后达到使用要求。另外，有些找不到的媒体素材可以通过专业软件来制作。

实训目标

① 熟悉各种媒体文件格式，掌握格式转换技巧。
② 掌握文本输入、属性设置和艺术化等方法。
③ 掌握数字图形图像素材的处理和制作方法。
④ 掌握数字音频素材的录制、格式转换和处理等方法。
⑤ 学会数字视频素材的格式转换、处理和制作等方法。
⑥ 学会动画素材的简单处理和制作等方法。

知识准备

1. 软件应用基础知识

计算机中所有的操作都必须基于一定的软件，而软件需要安装到计算机中才能发挥作用。软件通常分为系统软件和应用软件。

按安装方式不同，软件可分为安装版和绿色版。安装版通常通过执行安装文件（如 setup. exe），用户根据一步步的提示，将软件的相关程序、插件和附加文档、注册信息等安装到计算机中，这类软件不能通过简单的删除文件或文件夹来卸载，否则会在电脑中留下大量的残留文件和信息，因而必须用专门的卸载程序进行卸载。绿色版软件的最大特点是软件无须安装便可使用，删除后也不会有任何记录留在计算机上，对计算机来说没有“污染”，因此是“绿色”的。

还有一类软件介于安装版和绿色版之间，被称为伪绿色软件。它没有专门的安装程序，一般提供打包文件，解压后执行一个配置文件（通常做成批处理文件如“安装 . bat”或“install. bat”或“绿化 . bat”等）就可以运行软件。卸载时也执行一个配置文件（如

“卸载 . bat”或“uninstall. bat”)。本课程提倡使用这类软件。

2. 数字图像基础知识

(1) 两类数字图像　一类是点阵图(或位图),它由许多颜色不同、深浅不同的小像素点组成。点阵图色彩丰富,适合表现自然逼真的真实画面,缺点是图像文件体积较大,拉大时由于像素点方块放大,会出现马赛克状失真。通过设备如数码相机、数码摄像机、扫描仪等获得的图像或网页中下载的图像一般都是点阵图。不同分辨率的点阵图如图2-20 所示。

图 2-20　不同分辨率的点阵图

注意

为了提高多媒体课件中图片的质量,在搜寻图片素材时,应尽量选择高质量的大图下载。因为小图片在使用时如果拉大会产生马赛克失真,严重影响观看效果。

另一类是矢量图或图形,它由一些基本的几何图形(图元)组成,这些图元包括点、线、矩形、多边形、圆形和弧线等。由于矢量图是采用数学描述方式的图形,因此将它放大、缩小和旋转时,不会像点阵图那样产生失真,它的缺点是色彩相对比较单调。矢量图通常通过软件的绘图工具绘制。矢量图放大前后效果如图 2-21 所示。

图 2-21　矢量图放大前后效果

(2) 数字图像的色彩模式　数字图像常用的色彩模式有黑白模式(黑白图像、线条图)、灰度模式(常说的黑白照片实际上是灰度模式的照片)、彩色模式(双色调、索引、RGB、CMYK、Lab、多通道等多种),由于多媒体通过显示器展示,所以图像一般为 RGB 模式。

（3）数字图像的格式　常用的位图图像格式有 jpg（最常用）、gif（有静态和动态）、png（支持透明背景）、psd（Photoshop 的源文件）、bmp（适合各种场合）、tif（用于印刷）等；常用的矢量图格式有 wmf（剪贴画格式）和 ai，cdr 等。

多媒体制作中常用的格式是 jpg，gif，png，wmf 格式。

（4）数字图像属性

① 尺寸是指数字图像的大小，一般用图像横向与纵向像素相乘表示，如 800×600，1 024×768。常用的比例为 4∶3，宽屏为 16∶9 或 16∶10。

② 分辨率表示图像数字信息的数量和密度，一般用像素/英寸（dpi）作为单位。

③ 图像深度指描述图像中每个像素的数据所占的位数，其代表图像中每个像素颜色种类的多少。如图像深度为 24 位，表示色彩数为 2^{24} 种。

④ 外观包括亮度、对比度、色相（饱和度、色调）。

运用看图软件，如 ACDSee 等可以很好地看出数字图像的属性。

3. 数字音频基础知识

（1）两种数字音频　一种是波形文件，它将模拟音频信号（波形信号）通过取样、量化、编码等过程转化为数字音频，常用的格式有 wav，mp3，wma 等；另一种是计算机合成音频，包括语音合成（格式与波形文件相同）和音乐合成（MIDI 文件，格式为 mid）。

（2）数字波形文件属性

① 采样频率：每秒钟将模拟信号转变为数字形式信息的次数。

② 采样位数：表示存储、记录音频振幅所使用的二进制位数，它决定音频的动态范围。

③ 通道数：声道数，通常有单声道或双声道。

在多媒体制作中，一般语音的音频参数为采样频率 8 kHz，采样位数 8 位，单声道；音乐和自然声音的采样频率为 44. 1 kHz，采样位数 16 位，双声道。

（3）声卡　也称音频卡（或声效卡），作用是实现声音信号与数字音频信号相互转换。声卡的基本功能：一是把来自话筒、收录机（卡座）、DVD 等的声音输入信号转换为数字音频信号存储在计算机中；二是将计算机处理的数字音频信号转换为模拟声音信号输出，并输送到耳机、音箱、扩音机、录音机等音响设备上使用；三是将 MIDI 键盘操作转换为数字音频信号；四是将 MIDI 声音合成为模拟声音信号输出。声卡的接口如图 2-22 所示，它可以连接各种音频设备如喇叭（音箱）、功放、MIC、耳机等。接口位置有前置、后置和侧置 3 种。

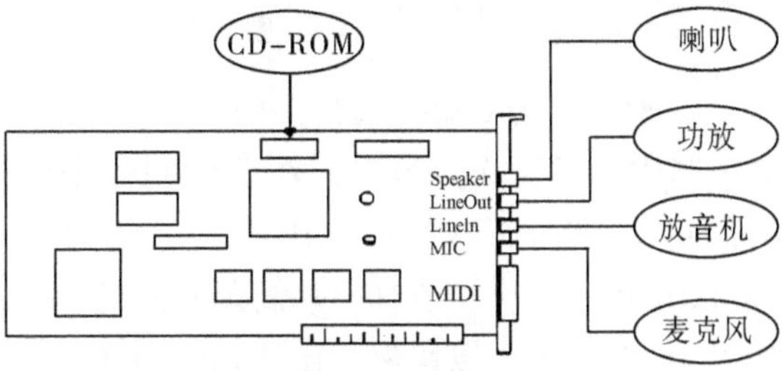

图 2-22　声卡结构示意图

4. 数字视频基础知识

（1）视频（Video）　视频泛指将一系列静态影像以电信号方式加以捕捉、记录、处理、储存、传送与重现的各种技术，当连续的图像变化每秒超过一定数量（10 帧画面）以上时，由于视觉暂留，人眼无法辨别单幅的静态画面，看上去是平滑连续的视觉效果，这样连续的画面称为视频。

（2）*数字视频* 以二进制数字方式记录的视频。由于每秒要记录几十幅图像，而每一幅图像的数字化信息量是相当大的，为了存储、处理和传输这些数据，必须进行必要的压缩，在压缩处理时往往同时加入数字音频信号，由于压缩和处理方式不同，因此产生了众多不同格式的数字视频信号。

（3）*常用数字视频文件格式* 常用的有 avi，mpg/mpeg/mp4，dat/vob，流媒体格式包括 RealMedia 格式如 rm，rmvb 等，QuickTime 格式如 mov，Windows Media 格式如 wmv 和 asf 等，Flash Video 格式如 flv，hlv 和 f4v 格式等；手机视频格式常用的有 3gp，mp4，avi，amv 等。

由于视频格式众多，因此需要在计算机中安装万能播放器，如 QQ 影音、暴风影音、百度影音、KMplayer、PotPlayer 等才能支持众多格式视频的播放。

PPT 支持的视频格式主要有 avi，mpg，wmv 和 mp4 等格式。

5. 数字动画基础知识

动画和视频都属于动态视觉素材，它们的区别在于视频一般是拍摄得到的实际动态影像，而动画一般指人为制作的动态影像。在计算机和网络中，它们的文件格式可能相同（保存为数字视频文件格式），也可能不同（特殊的动画文件格式）。

（1）*动画实现原理* 由相互关联的若干帧静止图像所组成的图像序列，由于眼视觉的暂留作用和心理作用，当这些静止图像连续播放便形成一组动画。传统动画通过绘制一幅幅画面后拍摄并配音合成，工程浩大；电脑动画引入关键帧技术，可以先利用电脑设计角色造型，并按照剧情确定关键帧，由动画师绘制一些静态的关键画面，然后利用动画软件按一定的补插规则由电脑计算来完成一系列画面，形成图像序列，即可生成动画，如图 2-23 所示。

图 2-23 一系列静止图像构成动画

（2）*电脑动画制作软件介绍* 一般来说，电脑动画可分为二维动画与三维动画两类。如今制作动画的软件很多，在课件制作中常用的二维动画制作软件有 Flash，Ulead GIF Animator，Photoshop 等；常用的三维动画软件有 Ulead COOL 3D，Xara3D，3DS MAX，Swift 3D 等。另外，还有一些简单易用的傻瓜型动画合成软件可以快速制作出特殊动画，如 Magic Morph 可以快速制作两幅画面的变形动画，CrazyTalk 可以快速制作出开口说话的动画，美图秀秀软件中利用动画模板可以快速制作出一些 gif 小动画等；各种多媒体制作软件也带有简单的动画功能，如演示软件的切换设置和动画设置、专业课件制作软件中的动画功能和过渡设置、动态网页技术等。

（3）*动画素材类型* 多媒体技术中常用的动画素材有 gif 格式动画和 swf 动画格式（Flash 动画格式）。

实训过程

任务 1 媒体格式的转换

格式工厂的使用

多媒体素材种类多，包括文本、图形、图像、音频、视频、动画等；格式多，因为采用不同的压缩编码和标准。而不同的软件能够支持的媒体素材格式并不相同，因此在使用媒体时需要进行格式转换。格式转换工具很多，这里以格式工厂为例。

格式工厂（Format Factory）是一款免费的多功能多媒体格式转换软件，可以实现大多数视频、音频及图像不同格式之间的相互转换，并能设置文件输出配置。

（1）软件安装和设置　下载的格式工厂有安装版和绿色版两种。安装或解压好后，打开主程序即可使用。可以先在工具栏中单击“选项”，对软件做一些常规设置，如设置输出文件夹等。格式工厂主界面如图 2-24 所示。

图 2-24　格式工厂主界面

（2）添加转换任务

① 选择转换任务类型：在主界面左侧列出了转换任务类型，分为视频、音频、图片、文档、光驱设备、工具集六大类型，每一类分别列出转换的各种格式。选择要转换的格

式，将打开转换任务对话框，如图 2-25 所示为“转换为 MP4 格式”对话框。

图 2-25　格式工厂转换任务对话框

② 添加文件或文件夹：在任务窗口中单击“添加文件”按钮，将需要转换的文件添加进去。

（3）视频剪辑和设置　单击“剪辑”按钮，进入剪辑窗口，可以对视频设置开始和结束时间，对视频画面进行剪裁，设置音频等；单击“输出配置”，可以对输出视频进行详细的设置，一般用默认值。视频剪辑和裁剪窗口如图 2-26 所示。

图 2-26　视频剪辑和裁剪窗口

（4）转换　各窗口确定后回到主界面，单击“开始”按钮，视频转换任务开始。在视频文件比较大或转换许多视频文件时，往往需要花费很长时间，可以在电脑空闲时间进行转换，并在主窗口的“选项”中设置“转换完成后关闭电脑”。

任务 2　文本素材的处理和制作

扫一扫

案例：目录页面设计与制作

1. 字体的安装

（1）搜寻字体　在浏览器中打开百度（https://www.baidu.com），输入关键词“字体下载”，寻找提供字体下载的网站，如找字网（http://www.zhaozi.cn）、求字体（http://www.qiuziti.com/）等。进入网站后，可以搜索需要的字体并下载，也可输入相应的字体名如“文鼎习字体”作为关键词用搜索引擎直接搜索并下载。下载的字体文件一般以 ttf 或 fon 为扩展名。

请搜寻下列几类字体并下载，并将所有的字体文件放到同一个文件夹中。

- 适合展示的中文字体：比较粗壮一些的字体如微软雅黑、粗黑、艺术体等。
- 漂亮的英文字体：有一定装饰的英文字体。
- 音标字体。
- 简谱、五线谱字体。
- 图形字体。

（2）安装字体　单击电脑桌面左下角的“开始 | 控制面板”，在控制面板对话框中找到“字体”，打开“字体文件夹”窗口。也可直接打开“计算机”，在地址栏输入“C:\Windows\Fonts”，打开 Windows 字体文件夹，如图 2-27 所示。复制字体文件，粘贴到“字体文件夹”里，字体即完成安装。

图 2-27　字体文件夹

（3）使用字体　在软件的字体属性中找到相应的字体进行相关设置，也可用插入“符号”的方式设置各种字体。

注意

若软件如 Word，PowerPoint 等打开后再安装字体，此时新安装的字体不显示也不能用，可以将软件关闭后重新打开即可使用新安装的字体，所以一般先安装新字体，再打开软件使用。

2. 制作艺术字

艺术字传统上称为美术字，它是一种修饰的文字，修饰方法包括选用艺术字库、增加边线边框、阴影发光、立体效果、倒影、变形等。用户可以使用软件中提供的修饰功能实现，也可以用图像处理软件制作，Office 软件还提供了一些艺术字样式供快速运用。下面是一个在 PowerPoint 中完成的一个目录页面任务，制作效果如图 2-28 所示。

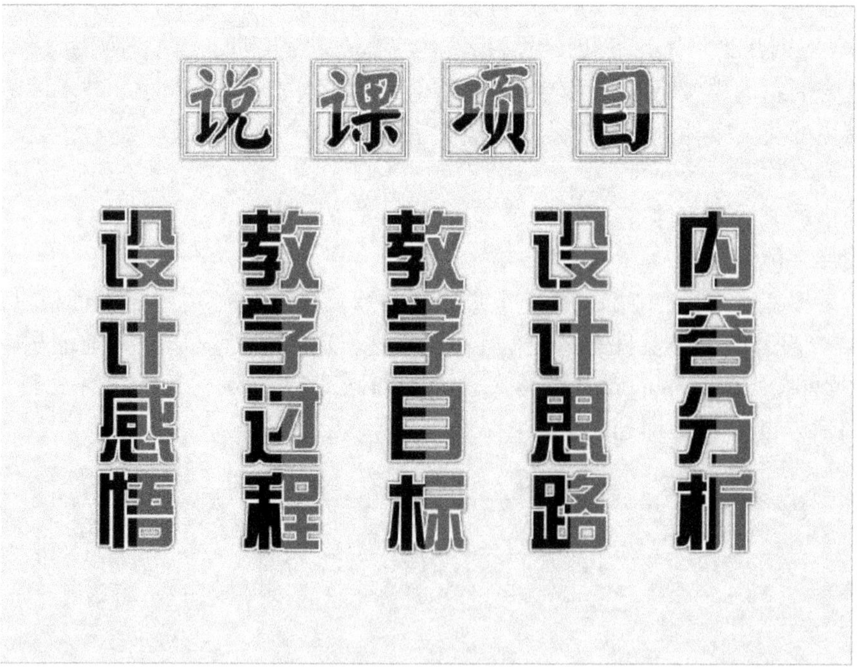

图 2-28　目录页面

分析：目录页面是在背景上用艺术字构建而成的，涉及的知识点有设置背景、插入艺术字（横排、纵排）、艺术字设置、对象排列等。

① 打开 PowerPoint，在“开始”标签中单击“版式”选项，将幻灯片版式设置为“空白”（也可按【Del】键将页面上默认的点位符删除，得到空白页面）。

② 设置背景：在页面空白处右击，在出现的快捷菜单中单击“设置背景格式”选项，对背景进行相应设置，可以用单一颜色、渐变色、图片或纹理、图案等填充作为背景，如图 2-29 所示。这里用现成纹理填充。

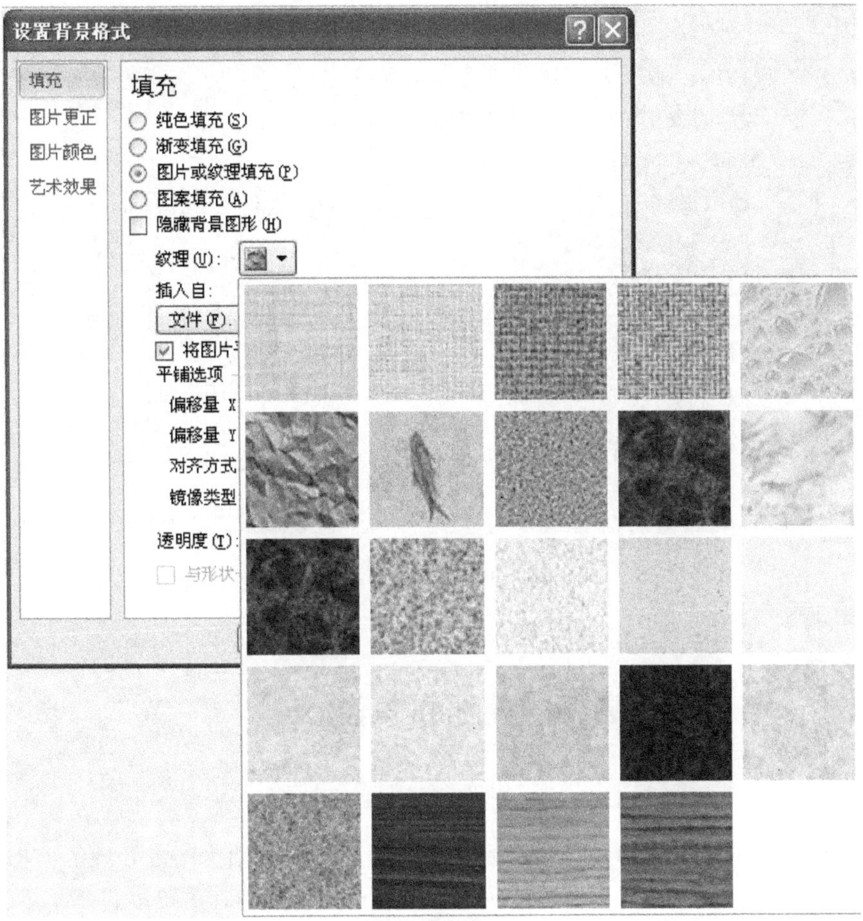

图 2-29 设置背景格式

③ 插入标题：在“插入”标签中单击“艺术字”选项，选择一种样式单击，在页面上将“请在此放置您的文字”改为标题字；选中标题字，在出现的快捷设置窗口中设置字体、字号及颜色等。在右键菜单中“字体”和“段落”对话框可以进行更多的设置：如字间距、行间距等；也可通过“开始”标签下的命令进行相应设置。

单击“格式”标签可以改变或进一步设置形状样式和艺术字样式。

④ 插入目录：照上述“插入标题”相同的方法，插入第一条目录文字，在“开始”标签中单击“文字方向”选项，将文字方向改成“竖排”，如图 2-30 所示。

第一个目录文字制作好后，因为其他目录文字样式与它一样，所以可以用复制粘贴修改文字的方式制作：按住【Ctrl】键，按下鼠标左键拖动第一个目录文字，按设计拖动复制出其他几个目录，并将文字改为相应内容。

⑤ 目录文字排列：选中所有目录项目文字（按住【Ctrl】键单击相应对象或用鼠标画矩形框把所有对象框选）。单击标签“排列 | 对齐”的“顶端对齐”和“横向分布”按钮，使几个目录对象对齐并分布均匀。适当移动位置使版面美观。

⑥ 保存文件。

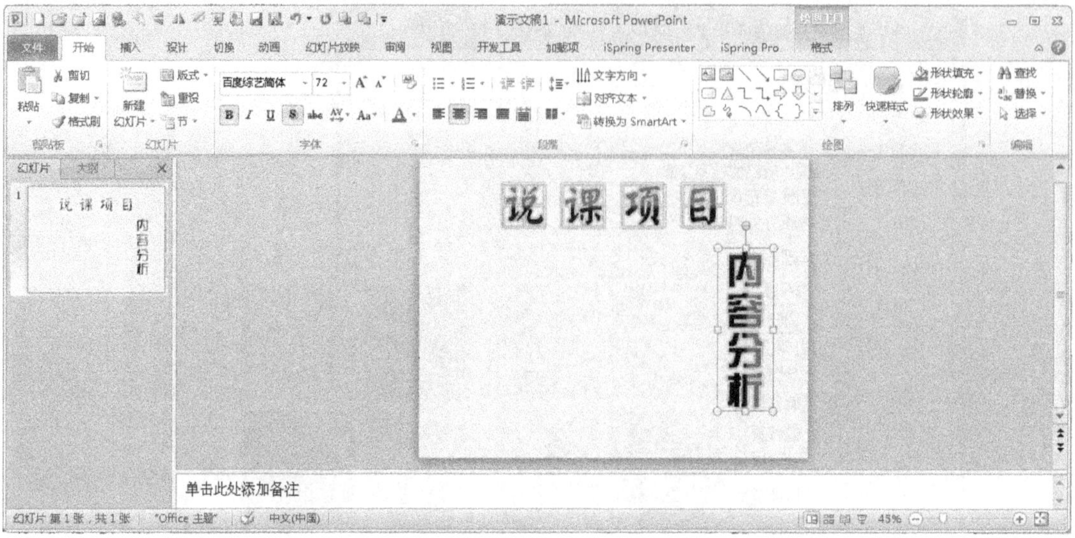

图 2-30 设置文字方向

任务 3 图像素材的处理和制作

图像是最主要的教学资源，也是视频、动画等素材的基础。图像处理的方法比较多，最简单的是在看图软件中进行，但功能少；最方便的是在制作课件的软件如 PowerPoint 中进行；在上述方式下不能处理的可以借助专业图像处理软件如 Photoshop 等进行处理，也可借助一些专门的图像处理工具软件进行处理，如去水印、抠图等。

1. 看图软件的使用

这里以 ACDSee V3.1 为例，学习看图软件的使用。

（1）安装 ACDSee 并关联图像　上网搜索、下载 ACDSee V3.1 并安装。安装结束后，ACDSee 软件会自动关联常用图像文件，即常用图像文件可由 ACDSee 打开浏览。执行“工具 | 文件关联”菜单命令，在打开的对话框中可以设置关联更多的图像文件格式。

（2）浏览图像

- 图像显示方式：双击图像文件时 ACDSee 用窗口整屏显示选择的图像，如图 2-31 所示。单击“缩小”或“放大”按钮可缩放显示图像全貌或局部放大；单击“上一个”“下一个”按钮或鼠标滚轮滚动可以观看同一文件夹中的其他图像；单击“幻灯显示”按钮，将自动间隔一段时间切换图像显示（间隔时间可在“工具 | 选项”中设置），执行“查看 | 全屏幕”菜单命令，图像以幻灯方式全屏自动播放。
- 查看图像属性：关注窗口下方的状态栏，它显示了图像的各个主要属性，在右键菜单中选择“属性”得到该图像的更多信息。

图 2-31 ACDSee 的图像显示方式窗口

• 图像浏览方式：在显示方式窗口工具栏最左侧单击“浏览”按钮切换到图像浏览方式，这时显示为 3 个窗口，如图 2-32 所示。左上为文件夹窗口，显示电脑中文件夹情况；左下为显示窗口，显示选择的图像；右侧为浏览窗口，显示所有图像的缩略图，窗口的大小可以根据需要调整。这种方式可以帮助用户快速找到需要的图像。

图 2-32 ACDSee 的图像浏览方式窗口

（3）图像文件操作（以下操作在图像浏览方式下进行）

• 转换图像文件格式：选择需要转换格式的图像文件（可多选），执行“工具 | 格

式转换”菜单命令，在对话框中选定转换的格式并确定。另外，也可通过菜单“文件 | 另存为”，在“保存类型”中选择相应格式实现格式转换。

- 图像文件的复制或移动：通过拖动的方式复制或移动，与资源管理器的操作相似。
- 批量文件改名：选定需要批量重命名的一系列图像，执行“工具 | 重命名系列”，在对话框中进行合理的设置并确定即可（网上下载的一系列图像若没有改名保存，可以用这种方式快速将全部图像重命名）。

（4）图像的简单处理　在图像显示状态下，单击工具栏中“编辑器”进入图像编辑状态。ACDSee 的编辑窗口菜单和工具栏如图 2-33 所示。

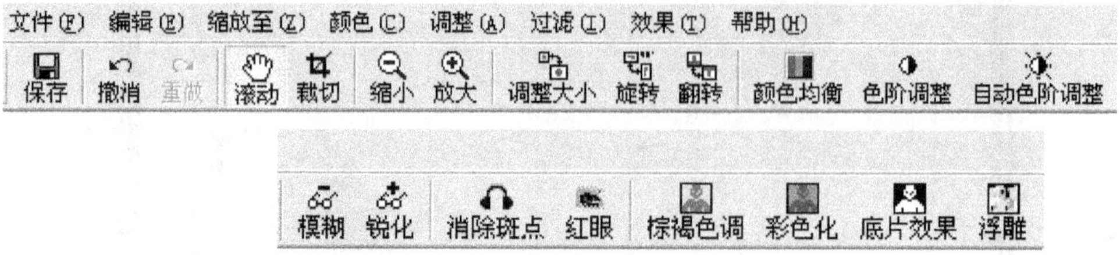

图 2-33　ACDSee 的图像编辑器菜单和工具栏

- 调整图像大小：单击“调整大小”按钮，进入“调整尺寸”对话框，在其中可以更改图像的尺寸。在多媒体课件制作中，由于主要用于屏幕显示，因此图像尺寸一般设置在宽度在 1 440 像素以下（如 1 440 像素，1 280 像素等）即可，不需要更大的尺寸（大尺寸图像会增大课件的文件体积）。在调整大小时应注意图像比例关系，如果是有人物的图像，在改变比例时会产生变胖或变瘦等与现实不符的变形现象，这时需要借助专业图像处理软件如 Photoshop 等来解决。
- 调整图像方向：单击“旋转”按钮，在“旋转”对话框中进行相应设置。
- 调整图像影调：通过“自动色阶调整”“色阶调整”“颜色均衡”将图像的影调调整为正常。
- 特殊效果处理：通过工具栏中相应工具或菜单中相应命令对图片进行模糊、锐化、消除斑点、去除红眼、各种效果图像、彩色图像去色等操作。

注意

由于上述图像处理是在原来的图像基础上操作的，如果直接单击“保存”按钮，那么编辑过的图像会覆盖原来的图像，造成原来的图像素材丢失，因此编辑完成后应执行“文件 | 另存为”，将编辑过的图像以与原来的图像不同名的方式保存，使原始素材得以保留。

2. PowerPoint 处理图像

PowerPoint 提供了实用的图形图像处理功能，制作课件时用它处理图像方便快捷。

在幻灯片中插入图片，选中图片，右上方出现“图片工具”选项菜单，如图 2-34 所示。

扫一扫

用 PowerPoint 处理图像

图 2-34 PowerPoint 图片工具

（1）裁剪图像 一些图像边缘有水印，可以通过裁剪将其去除。

选中图像，单击“格式 | 图片工具 | 裁剪”，如图 2-35 所示，此时图片四周出现裁剪边框（8 个），根据需要按住鼠标拖动相应裁剪边框到合适位置，可对图片进行裁剪。

“裁剪为形状”选项可以将图片裁剪成各种形状。

图 2-35 PowerPoint 裁剪工具

（2）调整图像 “更正”选项可以调整图像的“亮度/对比度”和“锐化/柔化”；“颜色”选项可以调整图像的“颜色饱和度”“色调”，对图像“重新调色”，“设置透明色”可以将图像中的某种颜色设置为透明；“艺术效果”选项可以对图像进行特效处理，如模糊、加马赛克、处理成绘画效果等。

（3）图片样式 PowerPoint 提供了 28 种图片预设样式，可以快速为图片添加预设好的修饰效果，“图片边框”“图片效果”“图片版式”可以实现个性化修饰，如图 2-36 所示。

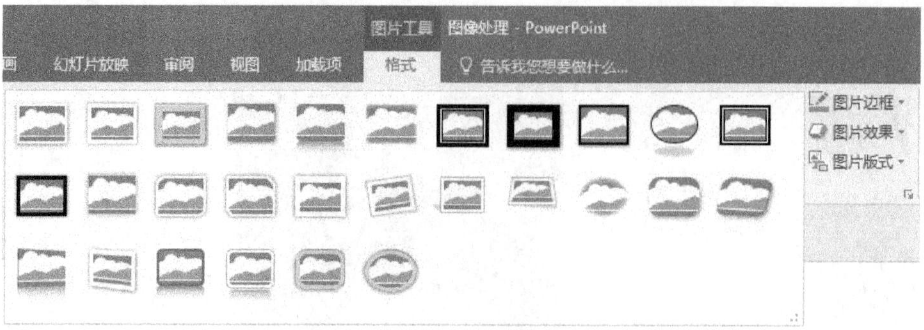

图 2-36　PowerPoint 样式工具

（4）抠图　选中要抠图的图像，单击“格式 | 图片工具 | 删除背景”，如图 2-37 所示。此时图片上出现选择框和紫色遮罩，紫色遮盖的图像区域是被删除的部分，没有被遮盖的图像区域是抠出保留的部分。拖动选择框四周改变选择的区域，根据具体情况，用 在图像相应位置画一下以标记出要保留的区域，用 在图像相应位置画一下以标记出要删除的区域，单击 保留更改 即可抠出所需要的图像。

抠出的图像可以与其他图像进行合成，也可添加动画效果，如图 2-38 所示为效果图。

图 2-37　PowerPoint 删除背景工具

图 2-38　PowerPoint 抠图效果

（5）图形绘制　标签“插入”下的“插图”可以实现绘图功能，包括“形状”“SmartArt”和“图表”。另外“剪贴画”中也可以搜寻到一些由形状组成的图片，在“格式”标签中可以设置形状的填充、轮廓和效果。图 2-39 所示是各种“形状”——组成图形的基本元素；图 2-40 所示是图形组成的界面实例，中间是整体效果。

① 剪贴画的编辑。

• 执行“插入｜图片｜剪贴画”菜单命令，在右侧的搜索窗口中输入关键词，搜索后选择一幅合适的剪贴画插入（在 Word 中处理前应将原剪贴画的“嵌入”版式改为其他版式如四周型）。

• 在剪贴画上右击，在右键快捷菜单中选择“组合｜取消组合”选项（有些剪贴画需要多次操作），将剪贴画分解成多个部分。

• 根据需要，选择删除一些多余部分，并对部分图形设置填充和边线，或进行编辑顶点调整形状等编辑操作，如图 2-41 所示。

• 在绘图工具栏中选用“选择对象”工具，在剪贴画范围拖放，选中所有图形，在右键菜单中选择“组合｜组合”，使图形成为一个整体。

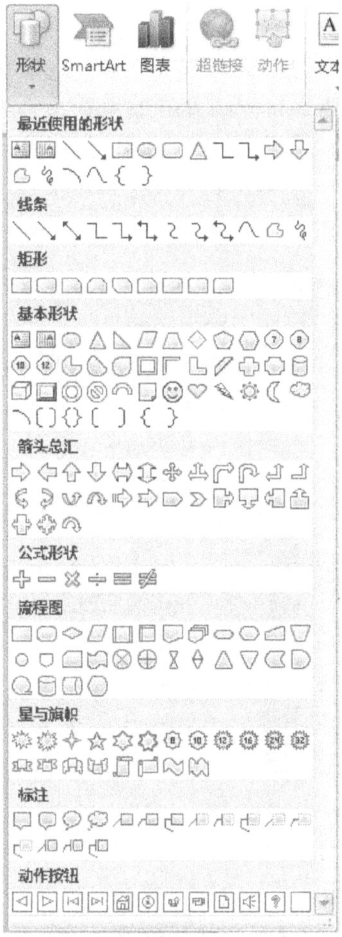

图 2-39　图形基本元素——各种“形状”

图 2-40　由各种形状构成的界面

图 2-41　剪贴画的编辑

② 图文框构建页面：在图形中添加文字并通过各种形状的组合可以更好地表达内容，说明各对象之间的关系。网上这类资源很多，可到百度文库中搜寻“PPT 素材”并下载，选择一些页面进行修改以符合自己的需求。

图文框构建内容关系如图 2-42 所示。

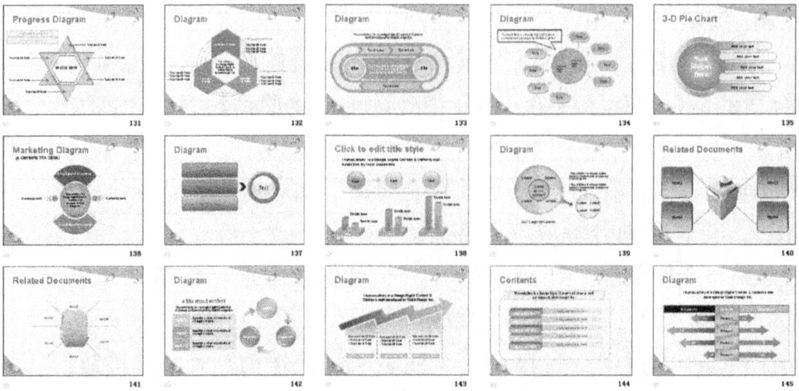

图 2-42　图文框构建内容关系

3. Photoshop 处理图像

Photoshop 是一种专业图形图像处理软件，能够对数字图像进行调整、处理、合成等操作，能绘制图形、进行图文排版、制作动画等，是多媒体素材编辑处理的重要工具。

Photoshop 的工作界面由菜单栏、工具箱、选项栏、调板、文件窗口等组成，如图 2-43 所示。

图 2-43　Photoshop CS5 界面认识

（1）Photoshop 基本操作　开启 Photoshop，通过菜单“文件”中相应命令操作。

- 打开图像：Photoshop 有 3 种打开方式，一是菜单“文件 | 打开”；二是在文件窗口空白处双击；三是从“我的电脑”“资源管理器”或 Total Commander 中把文件拖入文件窗口。
- 存储、存储为：处理图像时一般先“存储”为 psd 格式，再“存储为”其他适合应用的文件格式如 jpg，png，gif 等。

• 新建：新建文件时注意图像尺寸的设置。用于屏幕展示的图像以像素为单位，大小设置为 1 024×768（4∶3），1 600×900（16∶9），1 280×800（16∶10）等，分辨率设为 72 像素/英寸，RGB 模式。

（2）调整图像

① 调整色调、亮度、明暗：色调、亮度、明暗是图像显示的三要素，也是图像处理的关键。执行“图像 | 调整”菜单命令，浏览相关功能（如图 2-44 所示）。

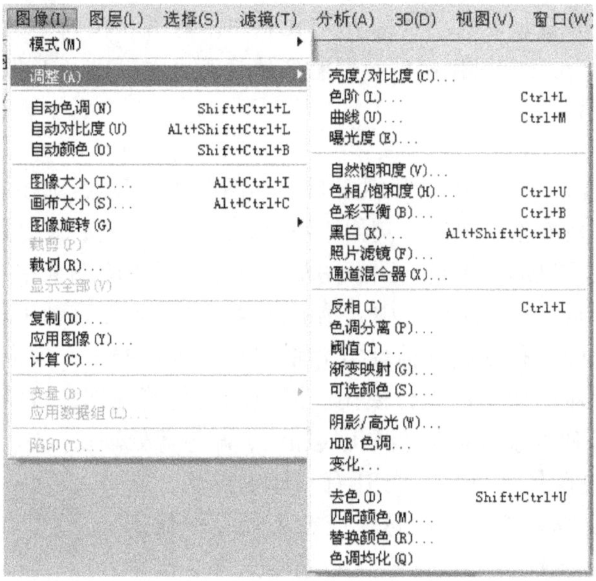

图 2-44　图像调整菜单

• 快速调整照片的影调：拍摄的数码照片、下载的图片等图像素材往往由于曝光不正确导致偏暗、偏亮或者偏色等，这时可以用 Photoshop 的自动调整功能进行快速调整。利用调整菜单中的“自动色阶”“自动对比度”命令可以很快地让图像的明暗正常；利用“自动颜色”命令可以让“偏色”的图像色彩恢复正常。

• 将彩色图像转换为灰度图像：平常说的黑白照片准确地说应该称为灰度照片。“调整”菜单中的“去色”命令可以快速得到灰度图像。

• 图像色调变化：利用调整菜单中的“色相/饱和度”或“变化”命令可以直观地调整图像的色调。利用“匹配颜色”可以让图像的色调与其他图像色调相似。在课件界面制作中，为了保证多个图像合成时的色调一致，常常需要通过图像色调调整使它们相互和谐。

注意

多媒体课件中用到的图像在处理前首先应进行影调调整，让它明暗和色调正常，一般用自动命令即可；如果不行，可以使用专业调整命令，如色阶、曲线等来调整。数码照片的调整还可采用照片滤镜、阴影/高光、曝光度等命令进行调整。调整菜单中其他调整命令可以实现一些特殊效果。

② 调整图像大小：Photoshop 在调整图像大小方面有多种方法，如“图像大小”“画布大小”“裁切”等（如图 2-44 所示）。

在课件制作中，往往需要改变图像的比例，但直接改变会使图像中对象比例变形，给人一种不自然的视觉感受，可以根据需要改变画布大小或用裁切的方法保持比例。

注意

Photoshop CS5 开始加入了“内容识别比例”（菜单“编辑｜内容识别比例”命令），这个功能可以在改变图像比例时智能保持重要内容区域（人物或选区）不变形。

（3）图像修复

① 认识修复工具。工具箱中有几组工具，如图 2-45 所示，利用它们可以对图像局部进行修整和复制。例如：污点修复画笔工具、修复画笔工具、修补工具、仿制图章工具、图案图章工具等可以去除图像中不需要的东西；红眼工具可以去除照片中人物的红眼；内容感知移动工具可以将图像中某部分内容移动到其他地方并将移动处进行修复；模糊、锐化、涂抹工具可以对图像局部进行模糊、清晰和柔化等处理；减淡、加深、海绵工具可以对图像局部进行淡化、加浓、减色等处理。

扫一扫

Photoshop 综合修复图像实例

② 用修复工具去除图像水印。打开有水印的图像，在水印处用“污点修复画笔工具”涂抹；或在工具箱中找到“修复画笔工具”，在属性栏中设置修复画笔的大小，按住【Alt】键在合适的替代区域单击一下，松开鼠标，再到有水印的区域按住鼠标左键拖动，松开鼠标可以发现水印区域被替代区域的图像内容替换并进行了合适的处理；或选择水印区域，单击工具箱中的“修补工具”，将水印区域拖放到合适的替代区域中。

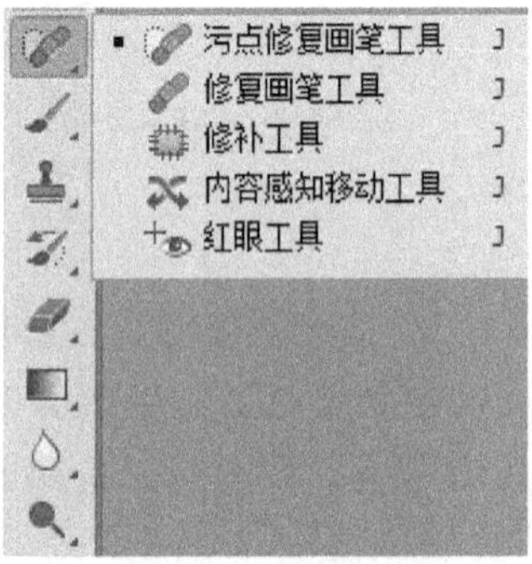

图 2-45 修复工具组

③ 综合修复实例。如图 2-46 所示，对图像进行综合修复。

修复前 修复后

图 2-46 综合修复实例

• 去除水印：工具箱中使用“污点修复画笔工具”，适当改变笔头大小，按住鼠标在水印处涂抹，松开鼠标即可去除水印。

• 去除多余人物：工具箱中使用套索工具把女孩右上方的男士套选（草地上的阴影不选），执行“编辑｜填充”，在打开的对话框“内容”中选择“内容识别”（如图 2-47 所示），确定后即可去除人物，执行“选择｜取消选择”菜单命令，取消选区。用“污点修复画笔工具”将阴影去除。

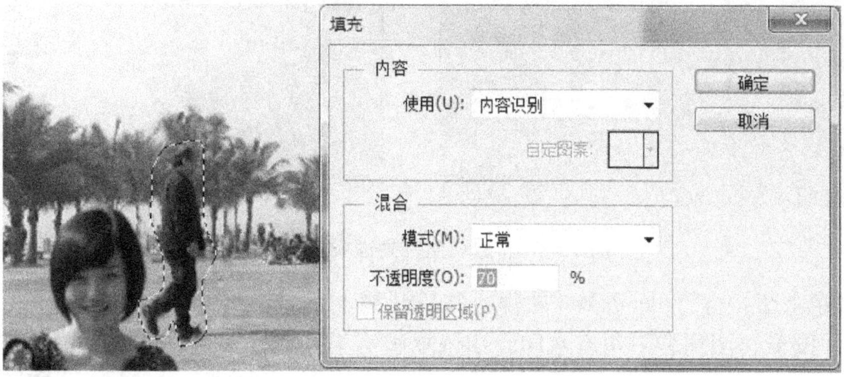

图 2-47 去除多余人物

• 移动或复制人物：工具箱中使用套索工具把小男孩套选，工具箱中选择“内容感知移动工具”（如图 2-48 所示），模式“移动”为移动对象，模式“扩展”为复制多个对象。按住鼠标拖动小男孩到合适位置，松开鼠标即可。

（4）图像的特效处理 通过 Photoshop 的“滤镜”功能（如图 2-49 所示）并与其他工具结合可以对图片进行特效处理，增强图像的感染力。

图 2-48 移动或复制人物

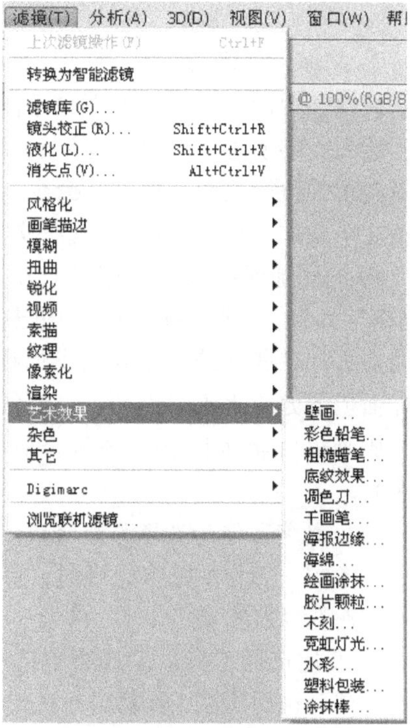

图 2-49 Photoshop 的滤镜

如图 2-50 所示，将数码照片处理成油画作品。

图 2-50　将数码照片处理成油画作品

① 去除水印：打开 Photoshop 软件，并打开网上下载的适合做油画的数码照片图像，图像右下角有水印，用修复画笔工具或修补工具将水印去除。

Photoshop 将数码照片处理成油画

② 模糊处理：数码照片拍摄太清晰，而油画以块状颜料展示形象，因此不会像照片那样清晰。执行菜单“滤镜 | 模糊 | 高斯模糊”菜单命令，设置模糊半径为 1.0 左右。

③ 模仿油画笔触：油画以块状颜料展示形象。执行“滤镜 | 艺术效果 | 干画笔”菜单命令，调节合适参数。

④ 模仿画布纹理：油画一般在画布或板上绘制，因此会出现一些纹理效果。执行“滤镜 | 纹理 | 纹理化”菜单命令，选择“画布”作为纹理。

⑤ 添加文字说明：要求醒目、易懂、吸引人。在工具箱中找到文字工具 T ，在上方的属性栏中设置字体、大小和颜色等文字属性，在图像合适位置单击一下，切换输入法，输入文字说明。在“图层”面板中找到该文字图层，右键菜单中执行“混合选项”命令打开图层样式菜单，可以为文字添加阴影、发光、浮雕等效果。

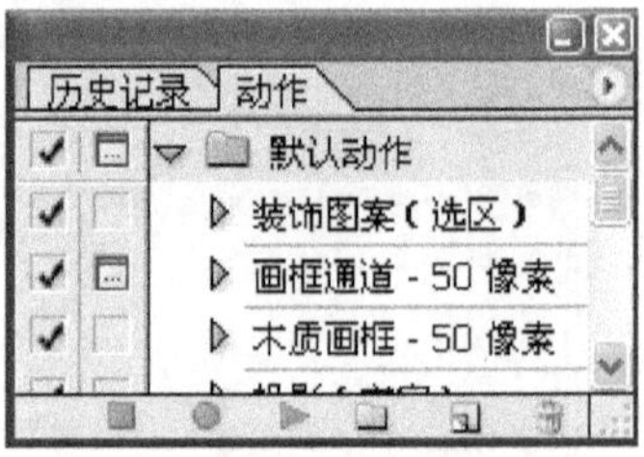

图 2-51　动作面板

⑥ 油画加框：执行“窗口 | 动作”菜单命令，打开“动作”面板，如图 2-51 所示。单击“默认动作”左侧的三角箭头，在展开的动作列表中选择“木质画框”，单击动作面板下方的播放按钮 ▶ ，一会儿功夫油画就被加上了木质画框（也可以利用图像合成方法将油画合成到画框中）。

(5) *数字图像的选择与透明图像制作*　在实际应用中，可能只需要图像的一部分；图像处理时，可能只对图像某部分处理，这就需要掌握选择技术。

Photoshop 抠图技术

① 使用选择工具：工具箱中包括三组选择工具，如图 2-52 所示，可结合选择属性工具栏进行选择操作。

- 规则选取工具：包括用“矩形选框工具”拖选矩形区域，用

“椭圆选框工具”拖选椭圆形区域等。

• 套索工具：包括用“套索工具”自由绘制选择区域，用“多边形套索工具”自由绘制多边形选择区域，用“磁性套索工具”选择边缘轮廓明显的不规则选择区域等。

• 快速选择工具：包括“快速选择工具”可以快速涂画出选择区域，用“魔棒工具”在合适位置单击，可选择与该位置颜色相同或相近的邻近区域。

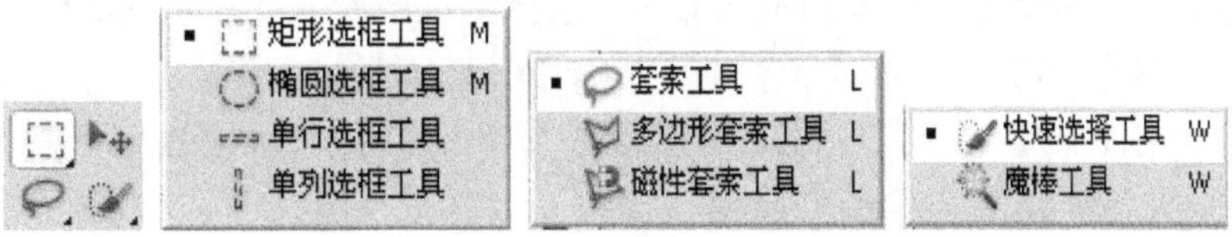

图 2-52 选择工具组

② 使用选择菜单：选择菜单如图 2-53 所示，包括选区修改和操作的一些功能。

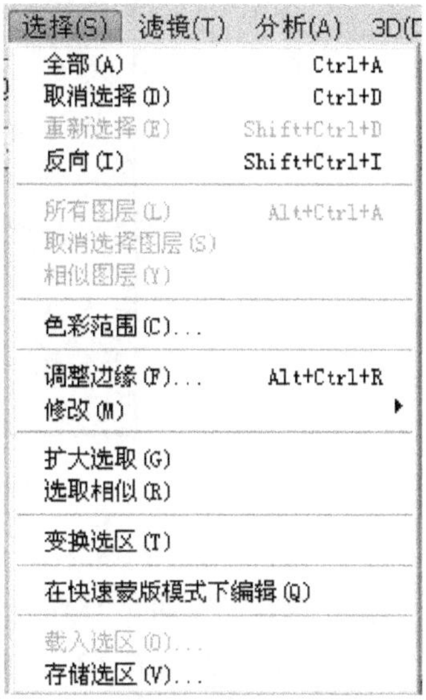

图 2-53 选择菜单

• “色彩范围”：选择图像中色彩相同或相近区域。

• 选区的保存：执行“选择 | 存储选区”菜单命令，可以将选区以某个名称保存。

• 载入选区：执行“选择 | 载入选区”菜单命令可以将保存好的选区重新载入进来。

③ 修改选区。

• 快速蒙版修改选区：工具箱最下方  按钮是标准模式与快速蒙版模式切换按钮，在快速蒙版模式下，图像未选择部分称为蒙版区域，以“蒙纱”（一定透明度的颜色，默认为 50% 的红色）显现，图像选区以正常方式显示。用户可以用画笔工具添加蒙纱，用橡皮工具擦除蒙纱，从而实现选区的修改，还可以配合放大和缩小图像（放大镜功能）对选区进行细致修改。注意：修改完后应切换到标准模式下对图像进行处理。

• 利用选择菜单修改选区：“选择”菜单中包含了对选区的多种编辑命令，“全选”选择整个图像；“取消选择”“重新选择”实现选区的取消和重选；“反选”使原来未选择的区域变成选区，原来选区变成未选择区域；“修改”“变换选区”等可以改变选区大小、形状等；“存储选区”“载入选区”可以实现选区的存储和加入、运算等。

• 选区的运算：在图像有选区的情况下，利用选择工具属性栏中  按钮可以实现选区的叠加、相减、交叉等运算得到新选区。

• 选区的移动：在选择工具情况下，将鼠标移到选区内，按住左键并拖动即可移动选区。

④ 边缘柔化技术：柔化能够使选区边缘产生柔和效果，使图像合成自然。Photoshop 有 3 种方法使边缘柔化：一是在建立选区前设置羽化，在选择工具属性栏的羽化属性中设置相应羽化大小（羽化值为 0 时不羽化，边缘生硬）；二是在菜单“选择 | 调整边缘”中

设置；三是切换到快速蒙版模式，在选区边缘用柔化画笔涂抹。

⑤ 制作透明图像：常用的图片格式中，bmp 与 jpg 等格式的图片不能保存透明信息，系统会默认为白色背景。gif 格式的图片虽然可以保存透明信息，但 gif 格式的图片最多只能有 256 种颜色，因而只能使用在对图片要求不高的场合。比较理想的格式是 png 格式图片，它具有真彩色，支持图片的透明信息，包括半透明。

- 根据要求对图像进行合理的选区操作，选择图像中所需要显示的部分。
- 执行“编辑 | 拷贝”菜单命令（快捷键【Ctrl + C】）。
- 执行“文件 | 新建”菜单命令（快捷键【Ctrl + N】），注意新建窗口中选择“透明”背景，如图 2-54 所示，单击“确定”按钮。

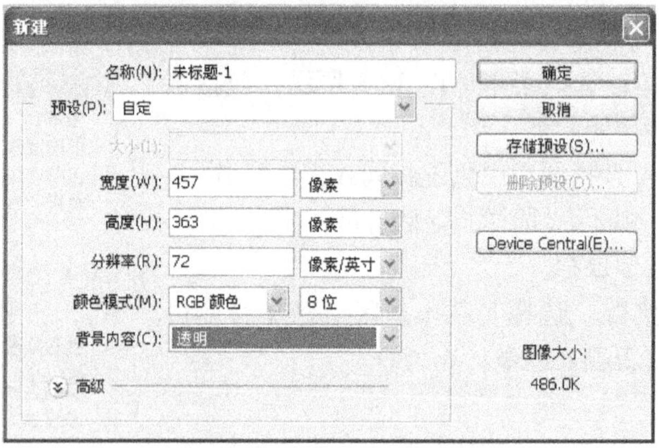

图 2-54 在“新建”窗口中设置透明格式

- 执行“编辑 | 粘贴”菜单命令（快捷键【Ctrl + V】）。
- 执行“文件 | 存储”菜单命令（快捷键【Ctrl + S】），注意选择存储格式为 png。

（6）图像合成技术　通过拷贝、粘贴或拖动，可以将多个图像对象组合到一个图像中，这就是图像合成。图像对象可以移动、变换、排布、添加蒙版和效果等。

① 对象变换。

- 对象的移动：单击工具箱中移动工具  按钮，可以拖动图像对象到合适位置，也可将选区中的图像对象拖放到其他图像中。
- 对象的复制：按住【Alt】键，用移动工具拖动图像对象，可以在其他位置复制一个图像对象。
- 对象的变换：执行“编辑 | 自由变换”菜单命令可以实现对象的大小、形状变化和旋转等操作；在“变换”菜单中可以按相应命令对应进行缩放、旋转、扭曲、翻转等操作，如图 2-55 所示。

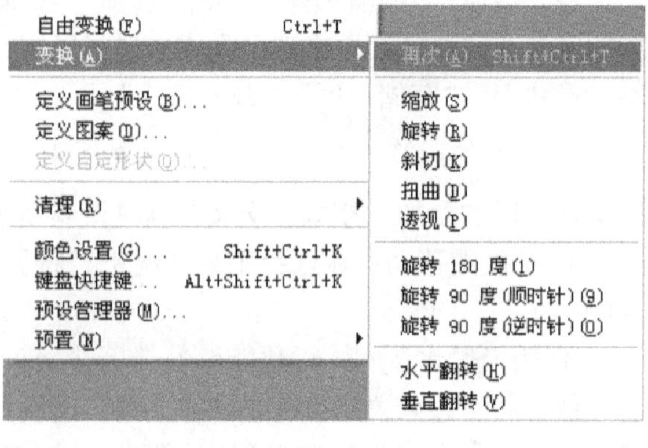

图 2-55 变换命令

② 图层操作：每一个图像对象占据一个图层，对一个图层的操作，不影

响其他图层的图像。Photoshop 有普通图层、背景图层、文本图层、调整图层、填充图层等多种类型的图层，适合不同需求，且不同类型图层可以转换。图层的操作可通过图层调板和图层菜单进行。

- 图层调板：图层调板中列出了图像中所有图层及类型，如图 2-56 所示，通过下方的命令按钮可以实施图层的建立、复制、删除、添加图层效果、添加调整图层、添加图层蒙版等操作。每一图层左侧按钮可设置图层对象的隐藏显示和链接。上方可设置图层叠加模式和改变图层对象的透明度。右上角单击 ，在出现的图层调板菜单中可以实施更多的操作（如图 2-56 所示）。

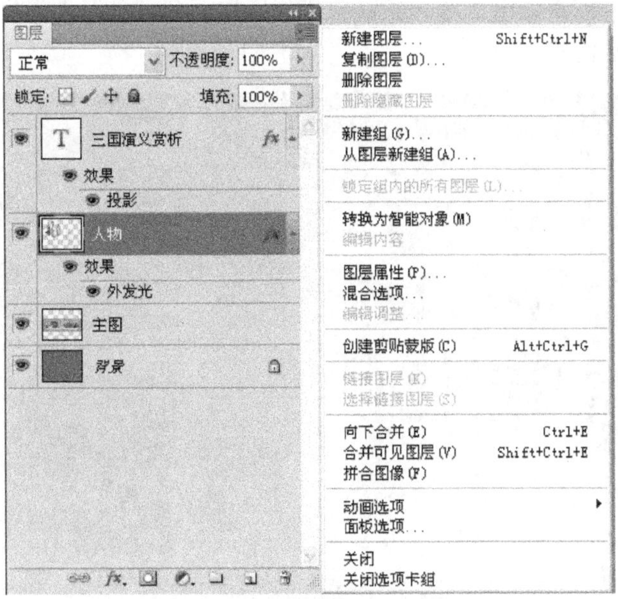

图 2-56　图层调板及图层调板菜单

- 图层菜单："图层调板"菜单（如图 2-56 所示）中包含了所有对图层操作的命令，利用它也可以对图层进行各种操作。另外，选择对象后，右键快捷菜单中也有一些常用的操作命令。

- 图层蒙版：通过图层蒙版可以使图层中的图像根据要求显露一部分，在图像合成中非常有用。蒙版中白色部分表示图层内容显现，蒙版中黑色部分表示该图层内容不显现而透露出下面图层内容，若是灰色表示部分显现部分透露，如图 2-57 所示。在图层调板下方单击"添加图层蒙版"按钮可在相应图层中增加"图层蒙版"，可用描绘、填充等方法对蒙版进行合理的编辑。

图 2-57　图层蒙版合成图像

• 多个对象对齐：在“图层”调板中，将需要对齐的多个图层对象链接起来，选择移动工具，在工具属性栏中选择合适的对齐和分布设置。

（7）综合实例——界面设计与制作　这里以《三国演义赏析》课件封面（如图 2-58 所示）的设计与制作为例。

扫一扫

综合实例：课件封面设计与制作

① 封面设计：封面是进入课件的第一个页面，起到揭示主题、激发观众兴趣等作用，需要精心设计和制作。可以选择一个合适的底图作为背景，底图不宜变化太大或太复杂，色调选用上应符合课件主题，在背景基础上可添加主图、点缀对象和文字。应注意配色合理，如前景对象与背景应有对比，需要突出主题；各对象排列应均衡合理，课件界面不宜杂乱，应该简洁清爽。

图 2-58　课件封面设计制作

② 素材准备：首先准备好素材，包括背景底图、主图、人物等图像和系统没有的字体文件（如本实例中的“简启体”），并在系统中安装相应的字体。

③ 制作。

• 新建、保存：打开 Photoshop，新建像素为 800×600、分辨率为 72 dpi 白色背景的新图像文件，执行“文件 | 存储为”菜单命令，将文件保存为“封面 . psd”。

• 背景制作：打开背景底图图像，用移动工具将图像拖到封面图像中，执行“编辑 | 变换 | 缩放”菜单命令，将图像调整成合适大小（注意保持比例），将它作为背景。

• 主图制作：打开主图图像，用前面学过的去水印方法去除画面中多余或杂乱的部分。用移动工具将图像拖到封面图像中，将图像调整成合适大小，并放置在画面中心位置，如图 2-59 所示。

图 2-59　主图原始图像

• 点缀图像制作：打开人物原始图像，如图 2-60 所示。由于该图像背景是白色，可用魔棒工具单击选择白色背景，再切换到快速蒙版模式进行适当修改，切换到标准模式，将选区反选（也可用磁性套索工具加快速蒙版直接选取人物）。用移动工具将图像拖到封面图像中，将图像调整成合适大小。给该图层添加发光效果（将发光大小调大一些）。

• 标题文字制作：添加标题文字“三国演义赏析”，并加样式效果（阴影、浮雕等）。

④ 保存和输出文件：单击“存储”按钮，保存为 psd 文件，为便于在课件中使用，将文件“存储为” jpg 或 gif 或 png 格式以备使用。

图 2-60　人物原始图像

⑤ Photoshop 和 PPT 结合制作封面：上述方式得到的封面是一个整体，演示时对象不能一个一个出现。可以用 Photoshop 处理好图像对象，输出为透明的 png 格式，再分别插入 PPT 页面中，并分别设置自定义动画。对于上述例子，由于背景和主图都是矩形，因此直接可用，而人物是不规则形状，可以在 Photoshop 中选择好，并复制粘贴到透明背景中，存储为 png 格式后插入 PPT 中，文字可以用 PPT 软件中的艺术字实现。

4. 其他方法处理图像

用一些工具软件，可以快速实现一些图像的处理功能如去水印、图像改变比例、抠图等；利用手机的图像处理 APP 也可以处理图像。这些方法使用简单，快捷方便。

扫一扫

实用图像处理小工具的使用

（1）*用 Inpaint 去除图像水印*　打开 Inpaint 软件，把要去除水印的图像打开，如图 2-61所示。用左侧工具箱中的“选择”工具（包括魔术笔、套索工具、多边形套索工具、魔术棒等）选取水印，单击“处理图像”按钮，水印即可消除。这个软件也可以快速去除图像中的多余对象。

图 2-61 消水印软件 Inpaint

（2）用 iResizer 去除多余对象并改变图像尺寸比例　打开 iResizer，打开要处理的图像，如图 2-62 所示。用左侧工具箱中的“标记”工具（包括标记笔、套索工具、多边形套索工具、橡皮等）标记需要保护的部分（用绿色标记，调整时不变形）和需要去除的部分（用红色标记，调整时被去除），单击“调整”按钮，设置调整后的尺寸比例，即可去除多余对象并改变图像尺寸比例，被保护的图像区域不变（大小比例不变）。

图 2-62 改变图像大小比例软件 iResize

（3）用 PhotoScissors 抠图　打开 PhotoScissors，打开要抠图的图像，此时会出现两个

窗口，左侧是原图，右侧是抠图后的效果预览，如图 2-63 所示。单击左侧工具箱中的“绘制”工具，用绿色笔在需要抠出的图像对象上随意画几笔，用红色笔在不需要的图像部分画几笔，根据预览效果进行一些修整（橡皮工具擦除笔画，笔工具添加笔画），满意后执行“文件|另存为”菜单命令，将抠好的图像保存为 png 透明图像格式。

图 2-63　抠图软件 PhotoScissors

（4）用手机 APP 处理图像　用手机中的图像处理 APP（也称修图工具），也可以方便快捷地对图像进行处理。手机端修图 APP 常见的有：

- 综合类：包括手机自带图像处理 APP、Snapseed、美图秀秀、PicsArt、MiX、VSCO、天天 P 图、InstaSize 等。
- 小工具类：如去水印瑕疵 Retouch、抠图 KnockOut 和抠图大师、马卡龙玩图等。

请尝试在自己的手机中搜索和安装相关 APP 进行拍摄和图像处理。

任务 4　音频素材的处理和制作

本任务包括音频设备连接和音频播放、数字音频录制及其处理和制作等。

1. 音频设备连接及音频播放

（1）音频设备连接　将麦克风（MIC，即话筒）、耳机（或音箱）连接到电脑相应接口中。必要时参照电脑说明书或请教他人，避免因连接错误造成设备损坏。

（2）调整播放总音量　单击电脑桌面右下角“喇叭”标志 ，出现音量调节器，

如图 2-64 所示，调整电脑总输出音频信号的强度，单击 🔊 可设置静音，电脑没有声音输出，再单击取消静音。

（3）*设置音频属性* 右击电脑桌面右下角“喇叭”标志 🔈，在出现的右键菜单中选择“播放设备”，打开播放声音控制台，如图 2-65 所示，双击扬声器，在打开的扬声器属性对话框（如图 2-66 所示）中选“级别”标签，通过鼠标拖动调节钮可以分别调节各输入音频信号的强弱。“麦克风”静音时，电脑不输出麦克风的声音，非静音时，电脑输出麦克风声音，可以调节其输出音量。

右击电脑桌面右下角“喇叭”标志 🔈，在出现的右键菜单中选择“录音设备”，打开录制声音控制台，如图 2-67 所示。在空白处右击，右键菜单中勾选“显示禁用的设备”，此时将列出禁用的设备，如“立体声混音”（即电脑播放的声音），右击选择启用，禁用的设备将可以使用。双击相应录制设备，进入相应设备的录制属性对话框，选“级别”标签，如图 2-68 所示，通过鼠标拖动可以改变录制音频信号的强弱。

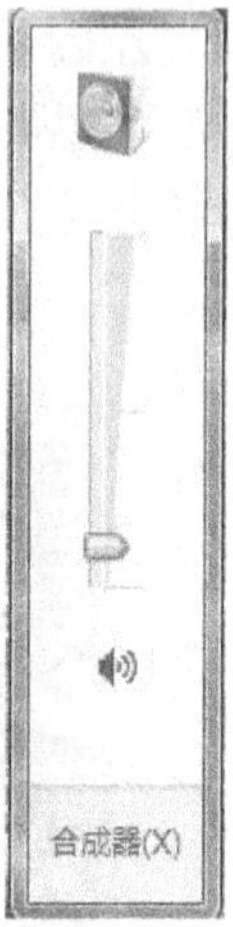

图 2-64　总音量控制台

（4）*用电脑实现扩音* 输出接口（喇叭或耳机接口）接入有源音箱，MIC 接口插入麦克风，“扬声器属性”中麦克风设置一定音量，就可以进行扩音。

如果出现啸叫声，可将音箱声音调小一些，并拉大麦克风与音箱距离，不要让麦克风与音箱正对。

（5）*播放数字音频* 可以用系统自带的播放器 Windows Media Player 播放，也可以用专用播放器播放：常用的有 QQ 音乐、酷狗音乐、百度音乐（原千千静听）、QQ 影音等，请下载播放器软件安装并使用，探索其使用技巧，完成表 2-3。

图 2-65　播放声音控制台

图 2-66　扬声器属性

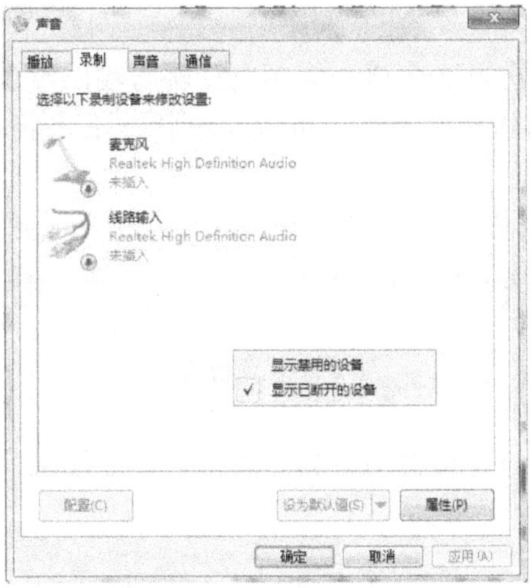

图 2-67　录制声音控制台

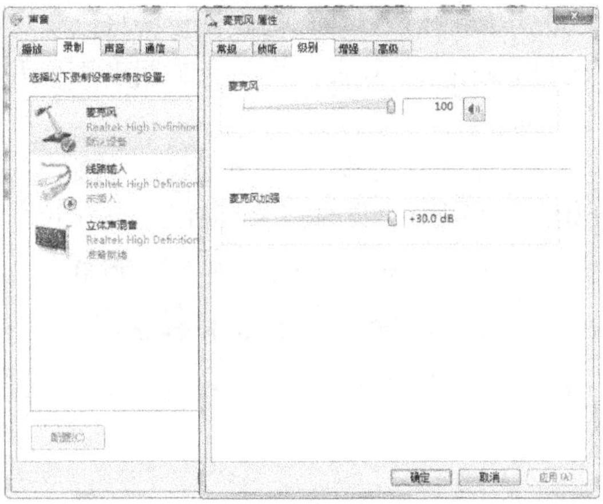

图 2-68　录制声音属性

表 2-3　数字音频播放器研究

常用的播放器	
你研究的播放器名称	
支持的数字音频格式	
歌词功能	
其他功能	

2. 数字音频录制

(1) 设置录音源　在“声音 | 录制”对话框列出的录制声源选择录制的声音源，右击菜单中选择“设置为默认设备”，双击打开相应属性，“级别”标签中调节录制音量(如图 2-69 所示)。

图 2-69　录音控制台

设置“麦克风”为默认设备只录制话筒声音。

设置“立体声混音”为默认设备将以立体声方式（双声道）录制电脑所有输出声音；如果此时麦克风不静音，将混合录制麦克风和电脑播放的声音，可以在该状态下直接录制配乐朗读。

（2）用“录音机”录制音频　执行“开始｜所有程序｜附件｜录音机”，打开录音机，如图2-70所示。单击 ● 开始录制(S)，按钮变成 ■ 停止录制(S)，此时开始录音。单击 ■ 停止录制(S) 停止录音，此时打开保存窗口，将录音保存为音频文件。

图2-70　录音机

注意

录音效果与录音音量的设置关系很大，音量太小则听不清录音，音量太大则会出现失真。在录制前可以先试录一下，以确定合适的录音音量。

3. 数字音频的处理和制作

扫一扫

GoldWave音频处理

这里以音频处理软件GoldWave为例进行介绍。

（1）运行GoldWave　将下载的压缩包解压，双击GoldWave.exe运行软件，软件运行界面如图2-71所示。

（2）音频录制

① 执行“文件｜新建”菜单命令，在弹出新建文件对话框中设置声音参数，如“声道数”“采样率”“初始化长度”等，确定后在编辑区里将出现新建的声音波形图（此时是空的）。

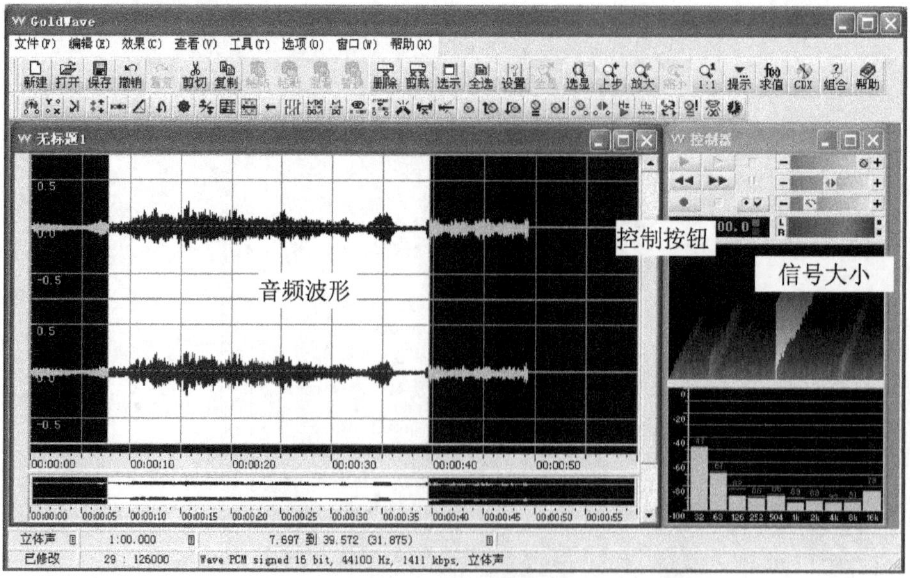

图2-71　GoldWave界面

② 单击控制器里的红色录音按钮，开始录音。此时编辑区里将出现录制的声音波形。录制时窗口中的一条竖线表示当前时间，随着竖线右移，左边就是已经录制的声音波形。单击控制器中的“停止”按钮停止录制。

③ 单击控制器里三角形状的播放按钮，可试听录制的声音。

④ 单击工具栏中的“保存”按钮，选择好所要保存的目录，输入文件名字，然后在“文件类型”中选择保存类型，如“wav”或“mp3”，单击“保存”按钮。

(3) 音频剪辑　执行“文件 | 打开”菜单命令，找到需要剪辑的音频文件并打开，选中要剪裁的部分，按下【Del】键即可。

(4) 音频处理　选中要处理的音频片断，在菜单“效果”中选择合适的项目应用，如图 2-72 所示。

(5) 音频合成　以合成配乐朗读为例。

① 打开背景音乐，进行适当处理。

② 打开纯朗读音频，进行适当处理。

③ 选择朗读部分并复制。

④ 在背景音乐文件中点选朗读出现位置，执行“编辑 | 混音”菜单命令（或单击工具栏中“混音”按钮），在打开的混音对话框中设置混音强度，这样就可将配乐和朗读音频文件处理后合成在一起，如图 2-73 所示。

⑤ 试听配乐朗读，根据需要进行适当处理。

⑥ 执行“文件 | 保存”菜单命令，将音频保存为合适的音频格式文件。

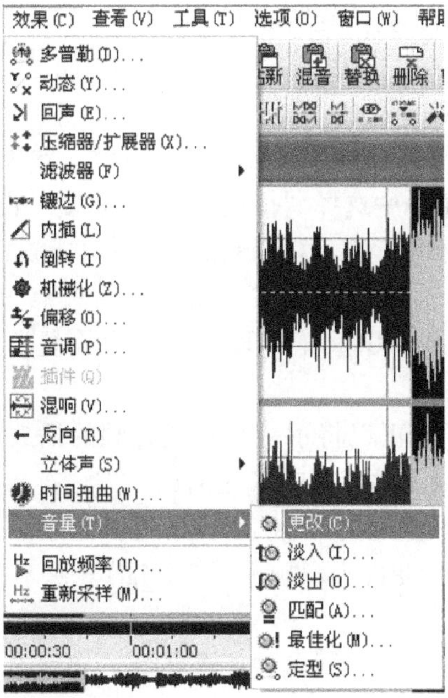

图 2-72　GoldWave 的“效果”菜单及常用的音量功能

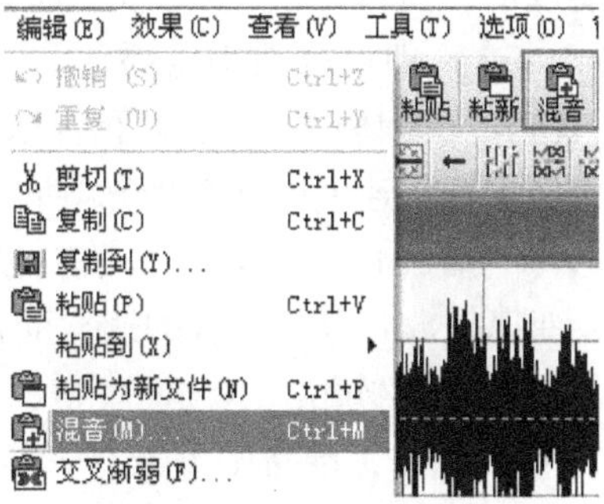

图 2-73　GoldWave 混音

任务5 视频素材的处理和制作

本任务包括数字视频播放、简单处理和制作3个部分。

1. 数字视频播放

这里以QQ影音播放数字视频为例。

(1) 安装软件　上网下载QQ影音并安装，安装后视频文件自动与QQ影音关联，双击视频文件由QQ影音来播放。

QQ影音支持哪些文件格式?

答：

(2) 播放的控制

- 双击实现全屏与原始大小切换（或按【Enter】键）。
- 单击画面（或按空格键）实现暂停/播放切换。
- 在右键菜单“画面”中设置播放尺寸和比例、旋转画面。
- “色彩调节”和“画质增强”功能的使用，可保证视频得到最佳画面。
- 鼠标拖动进度条可以选择要播放的内容。

(3) 重复播放　在语言和音乐教学中经常要反复播放某段视频或音频。方法：暂停播放，拖动进度条到重复播放的起始点，在右键菜单中选择“播放|A－B重复|设置A点”(热键是【Ctrl+1】)；拖动进度条到重复播放的结束点，在右键菜单选择“播放|A－B重复|设置B点”（热键是【Ctrl+2】)；单击播放键即可在起始点和结束点重复播放。若要取消，可以在右键菜单中选择“播放|A－B重复|取消A－B重复”（热键是【Ctrl+3】）即可取消重复播放。

(4) 变速播放　在语言和音乐教学中一开始可以将示范视频或音频的播放速度调慢一些（如标准速度的0.5倍），听几遍以后可以正常速度或快速播放。方法：在右键菜单中选择“播放|速度调节”，在打开的窗口中设置速度（QQ影音采用“变速不变调”技术，变速播放时只是声音的速度变化，但音调没变，不影响示范的音准）。

(5) 字幕功能

- 双字幕：准备中英文双字幕文件，与视频文件同名并放置在同一文件夹中。在右键菜单“字幕”中可进行相应设置。
- 遮挡字幕：按住【Alt】键用鼠标左键在需要遮挡的区域画矩形，按住【Alt】键双击即可取消遮挡。

（6）声音调节

● 直接拖动音量控制条控制声音强度。

● 通过鼠标滚轮转动可以方便地增大或减小音量。

● 智能调整：右键菜单“播放器设置”中“声音”对话框中勾选“智能调整所播放文件的音量”。

● 同步声音：有些视频文件声音和画面不同步，在右键菜单中选择“播放效果调节 | 影片定位”以适当增减时间达到同步。

● 声道选择：选择“播放效果调节 | 声音控制”选项，调整声道平衡和声道选择。

（7）局部放大　在播放过程中，按住【Ctrl】键并在播放屏幕中拖出需要局部放大的区域，此时播放器全屏播放局部视频，可以细致观察局部内容。按住【Ctrl】键双击鼠标恢复正常大小播放。

（8）播放痕迹记忆功能　单击播放器左下角  图标，在打开的菜单中选择“退出时保留播放痕迹”选项，播放器将记忆上次播放的位置，下次打开时将从上次结束播放位置开始播放。通过添加到书签功能可以为多个视频增加播放位置，方便调用，如图 2-74 所示。

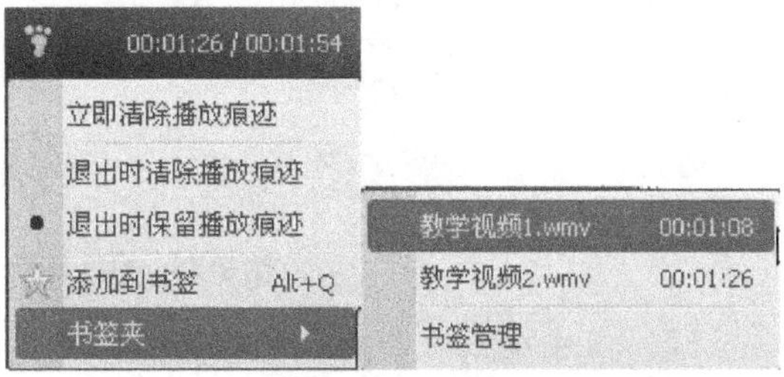

图 2-74　QQ 影音的书签功能菜单

请探索 QQ 影音的其他功能，思考在教学中如何用 QQ 影音提高播放视频的效果。

2. 数字视频的简单处理

这里以 QQ 影音为例介绍如何实现数字视频的剪辑、合成和格式转换。

（1）数字视频的剪辑

① 用 QQ 影音播放相关视频。

② 在播放界面上右击，在右键菜单“转码/截取/合并”中选择“视频/音频截取”选项，此时出现截取窗口，如图 2-75 所示；在窗口中选择起始点和结束点，并通过预览查看。

图 2-75　QQ 影音视频截取窗口

③ 单击“保存”，在出现的“视频保存”窗口中设置“输出类型”，设定截取视频的大小、保存格式、文件名和保存位置等，确定即可，如图 2-76 所示。

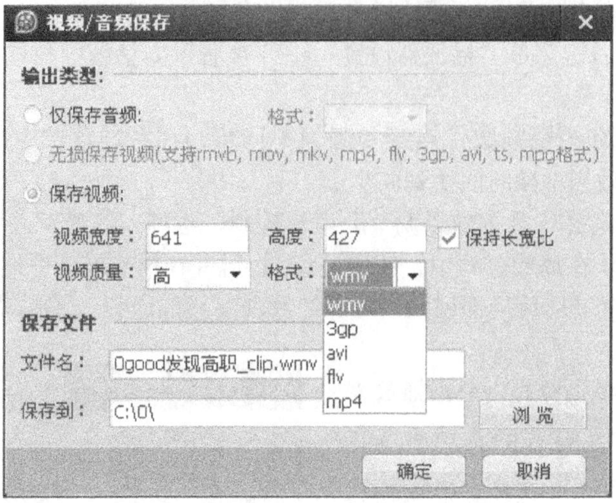

图 2-76　QQ 影音截取视频保存窗口

（2）数字视频的合成

① 在播放界面上右击，在弹出的右键菜单“转码/截取/合并”中选择“音视频合并”，此时出现合并窗口，如图 2-77 所示。

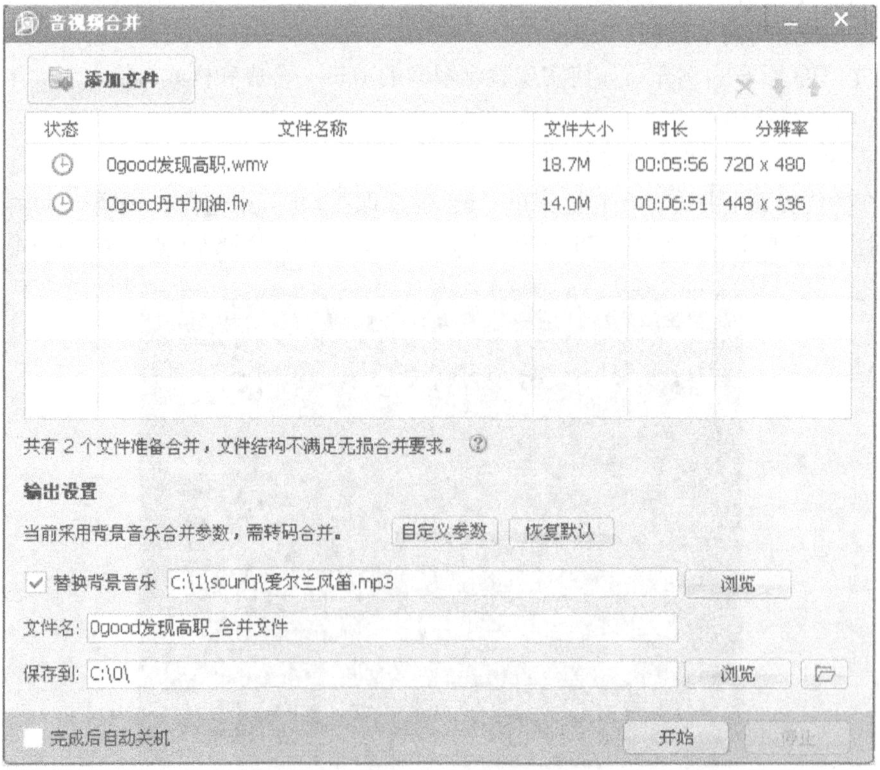

图 2-77　QQ 影音“音视频合并”窗口

② 添加要合并的文件，如果视频文件格式不同，需要通过“自定义参数”进行设置，如果要换声音，可以勾选“替换背景音乐”，单击“开始”按钮进行合并并转换格式。

3. 数字视频的简单制作

将图片、文字、声音、视频等素材适当组合，添加转场和运动效果，并输出为数字视频，可以用专门的视频处理软件如会声会影、万兴神剪手 Filmora、威力导演、Adobe Premiere 和 Camtasia Studio 等来实现，也可以用一些简单的软件如 MemoriesOnTV 和 DVD Slideshow Builder、爱剪辑等快速实现。本例用软件 MemoriesOnTV 来设计制作图片展示 MV 视频。

（1）设计和素材准备　选择一个主题，对 MV 作品进行适当的设计，如 MV 的名字、片头设计、展示内容（剧情安排）和片尾设计。根据设计搜索并下载一些图像、音频、视频素材，并用前面学到的处理技巧对素材进行适当处理。

（2）MV 制作

① 打开 MemoriesOnTV 软件，其界面如图 2-78 所示。新建相册及区段并适当命名。

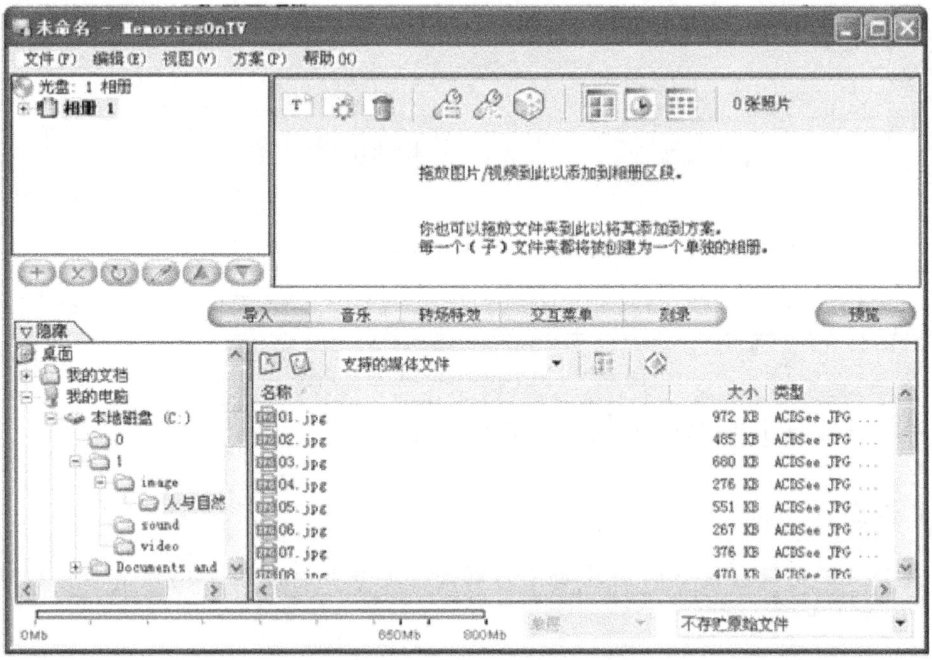

图 2-78　MemoriesOnTV 界面

② 导入素材：根据设计要求在左下方目录搜索区找到素材所在文件夹，将右下方列出的相应图像、视频素材拖放到右上方工作区，并根据设计拖放各素材位置。单击  图标可加入文字画面。

③ 编辑素材：双击工作区的素材进入素材编辑窗口，如图 2-79 所示，可以为每个素材设置转换、相框、添加文字说明、转换效果（特效、推拉缩放、播放时间等）、背景、解说声音等。

④ 配乐设置：切换到音乐选项，为整个视频添加声音并进行时间、音量、淡入淡出、

静音等设置。注意根据声音的长短合理设置素材播放时间。

⑤ 转场特效：设置图片切换特效。特效不宜太花哨，应注意与素材配合使用。

⑥ 交互菜单设计：如果有多个视频并刻录成 DVD，可设置交互菜单，一般不作设置。

图 2-79　MemoriesOnTV 素材编辑

(3) 输出　输出相应格式的视频文件(mpg 格式)。

注意

此处只研究视频素材的简单处理与制作，更专业的处理与制作请参见“项目 5.3　微课设计与制作”。

任务 6　动画素材的处理和制作

本任务包括 gif 动画的制作、编辑和 swf 动画的快速制作、图片展示 swf 动画制作 4 个部分。

1. gif 动画的制作

扫一扫

专题：玩转 gif 动画

（1）用 QQ 影音将视频片断转换成 gif 动画

① 用 QQ 影音播放相关视频。

② 在播放界面上单击右键，在右键菜单“转码/截取/合并”中选择“动画（GIF）截取”，此时出现截取窗口，如图 2-80 所示；选择 gif 动画的尺寸（大图、中图、小图），在窗口中选择起始点和 gif 动画时间长度（建议时间短一些，不能超过 5 秒，不然 gif 文件会很大），可以通过预览查看一下。

图 2-80　QQ 影音的 gif 截取设置窗口

（2）用 Ulead GIF Animator 制作动画　Ulead GIF Animator 是友立公司出品的一款动画制作软件，用它可以很方便地制作和编辑 gif 动画。这里以 Ulead GIF Animator V5. 05 汉化绿色特别版为例。

① 从网上搜索并下载该软件，解压后双击文件夹中“Ulead GIF Animator 5. exe”打开软件，如图 2-81 所示；这时会出现一个向导，引导用户新建或编辑 gif 动画等，这里不用向导，关闭它。

② 制作三幅图像切换的动画：首先准备三幅不同的图像素材，将它们调整成一样大小。执行“文件 | 打开图像”菜单命令，打开第一幅图像；执行“帧 | 添加帧”菜单命令，增加一帧，然后再执行“文件 | 添加图像”菜单命令，添加第二幅图像；同上方法增加一帧并添加第三幅图像。在“帧面板”中找到相应帧，设置帧属性，如显示时间等。最后执行“文件 | 另存为 | gif 文件”菜单命令即可。

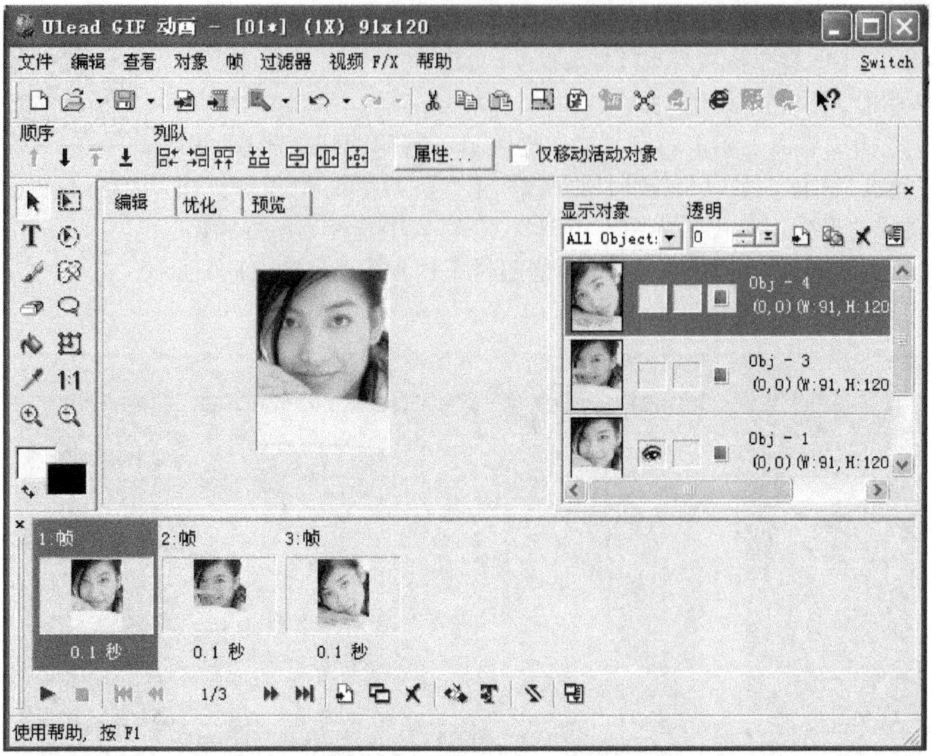

图 2-81　Ulead GIF Animator 制作 gif 动画

注意

Ulead GIF Animator 提供了条幅文本效果、视频 F/X 效果等功能帮助用户快速制作特效 gif 动画，它不仅能输出 gif 动画，还能输出视频、swf 动画格式等。读者可以尝试到网上寻找教程并制作。

(3) 用 Xara3D 制作三维文字动画

① 网上搜索并下载 Xara3D V6.0 汉化版，解压后执行 X3D.exe，运行软件，如图 2-82 所示。

② 输入文字：在左侧工具栏中，单击 Aa ，在出现的文字输入窗口中输入相应的文字，如图 2-83 所示。右侧 ◆ 是分页符，可以实现多组文字的切换效果。

③ 在右侧各选项中对文字立体效果进行相应设置，包括对颜色、文字挤压、图案、文字斜边、阴影、材质进行合理的设置。

④ 设置动画：单击动画选项，可以对文字动画进行设置。可以单击“动画提取器”（如图 2-84 所示）快速设置现成的动画样式。

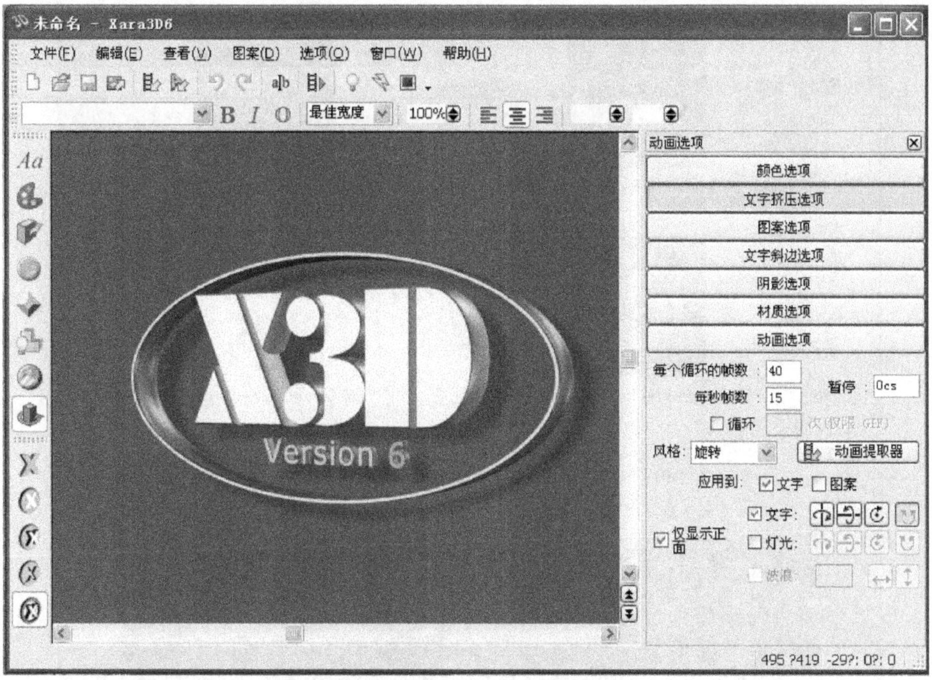

图 2-82 Xara3D 软件界面

图 2-83 Xara3D 文字选项

图 2-84　Xara3D 动画提取器

⑤ 保存：执行"文件 | 导出动画"菜单命令，导出 gif 或 swf 格式的三维文字动画文件。

（4）用 Sqirlz Water Reflections 制作水波和下雨（雪）动画

① 网上搜索并下载 Sqirlz Water Reflections 软件，解压后执行 SqirlzReflect. exe，运行软件，如图 2-85 所示。

② 选择水波区域：单击左侧工具栏中 ，在画面上按住鼠标左键画出水波区域，结束时按右键。

③ 设置水波：在上方单击 设置基本波纹，单击 设置环形波纹。

④ 设置雨雪参数：在上方单击 ，设置雨或雪情况。

⑤ 保存：上方按钮 avi gif 可分别保存为 swf，avi，gif 动画格式。

图 2-85 Sqirlz Water Reflections 软件界面

2. gif 动画的编辑

用 Ulead GIF Animator 可以打开 gif 动画并进行编辑修改。

(1) gif 动画添加文字说明

① 在 Ulead GIF Animator 软件中打开要添加文字的 gif 动画，在左侧的工具箱中单击文字工具按钮 **T**，在图像合适位置单击，出现文本条目框如图 2-86 所示，输入文字，并设置字体等。

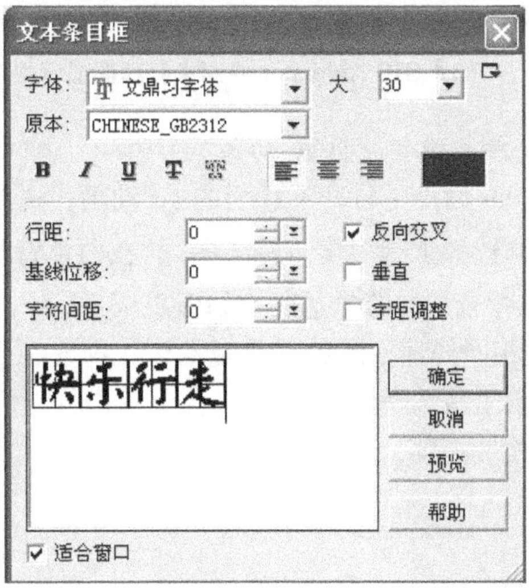

图 2-86 Ulead GIF Animator 中添加文字

② 用移动工具将文字移到适当位置。

③ 若在其他帧也需要显示该文字，在“对象管理器”面板中相应位置单击，让眼睛图标 显示。适当移动文字位置可实现文字移动动画，如图 2-87 所示。

④ 将文件另存为 gif 格式动画。

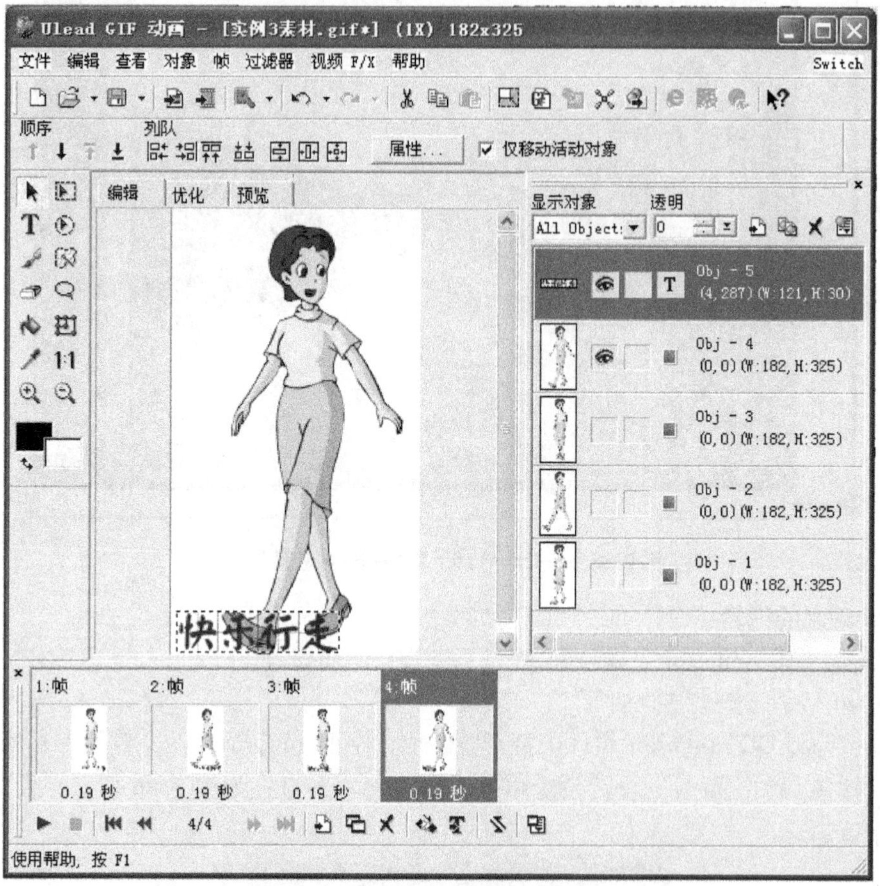

图 2-87 Ulead GIF Animator 中对象管理器显示文字对象

（2）将不透明的 gif 动画编辑成透明 gif 动画

① 在 Ulead GIF Animator 软件中打开不透明的 gif 动画，选择相应帧及对象管理器中图像。单击左侧工具箱中的选择工具“魔术棒” ，在白色背景处单击，选中所有的白色背景，按【Del】键删除背景，使背景透明，如图 2-88 所示。

② 选择其他每一帧做相同处理，注意用“魔术棒”前先在图像外单击一下，取消原来的选择，再单击白色背景重新选择后删除。

③ 将文件另存为 gif 格式动画。

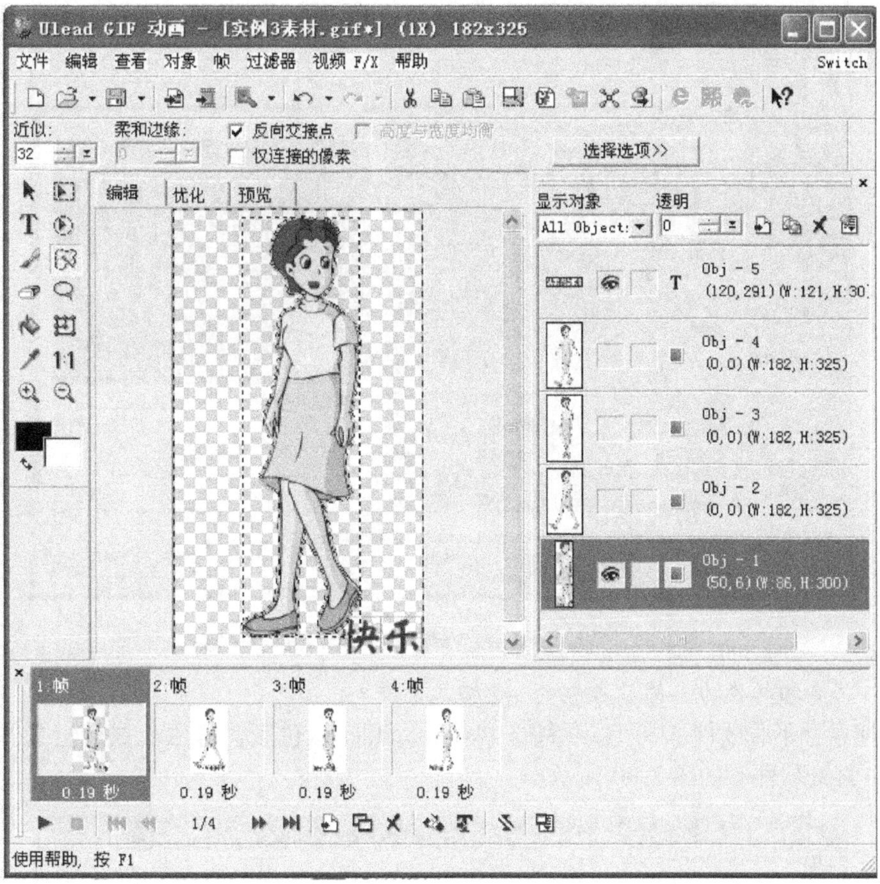

图 2-88 Ulead GIF Animator 中删除白色背景变成透明背景

3. swf 动画的快速制作

图片展示 swf 动画制作

上述的 Ulead GIF Animator，Xara3D，Sqirlz Water Reflections 等软件即可以保存为 gif 格式动画，也可以保存为 swf 格式动画。

（1）将视频转换为有播放条的 swf 格式文件

① 搜索并下载软件 Wondershare Video to Flash Encoder，解压或安装后执行主文件 VTF. exe，打开软件，如图 2-89 所示。

② 单击“添加文件”按钮将要转换的视频加入，设置输出格式为 Flash 文件（＊. swf），并设置输出文件夹。

③ 单击“编辑”按钮打开编辑窗口，在该窗口内可以截取一段视频，选择视频区域，设置视频效果和添加片头、片尾说明。

④ 单击“模板”按钮打开模板窗口，选择一种合适的播放器。

⑤ 单击“设置”按钮打开设置窗口，可以设置输出的视频和音频参数。

⑥ 单击右下角“Start”按钮，开始转换。转换结束可以在输出文件夹中找到转换好的带有播放器的 swf 文件。

图 2-89　Wondershare Video to Flash Encoder 窗口

（2）将音频转换为有播放控制的 swf 格式文件

① 搜索并下载软件 Aleo Flash MP3 Player Builder 绿色版，解压后执行主文件 mp3 to swf. exe，打开软件，如图 2-90 所示。

图 2-90　Aleo Flash MP3 Player Builder 窗口

② 单击左侧任务中“添加歌曲”项，在右方单击按钮  添加音频文件（支持 mp3 和 wav 格式）。

③ 单击左侧任务中“Flash 播放器”项，在右侧选择合适的播放器类型并进行适当的设置。

④ 单击左侧任务中“发布”项，选择输出目录，并选择发布选项为“（仅）生成一个 Flash 播放器，并整合所有的音乐文件与音轨列表至其中”，这样所有的音频及播放器都在一个 swf 文件中。如图 2-91 所示是一个实例样式。

（3）安装 swf 打印机，将各类文档转换为 swf 格式

• 安装 swf 打印机：从网上下载 FlashPaper 软件，执行 FlashPaper2Installer. exe，按提示一步步安装。安装完毕，在电脑系统的“打印机和传真”中会出现 FlashPaper 打印机图标，在打印时出现的“打印机选择”对话框中有“Macromedia FlashPaper”选项。任何文档都可以用它打印成 swf 格式文件。

图 2-91 swf 格式的音频播放器

• 打印转换：如打开一个 Word 文档，执行“文件 | 打印”菜单命令，选择“Macromedia FlashPaper”打印机，设置其他选项，确定后会出现保存对话框，如图 2-92 所示，单击“Save as Macromedia Flash”按钮就可以将文档转换为 swf 格式（还可保存为 PDF 电子书格式）。

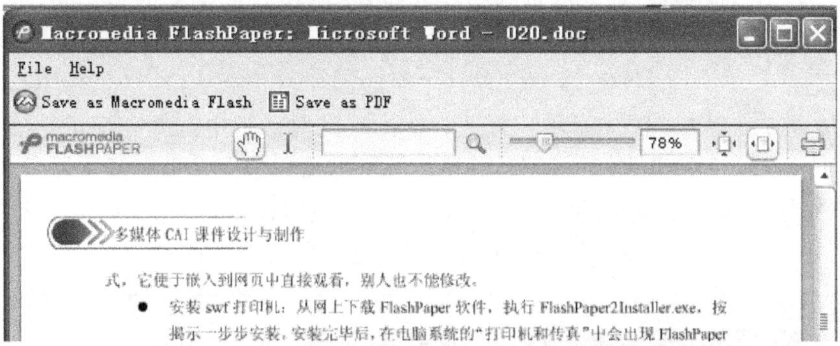

图 2-92 Macromedia FlashPaper 打印机输出保存窗口

4. 图片展示 swf 动画制作

借助图片展示 Flash 动画制作软件，如 Flash Slideshow Builder，Flash Slideshow Maker，Flash 相册制作大师等可以快速将图片、文字、图形、声音等组合成能控制播放的 swf 格式文件。这里以软件 Flash Slideshow Builder 为例。

（1）设计和素材准备 选择一个主题，对展示作品进行适当的设计：用一系列图片来描述主题，要求有一定的故事性，并辅以文字说明，配上合适的背景音乐。根据设计搜索并下载图像、背景音频素材，并用前面学到的处理技巧对素材进行适当处理。为便于制作，图像文件按顺序以序号命名。

（2）添加素材并编辑

① 搜索并下载 Flash Slideshow Builder 软件，安装或解压后执行“FSSB. exe”即打开软件，如图 2-93 所示。

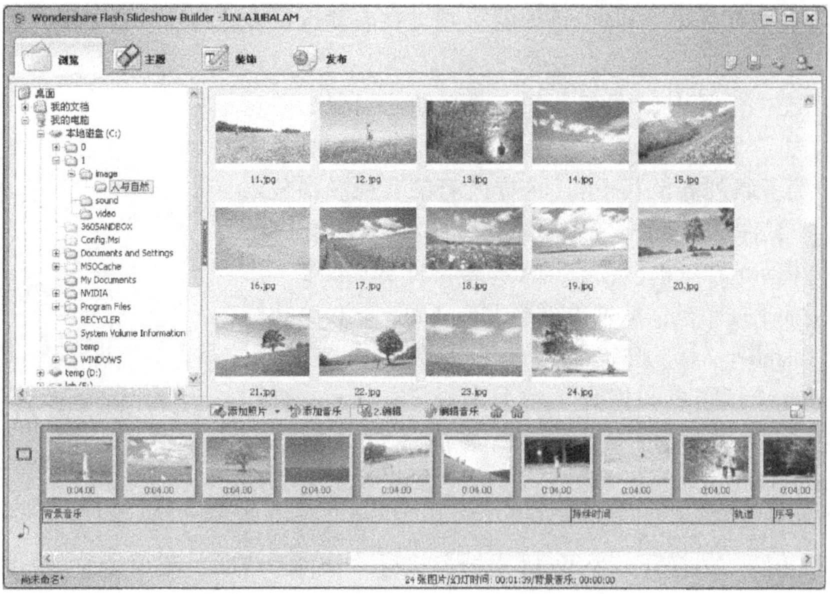

图 2-93 Flash Slideshow Builder 窗口

② 添加图片：在左侧的文件夹列表窗口中找到存放图片素材的文件夹，此时图片会显示在右侧窗口。选择需要加入展示的图片（按住【Ctrl】键的同时单击可多选），选好后单击“添加照片”按钮，这些图片便按顺序添加到下方的时间轴上，可以拖动图片改变图片顺序。

③ 添加声音：单击“添加音乐”按钮，在出现的对话框中选择相应的声音文件（支持 mp3，wma，wav 三种格式，可多选），确定后下方窗口中会显示声音文件。

④ 编辑图片：双击要编辑的图片，打开图片编辑窗口如图 2-94 所示。在图片编辑窗口中可改变图片大小、旋转、调节亮度和对比度及添加一些特效（在 effects 标签中选择）。

图 2-94 图片编辑窗口

⑤ 编辑声音：双击声音文件或单击“编辑音乐”按钮，在出现的声音编辑对话框中，可添加或删除声音文件、对声音文件进行剪切、添加淡入或淡出效果等，如图 2-95 所示。下方显示的幻灯时间和音乐时间为调整幻灯显示时间提供参考。

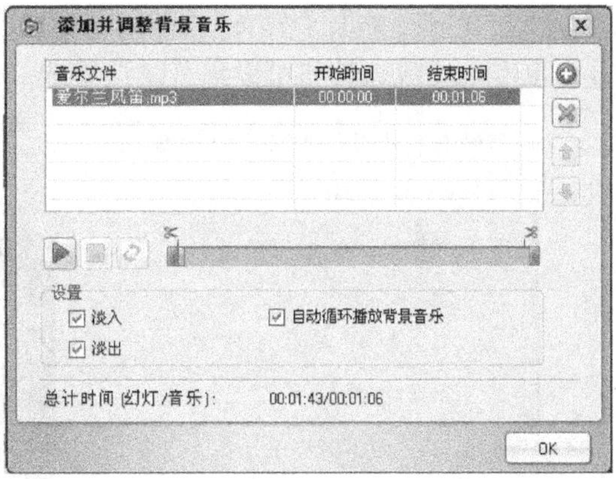

图 2-95　声音编辑

⑥ 调整图片显示时间：在图片的右键快捷菜单中单击“时间设置”按钮，在出现的“延时设置”对话框中设置图片显示时间，通常按照讲解时间设置图片时间。如果是自动播放，可以按照音乐总时间除以图片数确定时间，并单击“应用设置到所有图片”按钮以平均分配时间。

（3）应用主题　单击软件上方“主题”标签，如图 2-96 所示，选择一个合适的主题样式，并进行相应的设置，有些主题还可以添加封面和封底页面。单击下方时间轴两个图片之间的过渡图示，可打开“Transition Effect”改变两个图片间的过渡效果。

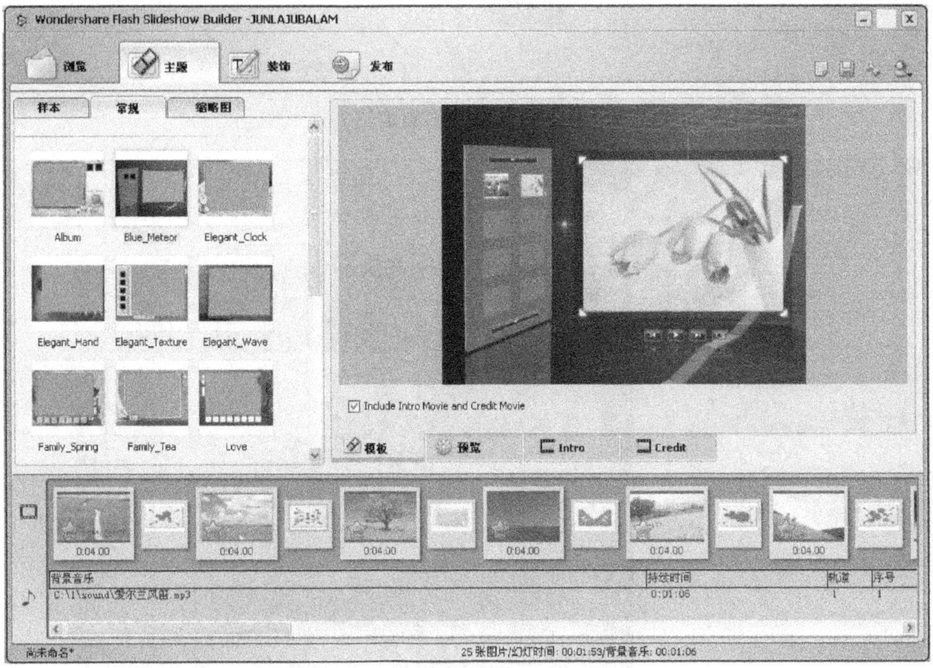

图 2-96　主题设置窗口

（4）添加说明及装饰元素　单击“装饰”标签，在装饰窗口（如图 2-97 所示）下，可为图片添加合适的文字说明、声音解说及静态元素、动态装饰效果，也可以为文字说明添加文字进入效果；在右侧窗口中单击文字会出现文字设置工具栏，可设置文字的字体、大小、颜色和透明度等；在下方时间轴上可调整装饰文字、元素的显示时间。声音解说可用软件提供的音效，也可直接录制解说，还可事先录制好导入。

（5）发布　单击“发布”标签，打开发布窗口（如图 2-98 所示），可先进行发布设置，单击“播放”按钮可以预览。这里选“生成 swf”选项将文件发布为 swf 格式动画。

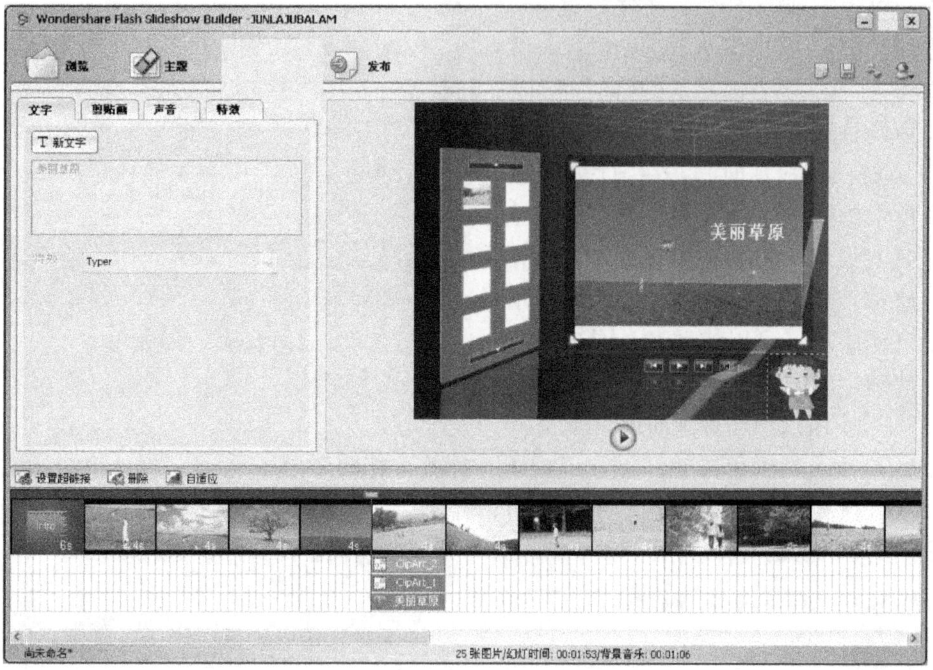

图 2-97　装饰设置窗口

图 2-98　发布窗口

巩固练习

回顾：本项目在本课程中花费的时间最多，因为只有丰富合适的资源支持，才能更好地实现教育教学，希望读者能很好地掌握相关技巧，并融会贯通。

练习：请完成以下习题。

1. 填空题

（1）数字图像有两种类型，它们是________、________。

（2）常用的动画格式文件包括________、________。

2. 选择题

（1）多媒体制作中不能直接使用的图像格式是________。

A. gif B. jpg C. psd D. png

（2）PPT 不支持的音频格式是________。

A. wav B. mp3 C. wma D. rm

（3）PPT 不能直接支持的视频格式是________。

A. flv B. wmv C. mpg D. avi

3. 简答题

（1）QQ 影音有什么特点？在教学上有何功能？

（2）Photoshop 在图像处理方面有何功能？

（3）怎样制作透明格式的 png 图像？

（4）怎样去除图片中的水印或瑕疵？

❸ 设　计　篇

通过上一篇的学习，我们已经掌握了各种教学资源的搜索、获取、处理和制作技术，有了丰富的资源，此时更重要的是如何根据教学需要选择合适的资源和方法来达成教学目标，这就需要进行精心的教学设计。本篇主要研究教学设计技术及教案编制技术，并通过思维可视化技术来很好地展示。

本篇通过两个项目来实施：

项目 3.1　教学设计技术

项目 3.2　思维可视化技术

项目 3.1

教学设计技术

教学设计是在传统备课的原型上发展起来的，但比起传统的备课和写教案，其更具科学性、针对性、目标性和系统性。教学设计面对的是一个由多要素（学习内容、教学目标、学习者、教师、教学资源、教学媒体、教学方法、教学评价等）组成的复杂动态系统，解决的是如何有机配合这些要素，达到教学最优化目的的问题。本项目通过学习和实训，初步掌握教学设计的基本技术及教学设计方案（教案）的编制技术。

实训目标

① 了解教学设计的一般过程。

② 学会根据学习需要、学习内容和学习者的分析，编写教学目标。

③ 学会教学策略的设计和表述方法。

④ 学会编写教学设计方案。

知识准备

1. 教学设计的含义

什么是教学设计？从不同角度看得到的回答不同，从而产生出不同的定义，较有影响的定义有以下几种。

① 加涅："教学设计是一个系统化规划教学系统的过程。教学系统本身是对资源和程序作出有利于学习的安排。任何组织机构，如果其旨在开发人的才能均可以包括在教学系统中"（《教学设计原理》，1988 年）。这是从系统科学角度来阐述的，突出系统性。

② 帕顿："教学设计是设计科学大家庭的一员，设计科学各成员的共同特征是用科学原理及应用来满足人的需要。因此，教学设计是对学业业绩问题的解决措施进行策划的过程"（《什么是教学设计》，1989 年）。这是从设计科学角度来阐述的，突出设计性。

③ 梅里尔："教学设计是一种用以开发学习经验与学习环境的技术……教学是一门科学，而教学设计是建立在这一科学基础上的技术，因而教学设计也可以被认为是科学型

的技术”（《教学设计新宣言》，1996 年）。这是从技术和科学角度来阐述的，突出技术性。

综合各种观点，从便于操作的角度给出这样的定义：教学设计是以优化教学效果为目的，以学习理论、教学理论和传播学理论等为理论基础，运用系统方法分析教学问题，确定教学目标，建立解决教学问题的策略方案，试行解决方案，评价试行结果并对方案进行修改的过程。

2. 教学设计的一般过程

教学设计是一项复杂的系统工程，其一般过程包括学习需求分析、学习内容分析、学习者分析、教学目标设计与表述、教学策略设计与制定、教学媒体设计与运用、教学评价等，图 3-1 描述了一个典型的教学设计过程。

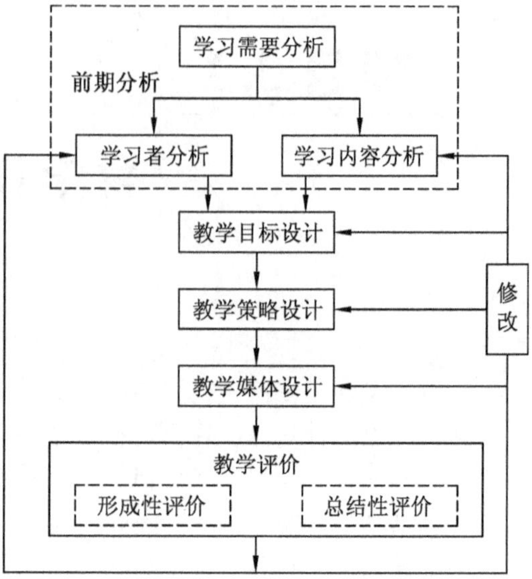

图 3-1 教学设计的一般过程

实训过程

任务 1 研读教学设计案例

① 搜索并下载教学设计案例或课例（与自己专业或将来所教课程相关），认真阅读。

② 填写表 3-1。

表 3-1 案例研读和分析

分析项目	内容
案例名称	
教学设计模式偏重	□ 以教为主 □ 以学为主 □ 学生主体、教师主导 □ 其他
学习内容来源	课程： 教材： 单元： 课时：
教学目标	

续表

分析项目	内容
学习环境	□ 普通教室 □ 多媒体教室 □ 网络教室 □ 实训室 □ 校外场所
教学资源和媒体	
教学方法	□ 讲授法 □ 谈话法 □ 讨论法 □ 示范法 □ 参观法 □ 实训法 □ 练习法 □ 自主学习 □ 协作学习 □ 角色扮演 □ 其他
教学评价方式	

③ 简要说明其教学流程，可尝试用图示的方式表达。

答：

④ 说说你对该教学设计案例的总体评价。

答：

任务 2 编写教学设计方案

参照教学设计案例，选择与自己专业相关课程的一个课题，按表 3-2 所示步骤编制教学设计方案。

表 3-2 教学设计编写

项目	课程： 教材： 单元： 课时：
课题名称	
学习内容分析	
学习者分析	
教学目标	
教学重点和难点	
教学模式	□ 以教为主 □ 以学为主 □ 学生主体、教师主导 □ 其他
学习环境	□ 普通教室 □ 多媒体教室 □ 网络教室 □ 实训室 □ 校外场所
教学设计思路及依据的理论	
教学资源和媒体	
教学评价方式	
教学过程	
教学流程图	
教学环节（时间分配）	教学活动（师生活动、教学方法及策略）
教学反思	

注意

教学过程除了用文字表述外，用教学流程图来表述更直观清晰，因此教学设计方案中通常需要附一份教学流程图。教学流程图的制作见“项目3.2　思维可视化技术”中“任务1　制作教学流程图”。

任务3　编制试卷

测验、考试或考查是教学评价的主要方式，它们基本上都是通过试卷来实施的，因此需要很好地掌握试卷的编制技术。

① 搜索并下载若干试卷（与自己专业或将来所教课程相关），认真浏览并回答以下问题：

试卷由哪几部分组成？

答：

试卷中有哪些类型的试题？

答：

② 编制一份试卷（用于总结性评价）。

答：

知识拓展

1. 学习者分析及方法

学习者是教学活动的主体，其认知、情感、社会等特征都将对学习过程产生影响，因此要取得教学设计的成功，首先必须对学习者进行分析。

（1）学习者分析的主要内容

- 学习者初始能力分析：了解学习者在从事特定学科内容的学习前已经具备的知识技能基础，以及对有关学习内容的认识与态度，确定教学起点。
- 学习者的一般特征：指他们具有与具体学科内容无关，但影响其学习的生理、心理和社会等方面的特点，包括年龄、性别、认知成熟度、学习动机、生活经验等。
- 学习者的学习风格：学习风格由学习者特有的认知、情感和生理行为构成，它是反映学习者如何感知信息、如何与学习环境相互作用并对之作出反应的相对稳定的学习方式，如学习者喜欢的或经常使用的学习策略、学习方式或学习倾向。

（2）分析学习者的方法　可采用平时观察、作业分析、调查问卷或预测等方法来分析学习者。

2. 教学目标的分析与表述

教学目标是教学设计的出发点和最终归宿，它是对学习者通过教学后应该表现出来的可见行为的具体的、明确的描述。它具有导向作用，教师根据它设计教学活动并实施教学；具有评价作用，可根据它评判教学活动的实施效果；具有激励作用，可为学生提供学习导向和激发学习动机；具有反馈作用，帮助设计者评鉴和修正教学设计方案，改进教学。

教学目标基于课程标准或教学大纲，通过对学习需求、教学内容和学习对象的分析，对学习者在学习终了时的学习水平作出阐述。

（1）教学目标分类　1956 年，美国著名的教育心理学家布卢姆等立足于教育目标的完整性，制定了教育目标分类系统，他提出把教育目标分为认知、情感和动作技能 3 个目标领域。我国新课程改革方案中根据布卢姆等的教育目标分类理论，结合我国的教育教学实际，将课程教学目标分为知识与技能、过程与方法及情感态度与价值观 3 个维度，称为三维教学目标（如图 3-2 所示）。

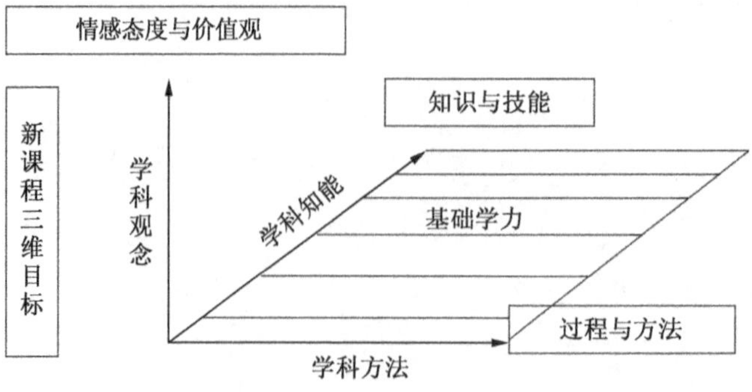

图 3-2　三维教学目标

第一维目标——知识与能力目标：主要包括人类生存所不可或缺的核心知识和学科基本知识、基本能力（获取、收集、处理、运用信息的能力，创新精神和实践能力）、终身学习的愿望和能力。

第二维目标——过程与方法目标：主要包括人类生存所不可或缺的过程（指应答性学习环境和交往、体验）与方法（包括基本的学习方式，如自主学习、合作学习、探究学习，以及具体的学习方式，如发现式学习、小组式学习、交往式学习等）。

第三维目标——情感态度与价值观目标：情感态度不仅指学习兴趣、学习责任，更重要的是乐观的生活态度、求实的科学态度、宽容的人生态度。价值观不仅强调个人的价值，更强调个人价值和社会价值的统一；不仅强调科学的价值，更强调科学的价值和人文价值的统一；不仅强调人类价值，更强调人类价值和自然价值的统一，从而使学生内心确立起对真善美的价值追求，以及人与自然和谐、可持续发展的理念。

三维的课程目标应是一个整体，知识与技能、过程与方法及情感态度与价值观3 个方面互相联系，融为一体。

（2）教学目标的表述

教学目标应具备可观察性和可测量性，因此在具体编写教学目标时，要求用明确、具体、详细的行为术语来描述，常用 ABCD 行为目标表述模式。

A——对象（Audience）：阐明教学对象。例如，“幼儿园中班儿童”“小学三年级学生”“参加在职培训的技术人员”等。

B——行为（Behavior）：说明通过学习以后，学习者应能做什么（行为的变化）。描述行为的基本方法是使用一个动宾结构的短语，其中行为动词说明学习的类型，宾语则说明学习的内容。例如，“操作”“说出”“列举”“比较”等都是行为动词，在它们后面加上动作的对象，就构成了学习目标中关于行为的表述。

C——条件（Condition）：说明上述行为在什么条件下产生。条件可以包括下列因素：环境因素（空间、光线、气温、室内外噪音等）；人的因素（个人单独完成、小组集体进行、个人在集体的环境中完成、在教师指导下进行等）；设备因素（工具、设备、图纸、说明书、计算器等）；信息因素（资料、教科书、笔记、图表、词典等）；时间因素（速度、时间限制等）；问题明确性的因素（如为引起行为的产生，提供什么刺激和刺激的数量）。

D——标准（Degree）：规定达到上述行为的最低标准（即达到所要求行为的程度）。标准一般从行为的速度、准确性和质量三方面来确定。

例如，幼儿园小班儿童（A），通过观察妈妈放大的照片（C），学习画妈妈的脸（B），能画出脸的主要部位，如眼睛、鼻子、嘴巴等（D）。

小学三年级学生（A），能在 20 分钟内（C），默写三首古诗（B），准确率达 90% 以上（D）。

（注：在教学设计方案中，因有学情分析，A 一般省略。）

行为目标描述模式过多强调了行为结果，忽视内在的心理过程和情感变化，因此可结合“内外结合表述法”来弥补：即先用描述内部心理过程的术语陈述教学目标，以反映理解、运用、分析、创造、欣赏、尊重等内在的心理变化，再列举能够反映内在心理变化的行为。

例如，幼儿园中班儿童（A），通过绘制小鸡和鸡妈妈活动（C），感受小鸡和鸡妈妈的温馨（B），培养幼儿对父母的亲情（D）。

3. 教学策略的设计与制定

教学策略是指在不同的教学条件下，为达到不同的教学结果所采用的手段和谋略。这一环节是为了达成特定的教学目标而对教学顺序、教学活动程序、教学方法、教学组织形式、教学媒体等因素进行总体考虑，主要解决教师“如何教”和学生“如何学”的问题。教学策略是教学设计中的最核心环节。

（1）*教学策略分类* 按性质分可分为替代型教学策略和生成型教学策略。

- 替代型教学策略：在学习过程中，教师代替学生处理信息，为学生提供学习目标、选择教学内容、安排教学顺序及设计教学活动等。它的优点：可以使学生的学习较好地集中在预定的学习目标上；有较高的学习效率，学生可以在短时间内学习更多的内容；先决知识不足和学习策略有限的学生可以借助这种方法获得成功的学习。它的缺点：学生的智力投入较少，信息处理的深度不够，容易导致被动的接受；由于教学安排得过于周到和缺乏独创性，所以对学生挑战性不大，一些学生的学习动机水平不高。其对应“以教为主的教学设计”。

- 生成型教学策略：让学习者自己确定学习目标、自己对学习内容进行组织、自己安排学习顺序，鼓励学习者自己从教学中建构具有个人风格的学习，在学习过程中主动地处理教学信息，主动地进行意义建构。它的优点：学生在学习过程中可以积极主动地建构认知结构，对信息的处理过程比较深入，有利于知识的记忆和迁移；允许学生使用和改善他们的学习策略。可以提高学生学会学习的能力；还可以激发学生的学习兴趣。它的局限性：对学生的认知能力有较高的要求，要有较高的智力投入，这可能导致一部分学生认知超载和情绪低落；需要学生花费大量的时间进行学习，学习周期较长；学习的成功依赖于学生以前具有的有关内容的知识和学生具有的学习策略水平；按照这种方式获得的学习结果具有较明显的个人风格，对学习内容的理解带有较浓的个人色彩。其对应“以学为主的教学设计”。

在应用时应根据具体情况将上述两种策略恰当结合，做到扬长避短、优势互补，以达到教学最优、提高绩效的目的，如可以采用“主导—主体教学设计”模式（如图 3-3 所示），这种模式根据教学内容和学习者情况灵活选择“发现式”或“传递—接受”教学分支，也可采用基于信息技术的混合学习模式（信息化教学）。

（2）*教学方法选择* 教学方法是教师和学生为了达成预定的教学目标，在教学理论与学习理论的指导下，借助适当的教学手段（工具、媒体或设备）而进行的师生交互活动。常见的教学方法有以下几种。

- 讲授法：指教师通过口头语言，辅助以板书、挂图、投影等媒体向学生传递语言信息的方法，是一个教师讲、学生听的活动，具体有讲解、讲述、讲读、讲话、谈话、讲演等实施形式。它的优点是能在短时间内让学生获得大量系统的科学知识；缺点则是学生比较被动，师生都难以及时获得反馈信息，个别差异也很难全面照顾。

- 演示法：指借助实物、模型、图片等展示，通过示范性的实验，使用投影、视频等现代手段演示，将要感知的过程或要学习的技能展示给学生，增强学生的感性认识、深化理性认识的教学方法。具体有观察、实验、参观、示范、模仿等实施形式。

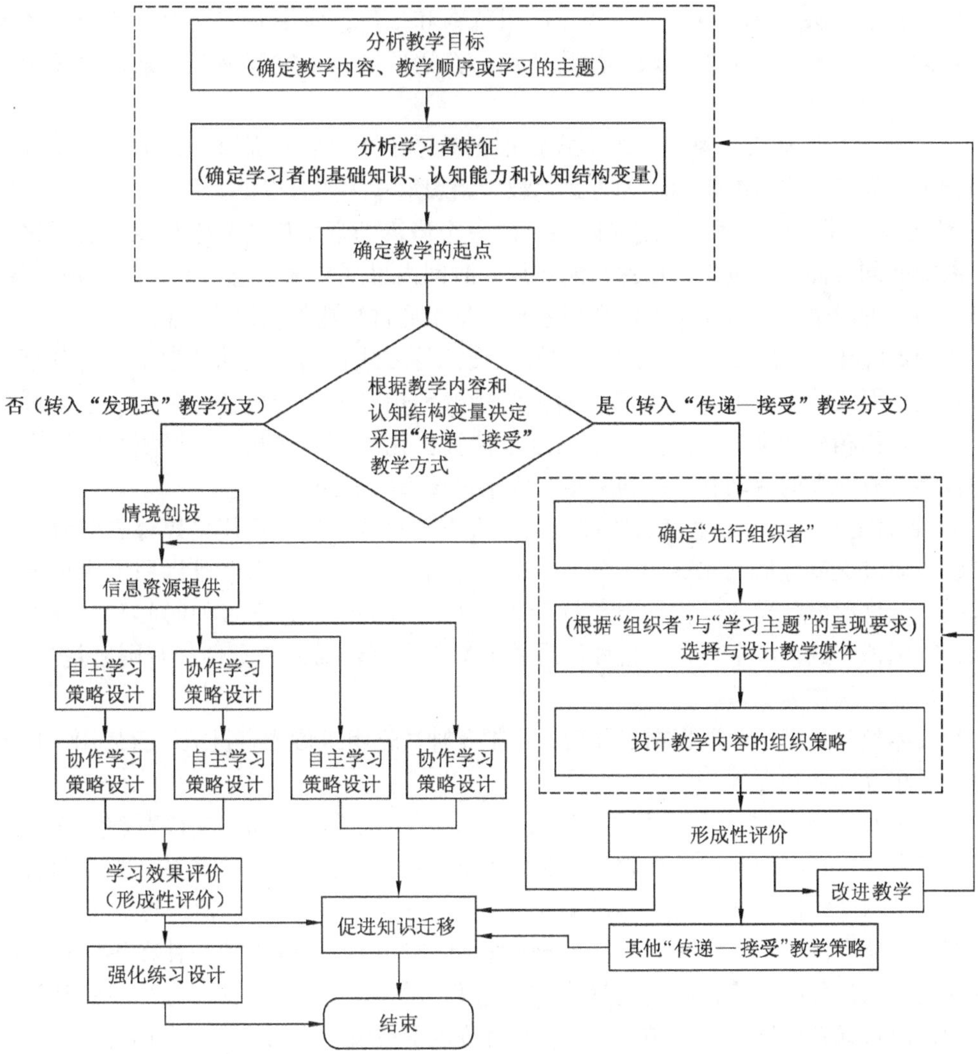

图 3-3 主导—主体教学设计模式

• 讨论法：指在教师的指导下，由全班或小组学生围绕某一问题进行交流、切磋，从而达到集思广益、促进相互学习效果的方法。具体有问答、辩论、讨论、头脑风暴等实施形式。这种方法既可以发挥教师的主导作用，也可以有效地体现学生的主体地位，是师生交流最为直接的一种方法。学生在群体思考过程中，相互启发、相互激励，可以有效地加深学生对所学知识的理解。

• 实训法：指让学生通过一系列设计好的作业或实践活动来进行练习或训练，运用所学知识解决问题、增强技能的方法。具体有练习、训练、实践、制作、见习、实习、角色扮演等实施形式。可以让学习者在真实情景中实训，也可以借助现代多媒体技术、人工智能技术和虚拟现实技术让学习者在虚拟情境中进行实训。

• 发现法：指教师向学生提出问题，引导学生学习、搜集有关资料，提出猜想，并通过积极思考、实践、交流等活动，自己体会、“发现”解决问题的方法，证实猜想的方法。其一般流程是设置问题情境—建立假说—检验假说—整合与应用。

以上教学方法各有其特点、功能、适用范围和条件，应用时应全面、综合地考虑到教学目标、教学内容、学生特点、教师特点、教学环境和条件等诸多因素，对多种教学方法进行有效组合。

（3）*教学组织形式*　教学组织形式指根据教学的主、客观条件，从时间、空间、人员组合等方面考虑安排教学活动的方式。教学组织形式主要有以下 3 种：

- 集体授课：指教师在一定时间内，向一个班级的学生传递教学信息。通过这种形式，教师能同时面对大量学生授课，能在规定时间内呈现较多信息，有一定的规模效益。但整齐划一的教学难以适应学生的个别差异，学生通常只能被动接收信息。
- 小组合作学习：指通过讨论、问答、交流等方式在师生之间、学生之间分享教学信息。这种形式给予教师和学生面对面密切接触和相互了解的机会，是培养学生健全人格、形成合作精神和良好人际关系、促进个体社会化的有效途径。但要使小组所有成员都积极参与有意义的活动有一定的困难，教学进度不容易控制。
- 个别化教学：指学生自己通过阅读、观看教材或资料，使用多媒体教学资源或在线课程，通过交流等形式完成学习任务。它克服了集体教学带来的难以照顾个体差异性的弊端，允许程度各异的学生按自己的能力进行相应的学习；学习的时间和空间的灵活性大，特别适于成人的学习。但这种形式要求学生应有较高的自觉性，否则会拖延学业；需要充足的资源作为支持。

在具体教学过程中可以根据实际情况，把 3 种教学组织形式有机地组合使用，以便扬长避短、相互弥补和促进。

（4）*教学媒体选用*　为了达成教学目标、有效实施教学活动，应该对教学媒体进行选择和组合。选择时应考虑各种教学媒体的功能特征和教学的实际需要（教学目标、教学内容、学习者特征、教学组织形式、教学方法、教学条件等），以便进行取舍。

图 3-4 是肯普（J. E. Kemp）在《教学设计的过程》中提出的一种在集体授课时教学媒体选择的流程图。流程图把选择媒体的过程分解成一系列步骤，每个步骤都设有一个问题，由选择者回答“是”或“否”，然后按逻辑被引入不同的分支，回答完最后一个问题，就得到一种或一组被认为是最适合于特定教学情境的媒体。

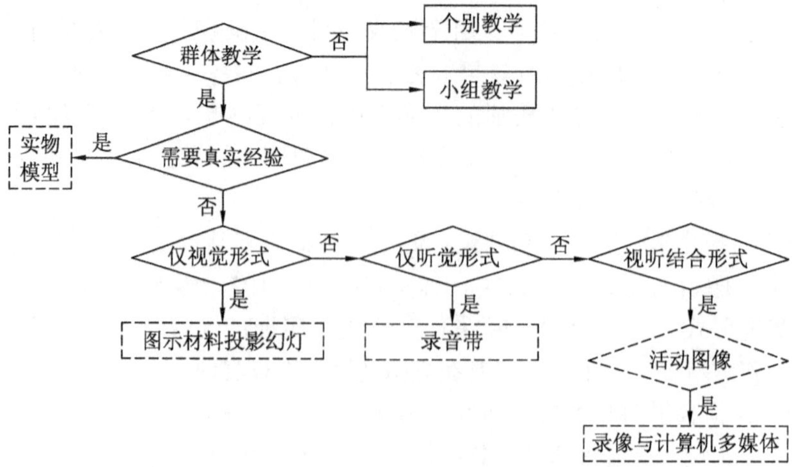

图 3-4　集体授课的教学媒体选择流程

4. 教学评价设计

教学评价是指以教学目标为依据，制定科学的标准，运用一切有效的技术手段，对教学活动的过程及其结果进行测量、衡定并给以价值判断。从本质上看，教学评价是一种对教与学过程和资源的价值判断；教学评价应当以教学目标为依据，明确教学目标是做好教学评价的前提；教学评价的目的是促进学生的发展。

教学评价贯穿于教学设计的各个阶段，通过评价反馈，不断检验设计并修改完善，从而使教学设计更完美。因此教学评价具有诊断和反馈作用，可以检验教学各方面的质量和水平，诊断出不足和缺陷，从而让师生了解各自教与学的情况，进行调整；教学评价还具有激励和教学作用，能对教师和学生起到监督和强化作用，促进教学。

（1）教学评价的分类　依据不同的分类标准，可以分成不同类型（如图 3-5 所示）。

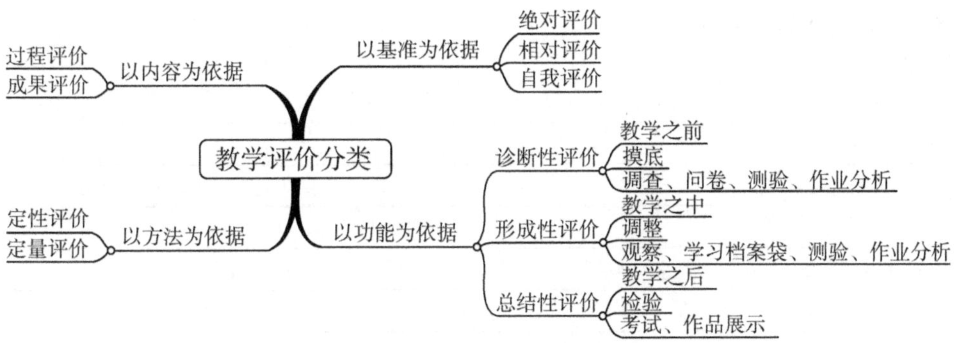

图 3-5　教学评价的分类

（2）教学评价的方法　课堂练习、教学测验、作品展示、调查问卷、评价量规、学习档案袋、学习契约等都可作为教学评价的方法。

5. 幼儿园教育教学活动设计

根据幼儿特点，幼儿园的教育教学的主要方式是活动。教学设计的主要任务就是活动设计。著名幼教专家朱家雄说过，活动设计是幼儿教师的看家本领。

扫一扫

幼儿园教育活动设计

幼儿园教育活动是教师有目的、有计划地利用幼儿园所提供的环境和材料，通过教师与幼儿双向的交流，促进儿童身心发展的过程。

巩固练习

回顾：通过本项目对教学设计案例的剖析、编写教学设计方案和编制试卷的实训，读者对教学设计过程有了一定的了解，学会了通过对学习内容和学习者的分析，确定三维教学目标并正确表述，掌握了如何根据教学目标、教学内容、教学对象和教学条件等确定教学策略（教学流程、选择教学方法和媒体资源）和设计教学评价。

练习：请完成以下习题。

1. 名词解释：

（1）教学设计：____。

（2）教学策略：____。

（3）教学方法：____。

2. 填空题

（1）布卢姆等提出的教学活动所要实现的整体目标三大领域是______________、______________和______________。

（2）我国新课改提出的三维目标是指______________、______________和______________。

（3）教学设计的一般过程包括学习需求分析、学习内容分析、______________、教学目标设计与表述、______________、教学媒体设计与运用、教学评价等。

（4）按评价的功能分，教学评价有______________、______________、______________三类。

3. 简述题

列出常用的教学方法。

项目 3.2

思维可视化技术

教学的目的是有效传递教学信息，促进学生掌握知识，提高思维能力。思维可视化技术运用一系列图示技术（思维导图、模型图、流程图、概念图、信息图等）把信息形象化、知识结构化、思维（思考方法和思考路径等隐性知识）可见化，更有利于理解和记忆，从而有效提高教学信息加工及传递的效能，提高教学质量。本项目通过绘制教学过程流程图、制作课件设计结构图来介绍思维可视化基本技术。

实训目标

① 掌握设计和制作各种思维图示的技术方法。
② 学会用流程图表达教学过程。
③ 确立用可视化技术表达和传递信息、知识和思维的理念。

知识准备

1. 思维可视化

思维可视化是基于脑科学理论，在知识可视化概念基础上提出的。它是指运用一系列图示技术把本来不可视的思维（包括思考方法和思考路径）呈现出来，使其清晰可见的过程。实现“思维可视化”的图示技术主要包括思维导图（Mind Map）、概念图（Concept Map）、流程图、模型图（考试规律模型、学科规律模型、思维方式模型）、信息图（图片、图标、文字等组成）、漫画、表格等；“思维可视化技术”并不仅仅指思维图示的绘制技术，还包括思维图示的呈现、传播、存储、交互、共享、修改等一系列技术。

2. 概念图和思维导图

概念图和思维导图是目前两种最典型也最受欢迎的思维可视化工具。

概念图是某个主题的概念及其关系的图形化表示，是用来组织和表征知识的工具。概念图常用来表示知识结构中不同概念间的联系，以及学习者认知结构中新旧概念间的联系。

思维导图也称脑图，是一种将发散性思考具体化的思维工具。它运用图文并重的技巧，把各级主题的关系用相互隶属与相关的层级图表现出来，把主题关键词与图像、颜色等建立记忆连接。思维导图充分运用左、右脑的机能，利用记忆、阅读、思维的规律，协助人们在科学与艺术、逻辑与想象之间平衡发展，从而开启人类大脑的无限潜能。

概念图和思维导图是两种不同的知识可视化方法。概念图是多个概念间相互关系的集合，注重知识的建构过程，思维方式是多进程的线性思维方式。而思维导图是一个中心主题的发散性思维的集合，强调的是人的思维过程，思维方式是跳跃性的发散思维。

概念图和思维导图可以手工绘制，也可以用办公软件中的图形组合、组织结构图、SmartArt 或图形绘制软件来制作。使用专门软件制作概念图和思维导图更加快捷方便，常用的软件有 MindMapper，MindManager，Inspiration，FreeMind，NovaMind，XMind 和百度脑图等。

3. 教学流程图

教学设计中教学策略设计的成果可以用教学过程结构来体现，而教学过程结构可以使用文字、表格的形式进行表述，也可以使用教学流程图的形式来形象说明。

教学流程图是用简明的几何图形表示师生的活动及媒体的使用情况，用线段、箭头连接表示进程关系，不仅形象直观，而且一目了然。表 3-3 给出了教学流程图常用符号的意义。图 3-6 是典型的基于网络的探究式教学流程图。

表 3-3 教学流程图常用符号的意义

图形符号	意义说明
	开始，结束
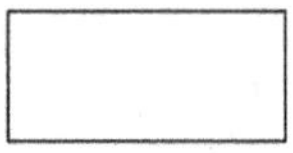	教师活动
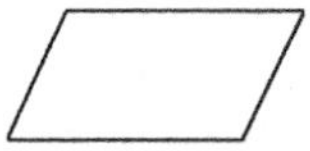	学生活动
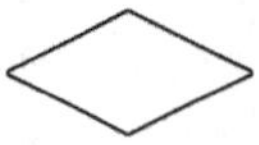	决策，判断
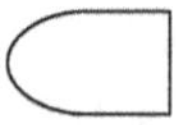	教学媒体
	流程线
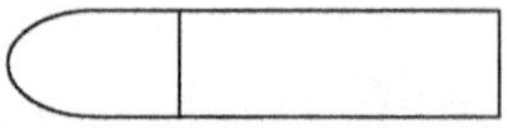	教学媒体与教师活动的组合
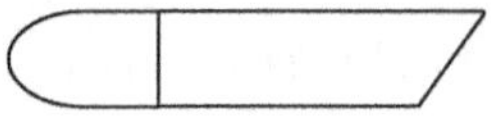	教学媒体与学生活动的组合

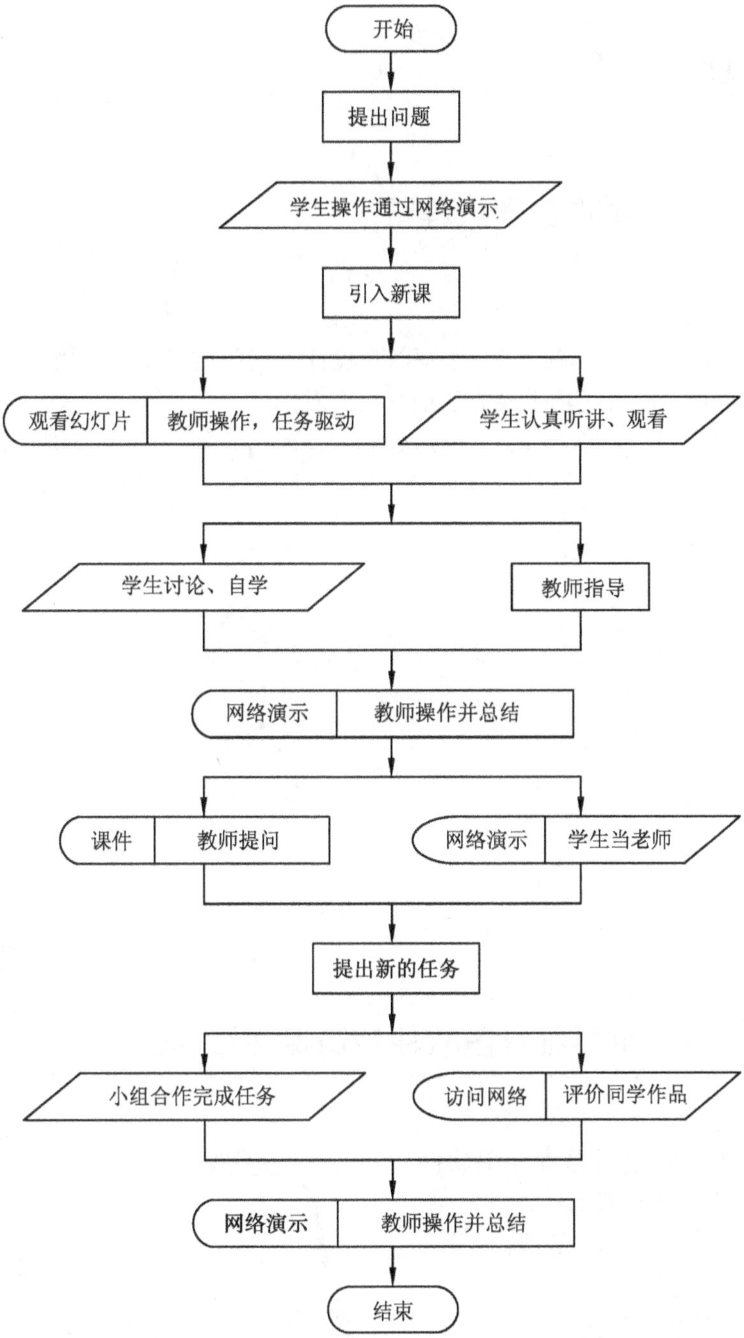

图 3-6 基于网络的探究式教学流程图

实训过程

任务 1 制作教学流程图

① 将“项目 3. 1”中“任务 2　编写教学设计方案”的教学过程用流程图表示出来，注意各种图示符号的使用（用手绘方法绘制在下面）。

答：

② 请尝试在 Word 中用各种图文框和线条、箭头等绘制上面的教学流程图。

任务 2 用思维导图软件绘制课件结构图

扫一扫

思维导图绘制过程

本任务要求学会运用思维导图软件 MindMapper 来绘制课件设计方案图。绘制之前，请先选择一个合适的课件主题，并上网搜索相关资料，进行构思设计，设计出自己的课件教学结构。

图 3-7 是一个典型的课件结构图，请说明：该课件结构图围绕主题通过哪几个模块展示？每个模块下有哪些子模块或内容？具体用什么媒体或媒体组合展示？需要调用哪些资源？

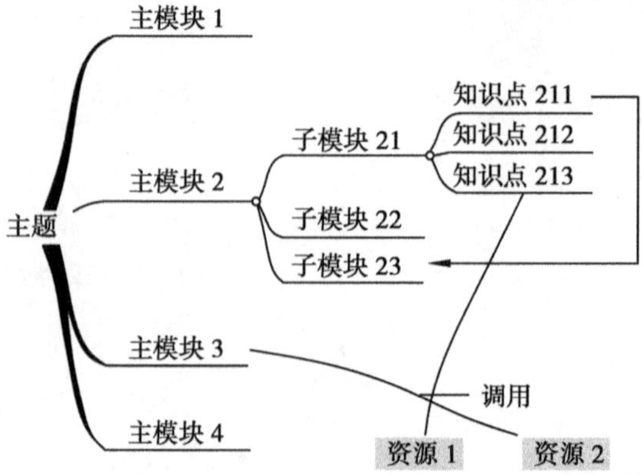

图 3-7　课件结构图

1. 草图绘制课件设计方案

在下面用手工绘制草图的方法构建自己的课件设计方案图。

答:

2. 软件绘制课件设计方案

① 上网搜索并下载 MindMapper 软件，这里以 MindMapper 2008. 1824 汉化绿色便携版为例。将下载的软件包解压，到解压目录中执行“@ MindMapper2008_ 绿化工具 . exe”将软件“绿化”一下。双击主程序“MM. exe”打开软件，如图 3-8 所示。

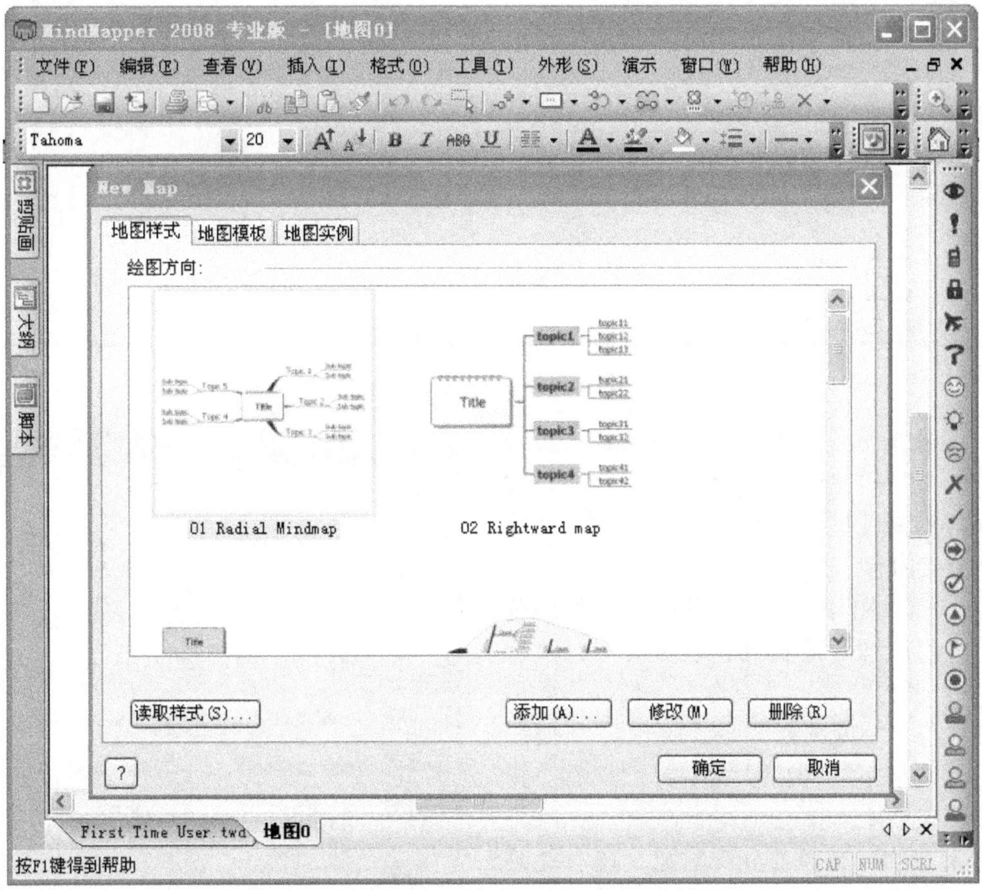

图 3-8 MindMapper 新建文件窗口和界面

② 在打开的样式选择窗口中选择一个样式或模板、实例来新建一个文件，单击“确定”后进入编辑界面，如图 3-9 所示。双击中心“标题”图文框的文字，将“标题”改

为自己课题的主题文字，通过上方的工具栏设置文字样式。在左侧的剪贴画中选择一个合适的图形作为主题文字的背景。

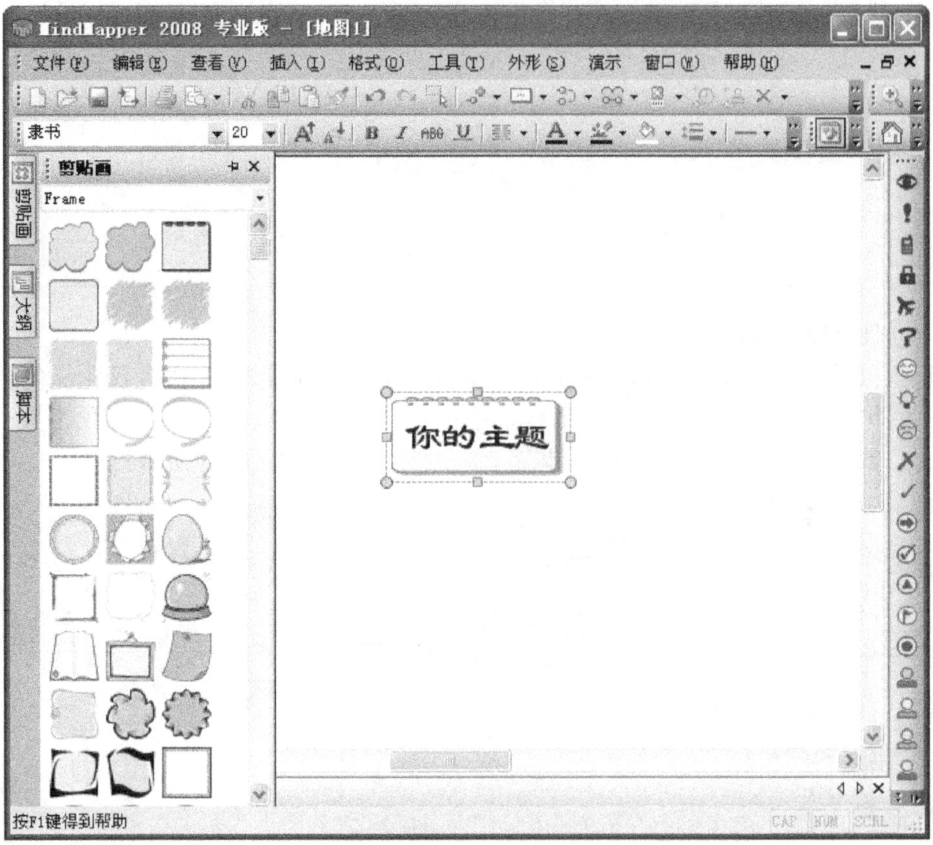

图 3-9 标题设置与剪贴画窗口

③ 添加分支：选择中心图文框，执行“插入 | 主题 | 单一副主题”菜单命令，按【Space】或【Insert】键，添加分支，并输入各分支内容。

④ 插入图片：选择需要插入图片的分支，将相应图片放置到相应分支中，执行“格式 | 图像位置”菜单命令，根据需要设置图片与文字的关系，即“向左”“向右”“向上”“向下”“向后”。其中，“向后”指用图片作为背景。

⑤ 修饰：选择各分支对象，在右键菜单中选择“格式”选项，在打开的格式对话框中（如图 3-10 所示）设置文字属性、图文关系、分支颜色、方向、边界和样式等。

图 3-10 格式设置窗口

⑥ 添加注释和超链接：导图中的关键词要尽量简明扼要，解释性的内容可以放置在注释中，执行“插入｜注释”菜单命令，在打开的注释窗口中直接添加注释文字；应用超链接可链接到电脑中的资源或网络资源，选中分支，在右键菜单中选择“超级链接”选项，在打开的窗口中添加相应资源或网页地址。

⑦ 添加关联：如果两个分支之间有联系，可用线条将其关联。选择第一分支，执行“插入｜关联/绑定”菜单命令，选择一种样式，单击相关联的另一分支，选中关联线，对节点进行适当调整。

⑧ 保存文件为 twd 格式，并另存为图片格式（jpg 或 png）。若有链接文件，可执行“工具｜打包并发送”菜单命令将文件和超链接文件打包在一起使用。

本例“三国演义赏析”的课件结构图如图 3-11 所示。

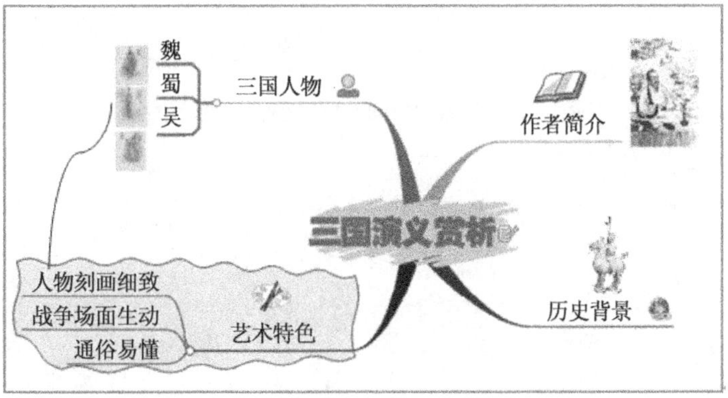

图 3-11 “三国演义赏析”课件结构图

任务 3 用 SmartArt 制作课件结构图

扫一扫

SmartArt 制作课件结构图

Office 2007 以后版本提供了 SmartArt 图形来图示各种关系，分为列表、流程、循环、层次结构、关系、矩阵、棱锥图、图片八大类 80 多种不同类型的模板，用户可结合层级变化、布局、色彩、样式等设置，创建出适合各种需求的结构图，在 PowerPoint 中配合动画还能达到更好的展示效果。

（1）熟悉 SmartArt 图形 打开 PowerPoint 2010，单击“插入｜SmartArt”选项，在打开的窗口中（如图 3-12 所示）浏览各种图示关系。

（2）制作课件结构图

① 根据自己的选题，设计课件结构：分哪几个部分？每一部分具体介绍哪些要点？

② 打开 PPT，单击“插入｜SmartArt｜层次结构｜水平层次结构”选项（如图 3-13 所示）。

③ 展开编辑框（如图 3-14 所示），按【Del】键依次删除所有文本。

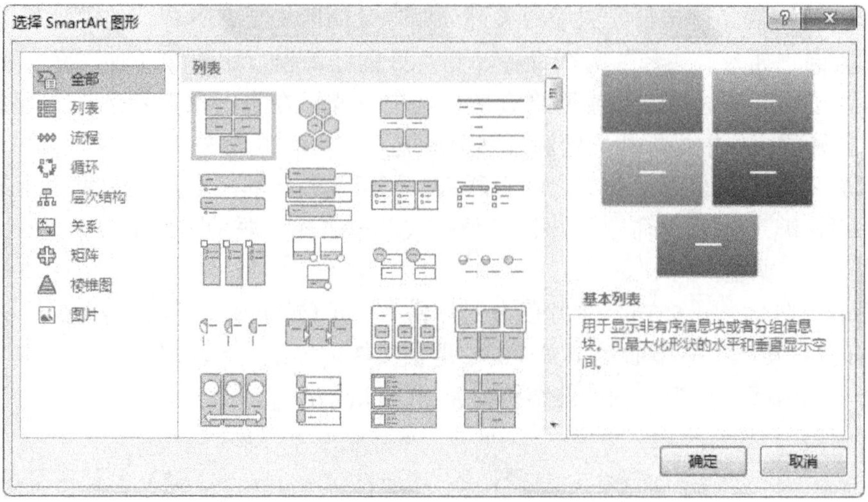

图 3-12　选择“SmartArt 图形”对话框

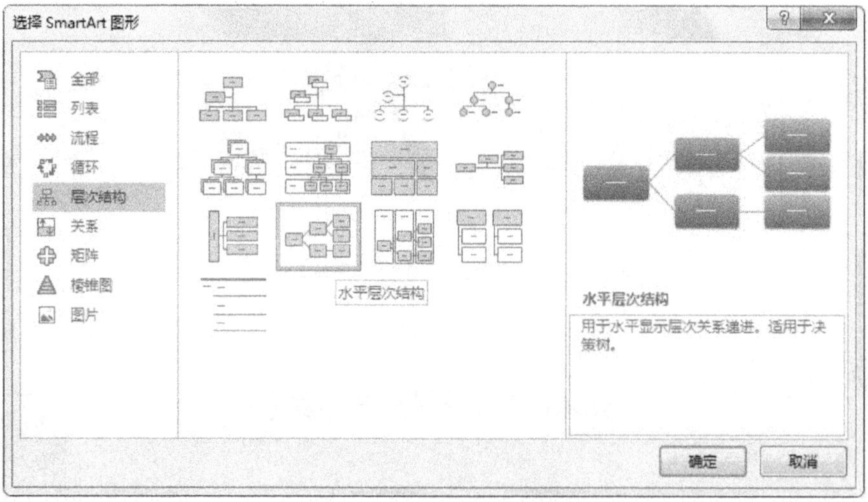

图 3-13　选择“水平层次结构”

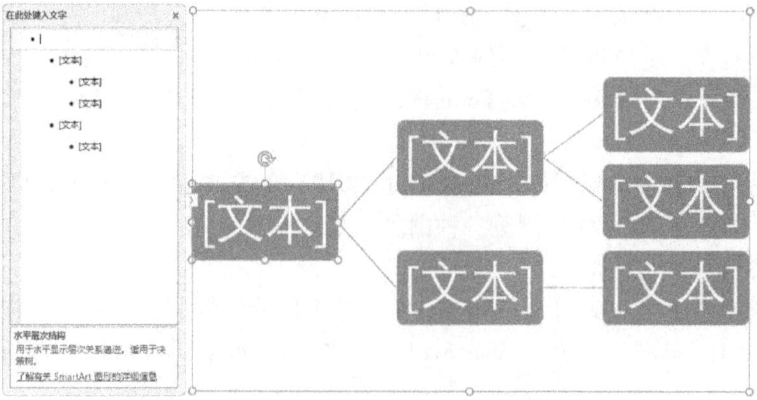

图 3-14　编辑框

④ 依次输入各层级文字：

- 输入第一级层次；
- 输入第二级层次：输入后在右键菜单中选择“降级”选项（如图 3-15 所示）；
- 依次输入下一个层级及更深层级（如图 3-16 所示）。

⑤ 修整和美化（如图 3-17 所示）。

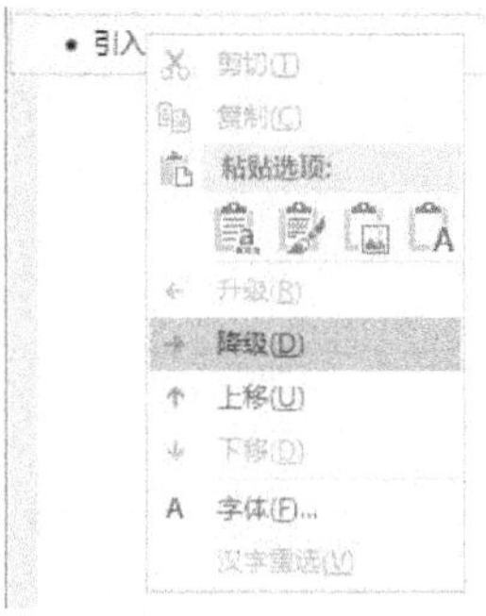

图 3-15　降级

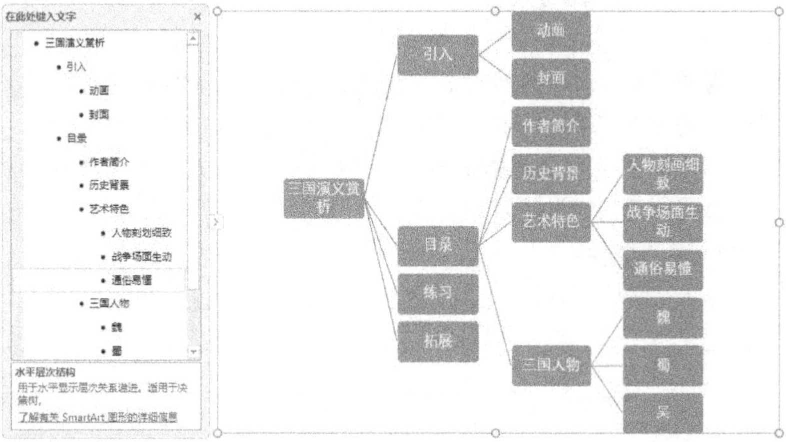

图 3-16　课件结构图

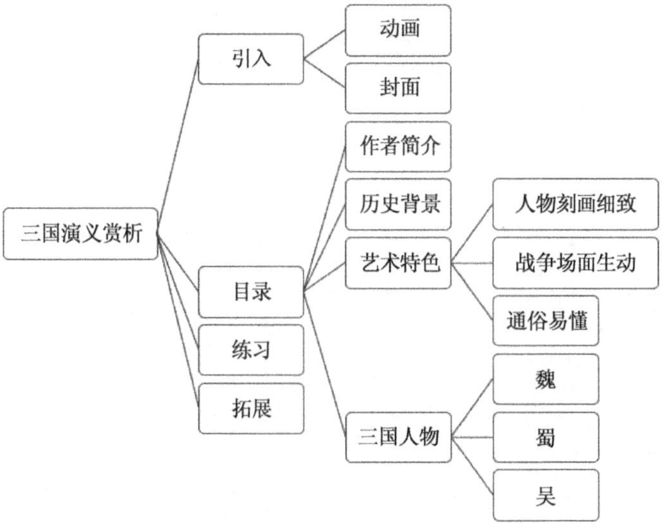

图 3-17　修整和美化后的课件结构图

巩固练习

回顾：通过本项目绘制教学流程图、课件设计结构图的实训，读者掌握了思维可视化最重要的三种工具——流程图、概念图和思维导图的绘制技术。将知识和思维用形象生动的图示方式展示，是提高学习效率的一种好方式，也是教师开展教学的一项重要技能。

练习：请完成以下习题。

1. 名词解释

（1）思维可视化：____
____。

（2）思维导图：____
____。

（3）概念图：____
____。

2. 连线题

将教学流程图中的符号与对应的意义相连。

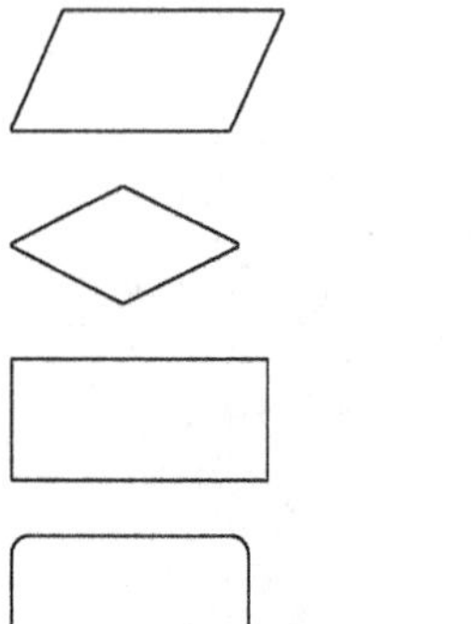

判断、决策

开始、结束

学生活动

流程线

教学媒体与教师活动的组合

教师活动

3. 画图题

阅读本课程教材，提炼本课程的主要内容，绘制概念图，用图示的方式展示出来。

❹ 课　件　篇

信息技术的飞速发展使教育教学的手段和方式发生了革命性的变化，应用多媒体课件辅助教育教学成为最主要的形式，也是教师必备的教育技术能力。通过“资源篇”的学习，读者掌握了各种多媒体素材的搜索、获取、加工处理等方法，具备了获取各种多媒体素材的能力；通过“设计篇”的学习，读者掌握了教学设计技术，并学会了规划设计课件结构。本篇将在此基础上，利用多媒体制作软件按照教学设计把各种多媒体素材引入课件页面中，并设置交互和导航等，将它们有机地整合在一起，从而设计制作成适合教育教学的多媒体课件。

制作多媒体课件的软件很多，由此制作的多媒体课件的种类也很多，本篇第 1 个项目通过浏览各种多媒体课件来形成对课件的感性认识；由于目前最常用、最容易掌握、功能能满足一般教学需要的课件制作软件为 PowerPoint（简称 PPT），因此本篇主要进行基于 PPT 的多媒体课件设计和制作的实训。

本篇通过 6 个项目来实施：

项目 4.1　认识多媒体课件

项目 4.2　PPT 基本操作

项目 4.3　PPT 的媒体技术

项目 4.4　PPT 的动画技术

项目 4.5　PPT 的交互技术

项目 4.6　多媒体课件设计与制作

项目 4.1 认识多媒体课件

设计、制作和应用多媒体课件辅助教学是教师的基本功。多媒体课件伴随计算机技术、多媒体技术、网络通信技术等产生和发展，并随着教育教学的发展得到深化。

实训目标

① 通过案例分析，了解多媒体课件的主要类型和特点，知道相应的课件制作软件。

② 正确理解多媒体 CAI 课件的内涵和作用。

知识准备

1. 多媒体技术

从字面理解，多媒体 = 多 + 媒体（Multimedia = Multi + media），也即多种媒体的联合使用，也可以称为混合媒体，但这种理解太广泛，掩盖了对多媒体本质的认识，一般不采用。

真正的多媒体技术是计算机技术、视听技术和网络通信技术等多种信息技术不断发展的结果，它真正兴起于 20 世纪 80 年代末。多媒体技术是一种把文本、图形、图像、音频、动画及视频等运载信息的媒体结合在一起，并通过数字设备进行综合处理和控制，将多媒体各个要素进行有机组合，并完成一系列交互式操作的信息技术。

和其他媒体形式比较，多媒体具有如下特点：

（1）多样性　多样性是多媒体技术的最基本特性。多媒体技术包括处理文本、图形、图像、音频、动画、视频等多种表现形式的信息处理技术，形式丰富多样，表现生动形象，表达自然灵活。

（2）集成性　集成性有两种含义，一是媒体信息的集成，即文本、图形、图像、音频、动画、视频等信息方式的集成；二是各种媒体设备的集成，这种集成能进行多种媒体信息的获取、编辑、存储、检索、展示、传输和合成等操作。

（3）交互性　多媒体的交互性是指人可以和计算机的多种媒体信息进行交互操作，

从而给用户提供更有效的控制和使用信息的手段。借助于交互，使用者可以主动操纵信息，从而增强对信息的注意、理解和记忆。可以说，交互性是多媒体技术最突出的特性。

（4）数字化　所有的媒体信息都是用数字方式获取、存储、处理和传输的，数字化提升了媒体信息的处理效率和功能。

2. 课件

课件的英文是 Courseware，含义是课堂教学中的软件，即针对具体学习内容而开发设计的教学软件。它可以用编程软件来开发，但现在更多的是用专门的课件制作软件（也称载媒软件，如 PowerPoint，Flash 等）来制作。

传统上认为课件应该是一节完整的课堂教学软件，包括整个教学流程中的教学内容、各种界面和导航设置等，这种传统观念下设计制作的课件相对来说是一个封闭系统，难以突破原有设计，根据教学具体情况进行修改，使用上不太灵活。

为解决灵活性的问题，人们提出“微课件”——积件的理念。积件是指基于教学片断编制的教学软件，这种“微课件”使用起来更加灵活，教学中可以根据需要把这些积件像搭积木一样灵活地组合，来应对不同的教学需求。

从制作技术上讲，课件与积件没有区别，都是根据教学设计通过课件制作软件将各种多媒体素材有机整合在一起的教学软件。为突出多媒体技术的应用，一般又把课件称为多媒体课件或载媒课件。

3. CAI

CAI 是“计算机辅助教学”（Computer Assisted Instruction）的英文名称首字母缩写。狭义的 CAI 是一种利用计算机技术来辅助教师促进学习者实现有效学习的教学形态；由于信息技术尤其是移动通信技术的飞速发展，CAI 中的计算机技术内涵有了很大的发展，泛指应用各种信息技术辅助教学的活动，也称信息化教学。

4. 多媒体制作工具

多媒体制作是根据设计，将各种多媒体素材引入界面中，设置交互和导航的过程，这个过程由多媒体制作软件来完成。广义地说，能够集成各种多媒体素材的软件都可以用来制作多媒体，因此多媒体制作软件的类型相当多，大致可分为基于页面型、基于时间线型、基于图标型、基于编程型和综合型等种类。多媒体制作工具也称载媒软件。

扫一扫

专题：多媒体制作工具

实训过程

任务 1　研习各类多媒体课件

搜索并下载各种类型的多媒体课件，浏览各课件，形成感性认识，并填写表 4-1。

表 4-1 常用多媒体课件种类及特点分析

种类	特点	制作软件
电子教案型		字处理软件 (如 Word)
电子幻灯型		演示软件 (如 PowerPoint，WPS)
动画型		交互动画制作软件 (如优芽、Flash)
视频型		视频录制或制作软件 (如 Camtasia)
网页型		网页制作软件 (如 FrontPage)
电子书型		电子书制作软件 (如 iebook、为知)
综合型		专业课件制作软件 (如 Authorware)
其他		如几何画板、思维导图等

任务 2 了解常用的课件制作软件

(1) 打开并了解软件 按表 4-1 右侧所列制作软件，在电脑中找到相应程序打开，大致了解常用的课件制作软件的情况。

(2) 用 Word 制作电子教案型课件并发布为网页

① 搜索并下载电子教案模板，也可以用 Word 自己制作。按表现形式分，电子教案模板有表述型、表格型、网页型和备注型等。表 4-2 所示是一个典型的表格型 Word 电子教案模板范例。

② 以“设计篇”的“项目 3.1 教学设计技术”中“任务 2 编写教学设计方案”案例为基础来制作电子教案。打开电子教案模板，执行“文件 | 另存为”菜单命令，新建一个文件夹并合理命名（序号 + 课题名称），将文件重命名（课题名称 + 教案）保存到该文件夹中。

③ 将本课题相关的教学资源拷贝到该文件夹中。

④ 将相应的教学设计内容填写或复制粘贴到电子教案中。

电子教案中的文字可以直接在文档中输入，如果有现成的电子文档或网页中的文字，可以通过复制、粘贴插入电子教案中。为了保证电子教案中格式规范，防止在粘贴过程中将其他电子素材中的格式带入教案中，造成排版的困难，可用“选择性粘贴”中的

“无格式文本”（如图 4-1 所示）或在粘贴选项 下拉菜单中选择“仅保留文本”项，这样可以使粘贴的文本与教案模板格式相同。

表 4-2　表格型 Word 电子教案模板范例

<table>
<tr><td>课题</td><td colspan="4"></td></tr>
<tr><td>教学目的</td><td colspan="4"></td></tr>
<tr><td>课型</td><td></td><td>课时</td><td colspan="2"></td></tr>
<tr><td>教学重点</td><td colspan="4"></td></tr>
<tr><td>教学难点</td><td colspan="4"></td></tr>
<tr><td>教学程序</td><td colspan="2">教学内容</td><td>教学媒体</td><td>备注</td></tr>
<tr><td></td><td colspan="2"></td><td></td><td></td></tr>
<tr><td></td><td colspan="2"></td><td></td><td></td></tr>
<tr><td></td><td colspan="2"></td><td></td><td></td></tr>
<tr><td></td><td colspan="2"></td><td></td><td></td></tr>
<tr><td></td><td colspan="2"></td><td></td><td></td></tr>
<tr><td>作业</td><td colspan="2"></td><td></td><td></td></tr>
<tr><td>教学后记</td><td colspan="2"></td><td></td><td></td></tr>
</table>

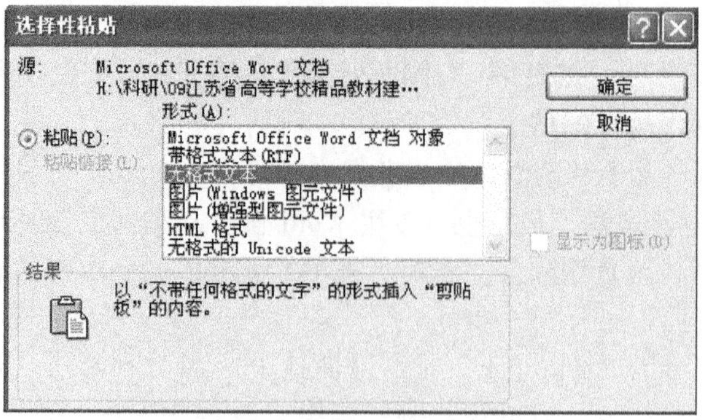

图 4-1　“选择性粘贴”窗口

⑤ 设置超链接：通过超链接实现电子教案内部内容的跳转、与外部资源文件之间的跳转、与网页之间的跳转等功能，从而实现电子教案与教学资源的联系，便于教学时使用。插入超链接的窗口如图 4-2 所示。

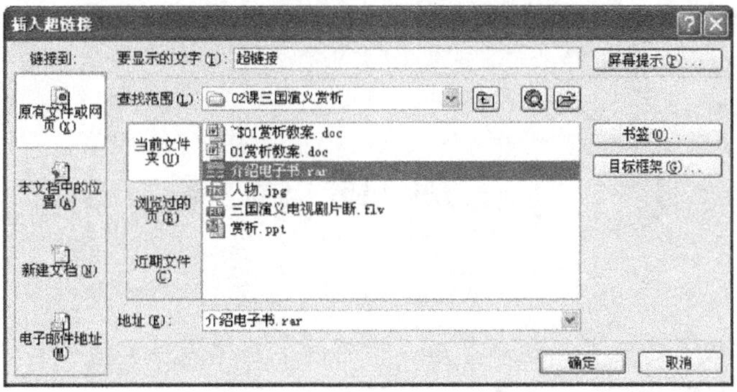

图 4-2 “插入超链接”窗口

注意

如果填入的是网址，可以从浏览器中复制网址，在“地址”栏中单击一下，并用快捷键“【Ctrl + V】”将网址粘贴进来，因为在此对话框中，右键菜单和选择菜单栏中的功能都不能用。

⑥ 如果电子教案很长，可以建立目录，并在各段落处设置书签，通过目录与书签之间的超链接可方便浏览。

⑦ 保存文件。执行“文件 | 另存为”菜单命令，将电子教案另存为网页形式。保存类型可以选择 htm 格式或单个文件网页 mht 格式（如图 4-3 所示）。

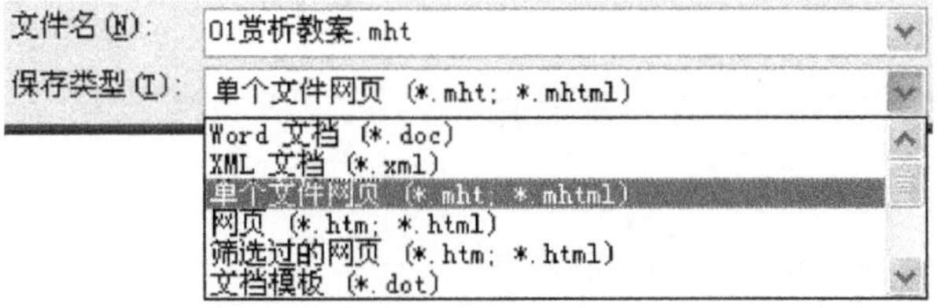

图 4-3 另存为网页

巩固练习

回顾：通过本项目的实训，读者了解了常用的多媒体课件类型和制作软件，理解了计算机辅助教学（CAI）的内涵，并掌握了电子教案的制作技巧。

练习：请完成以下习题。

1. 名词解释

（1）多媒体技术：____。

（2）课件：____。

（3）CAI：____。

2. 填空题

（1）和其他媒体比较，多媒体具有________、________、________、________等特点。

（2）电子教案按表现形式分为________、________、________、________等类型。

3. 简答题

（1）列出多媒体课件的常用类型及软件。

（2）和传统教案比较，电子教案有何特点？

项目 4.2

PPT 基本操作

众多课件制作软件中，幻灯页面的演示文稿制作软件是最简单快捷的，也是最容易掌握的，因此最为常用。它通常是各种办公组件中的一个，如微软 Office 的 PowerPoint 演示文稿、金山 WPS 的 WPP（WPS）演示文稿、Google 办公组件中的在线 Google 演示文稿、永中 Office 中的演示模块等，这些软件的使用方法基本相同。由于使用 PowerPoint 的人最多，它的文件格式为 ppt，因此人们把这类课件简称为 PPT。

实训目标

① 熟悉 PowerPoint 的界面和菜单，学会 PPT 的基本操作。

② 学会用 PPT 的相册功能快速制作 MV。

③ 了解 PPT 设计制作流程。

知识准备

1. 电子幻灯

在电子幻灯之前，人们常用幻灯机、投影器通过投射一系列幻灯片或投影片来进行教育教学，其画面明亮清晰、色彩鲜艳，可作为黑板的补充，起到增强教学效果的作用，成为教育技术（原来称为电化教育、电教）的主力军。

随着计算机技术、多媒体技术和数字投影技术的发展，数字投影机能够投射计算机屏幕，电子幻灯应运而生。电子幻灯制作简单，操作方便，功能强大，具有很好的演示效果。具体表现如下：

（1）*简便的制作功能*　软件简单易用，容易掌握。它提供了多种优化的设计模板（主题）、幻灯片版式、背景格式和配色方案，并提供向导和各种帮助，提高了制作效率。

（2）*强大的多媒体功能*　电子幻灯能很简便地将各种文字、图形图像、音频、动画和视频等素材插入幻灯片中，利用控件功能可支持更多的媒体方式和格式。

（3）*灵活的交互功能*　通过鼠标或键盘的操作可实现多媒体对象的各种展示和幻灯

片的切换，利用超链接或动作设置可以实现幻灯片之间、文件之间、文件与网页之间的跳转，VBA 语言使交互更加丰富，这些给多媒体演示带来了很大的灵活性。

（4）丰富的切换功能和动态演示效果　丰富的自定义动画、幻灯片切换方式和放映方式，使播放过程动感强烈，引人注目；对自定义动画进行组合，可以实现复杂的动画形式。

2. PowerPoint

PowerPoint 是微软公司 Office 系列办公组件中的演示文稿软件，利用它可以将各种媒体放入幻灯片中，并通过投影机进行演示，也可以打印出讲稿分发。PowerPoint 制作的文件叫演示文稿，格式为 ppt，因此 PPT 也成为 PowerPoint 的代名词。自 1987 年诞生以来，尤其被微软公司收购并成为 Office 软件的一个重要组件之后，版本不断升级，功能不断增强，应用也越来越广，使得 PPT 成为人们工作生活的重要组成部分，在工作汇报、教育培训、企业宣传、产品推介、婚礼庆典、项目竞标、管理咨询、生活娱乐等领域占有举足轻重的地位。

PowerPoint 演示文稿软件的版本不断更新，如 2013 版，2016 版，2019 版等，现在最基本的版本是 2010 版。自 2007 版开始，PPT 采用全新的用户界面和新的演示文稿文件格式 pptx，这种格式具有更好的媒体集成性，稳定安全。

考虑到通用性，本课程以 PowerPoint 2010 为主进行相关实训。

3. WPS

WPS 原是国内金山公司的文字处理软件，从 97 版开始加入电子表格和幻灯演示功能，2000 版开始由 WPS 文字、WPS 表格、WPS 演示 3 个模块组成，现在最高版本为 2019 版。现在 WPS 的功能不亚于微软的 Office 软件，其界面和操作也基本相同，并且开发了许多适应国人使用的独特功能，也能很好地支持和编辑 Office 软件的各种格式，其个人版完全免费，因此用 WPS 演示来制作 PPT 也是一种不错的选择。

实训过程

任务 1　PowerPoint 基本操作

1. 熟悉软件

打开 PowerPoint 2010 软件，熟悉界面（如图 4-4 所示）。

（1）浏览每个选项卡（菜单）的功能　单击选项卡最右侧的 图标可以让功能区最小化或复原；单击最下方视图栏中的“视图切换按钮”可以改变视图方式，拖拉比例条可以改变显示比例（“【Ctrl】键 + 鼠标滚轮”也可以实现比例缩放）。

（2）设置快速访问工具栏　单击快速访问工具栏右侧 图标，在弹出的下拉菜单（如图 4-5 所示）中根据需要添加常用的按钮，如“新建”“打开”“保存”“撤消”“从头开始放映幻灯片”等。

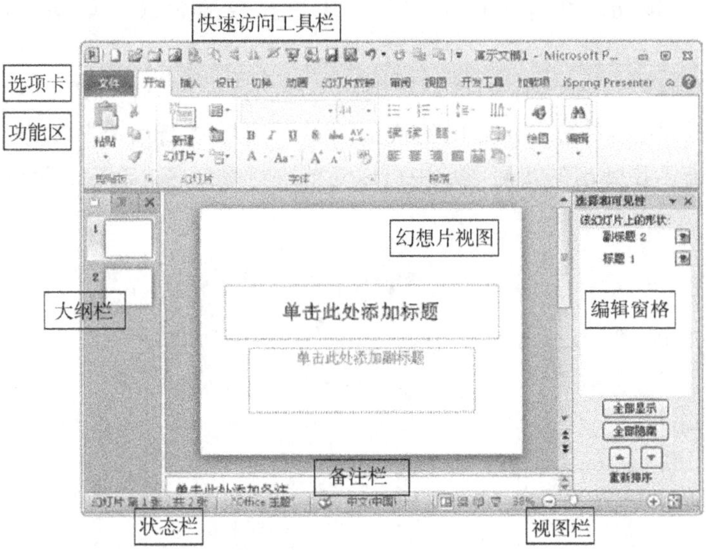

图 4-4 PowerPoint 2010 界面

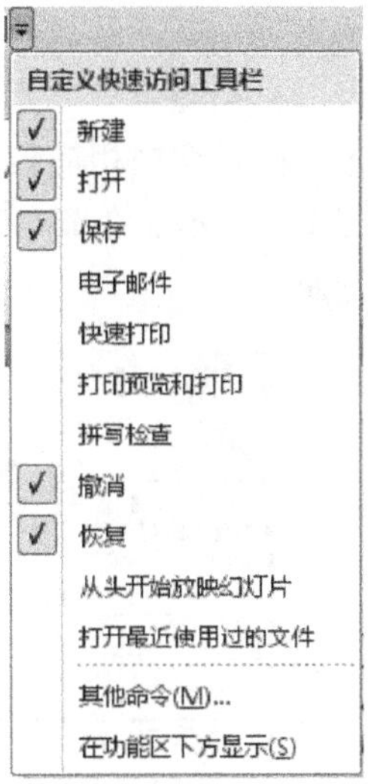

图 4-5 设置快速访问工具栏

2. 新建和保存演示文稿

可以通过快速访问工具栏中 和 图标操作，也可以通过“文件”选项卡中的“新建”和“保存”按钮或按快捷键【Ctrl + N】和【Ctrl + S】等进行操作（如图 4-6 所示)。利用模板可以快速创建已经在外观或内容上预设的演示文稿，节省时间，提高效率，模板包括可用的模板和主题、Office. com 模板（需要联网下载，也可以根据关键词搜索并下载)。

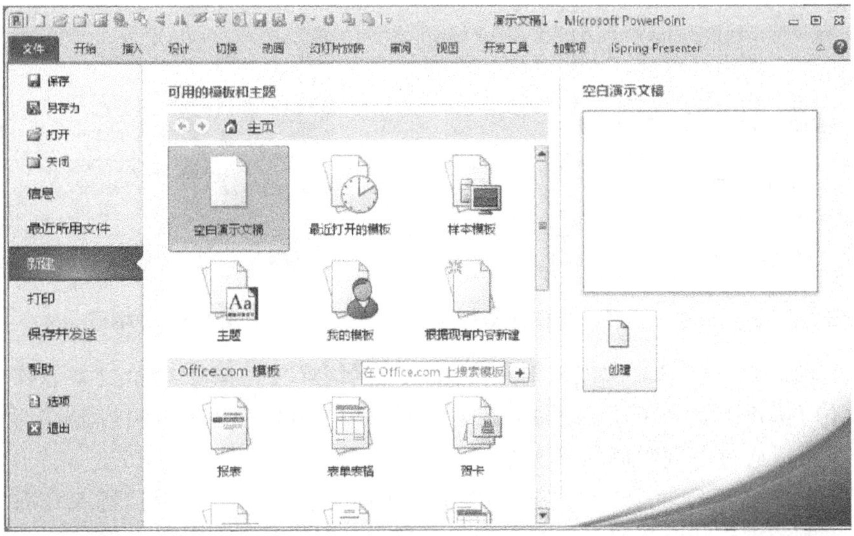

图 4-6 文件选项卡操作

3. 幻灯片操作

(1) 插入幻灯片 在大纲栏中选中某张幻灯片，按回车键【Enter】或在右键快捷菜单中选择“新建幻灯片”选项，可以在此幻灯片下增加 1 张默认版式的幻灯片；选项卡“开始”中单击“新建幻灯片”按钮，在弹出的下拉菜单中选择合适版式（如图 4-7 所示）。

（2）新增节　“节”的作用是把有联系的幻灯片组织在一起，这样可以使 PPT 结构清晰。在大纲栏相应位置的幻灯片上右击，在弹出的快捷菜单中选择“新增节”选项，如图 4-8 所示。在节名称上右击，在弹出的快捷菜单中可以对节进行重命名、删除、移动等操作。

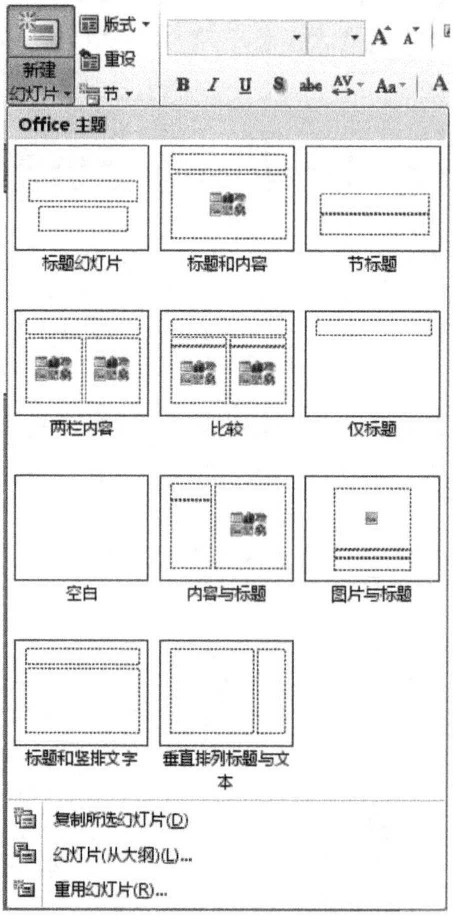

图 4-7　在“开始”选项卡中插入幻灯片

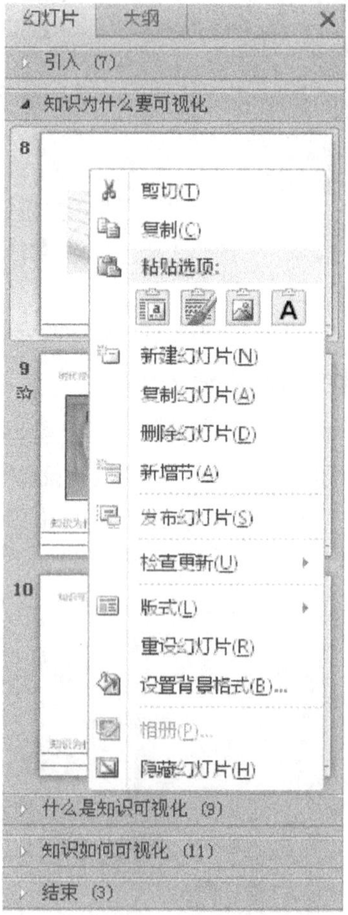

图 4-8　新增节

（3）移动和复制幻灯片　在大纲栏中选择目标幻灯片，按住鼠标左键不放可以将幻灯片拖到相应位置；如果在拖动幻灯片的同时按住【Ctrl】键不放，可以复制幻灯片。复制幻灯片也可以通过右键快捷菜单操作。

（4）删除和隐藏幻灯片　在大纲栏中选择目标幻灯片，按【Del】键或在右键快捷菜单中选择“删除幻灯片”选项。右键快捷菜单中的“隐藏幻灯片”可以暂时隐藏该张幻灯片，再次执行该命令则幻灯片显现。

4. 设置幻灯片切换方式

在“切换”选项卡中，可根据需要为幻灯片设置切换方案及切换效果，并设置换片方式，如图 4-9 所示。

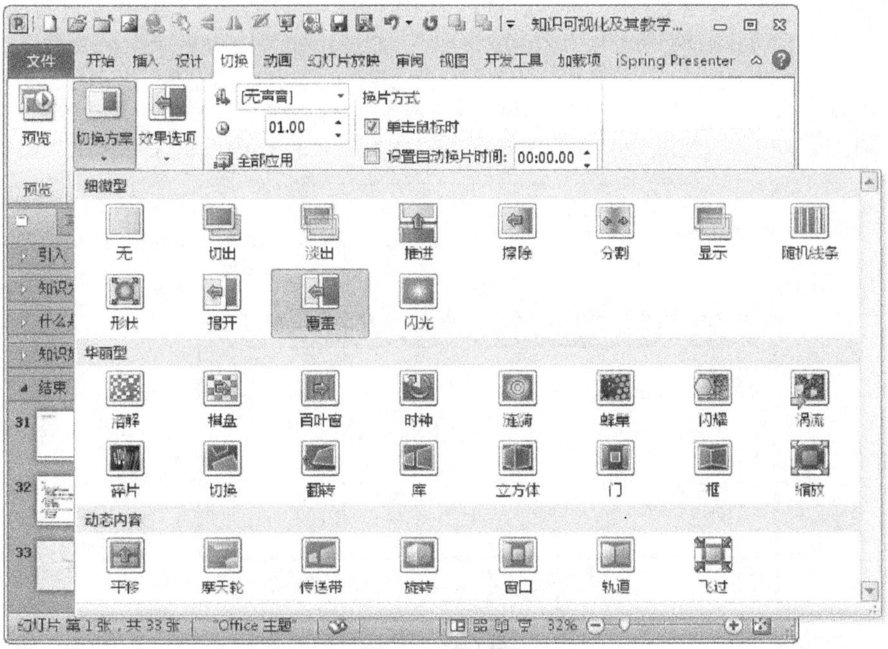

图 4-9 幻灯片切换

5. 放映 PPT

在“幻灯片放映”选项卡中，可以选择“从头开始”放映（快捷键【F5】）或“从当前幻灯片开始”放映（快捷键【Shift + F5】）；可以设置幻灯片放映方式，使用排练计时可以预演，正式放映时能自动按照预演放映，如图 4-10 所示。

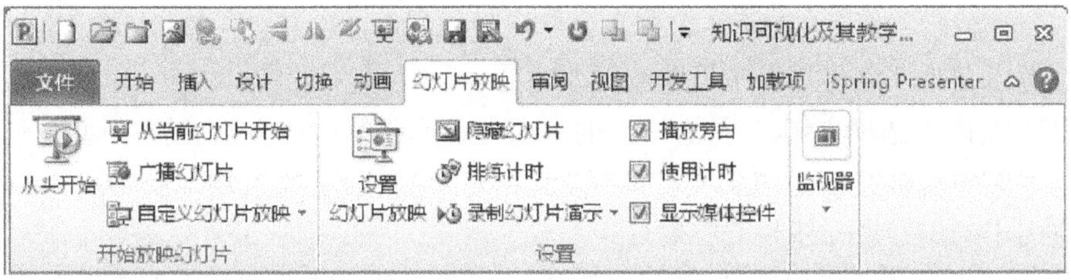

图 4-10 幻灯片放映

任务 2 幻灯片页面设置

如果把制作电子幻灯比作演戏，那么幻灯片页面就是舞台：舞台有大小、背景、色彩设置，要考虑舞台上演员的布局设置；同样，PPT 的幻灯片页面设置也包括页面大小和方向、背景、色彩和布局设置等内容。用户可以对单张幻灯片进行个性设置，也可以对整个演示文稿进行统一的设置。

1. 幻灯片页面设置

（1）设置页面大小和方向　在“设计”选项卡的“页面设置”中可以设置页面的大小和方向，如图4-11所示，单击“幻灯片大小”下拉按钮，可以有更多的选择。

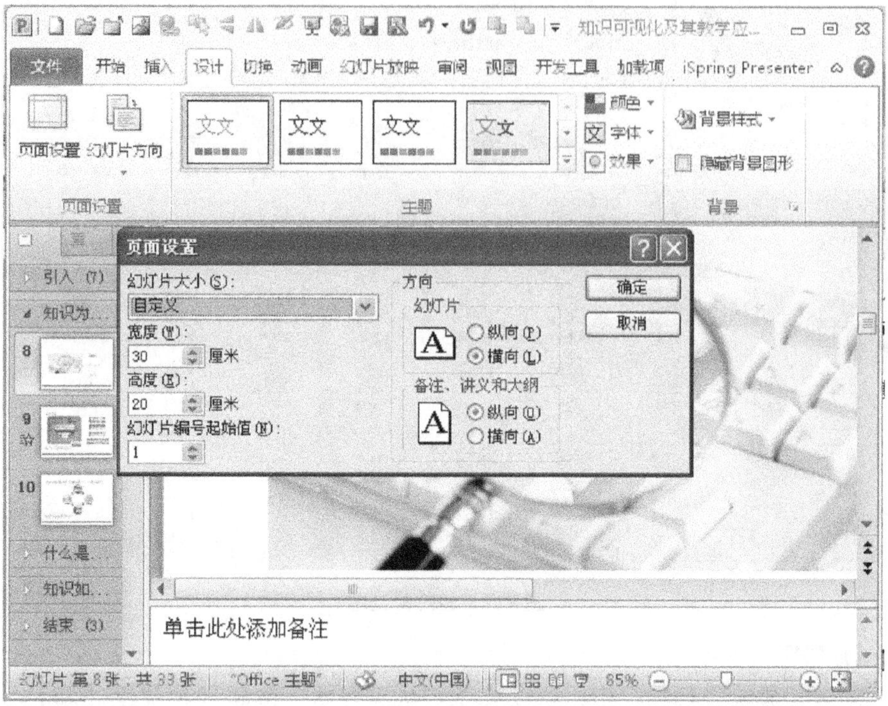

图4-11　“页面设置”对话框

（2）设置页面主题　页面主题包括幻灯片的颜色配置、字体和效果（如图4-12所示），对于创建统一演示文稿的外观有着举足轻重的作用。在新建PPT时可以选择不同的主题，也可以在具体制作过程中设置或更改主题。

单击“设计”选项卡中“主题”组的“其他”按钮 ，将弹出所有主题列表，选择合适的主题单击将对整个演示文稿应用该主题；在主题上右击快捷菜单，可以选择该主题是应用于选定幻灯片还是所有幻灯片。

（3）设置页面背景　单击“设计”选项卡中“背景样式”按钮，在展示的下拉菜单中有12种内置的样式可供选择，单击该菜单下方的“设置背景格式”，会打开“设置背景格式”对话框（也可在幻灯片上右击快捷菜单中找到“设置背景格式”命令），如图4-13所示，在其中可以根据需要用纯色、渐变、图片或纹理、图案等作为幻灯片的背景。单击“重置背景”按钮，此时背景恢复到最开始的默认状态；选中“隐藏背景图形”复选框，可以隐藏原母版中的图形。

图 4-12　页面主题选择

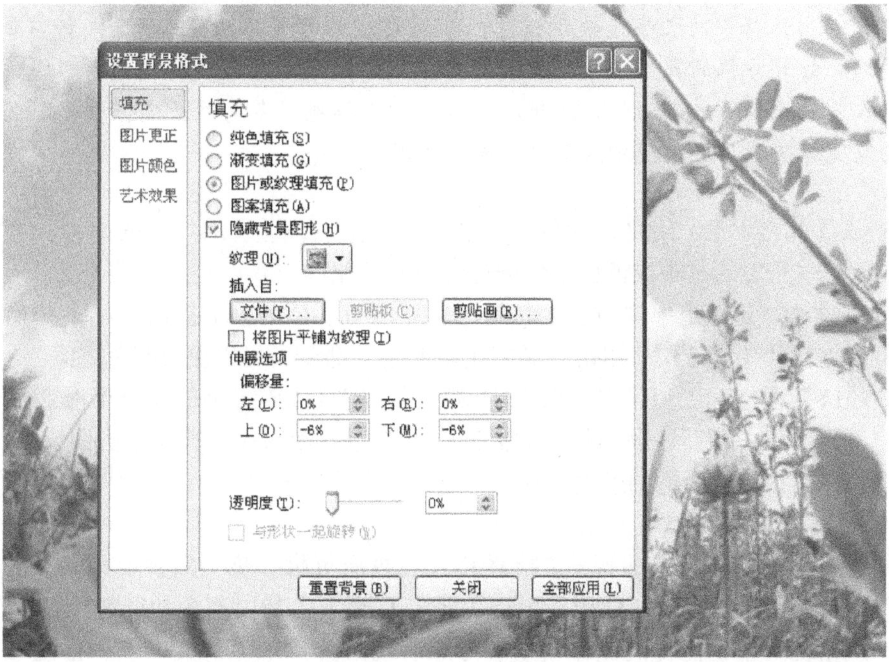

图 4-13　页面背景设置

（4）页面版式布局 版式预定了幻灯片中各个对象的版面布局，这在新建幻灯片时可以选择。在“开始”选项卡中单击“版式”按钮或在幻灯片上右击，在弹出的快捷菜单中单击“版式”选项可以选择版式或更改版式（如图 4-7 所示）。使用版式后，可以直接在幻灯片上的预定位置单击添加相应对象（如图 4-14 所示）。

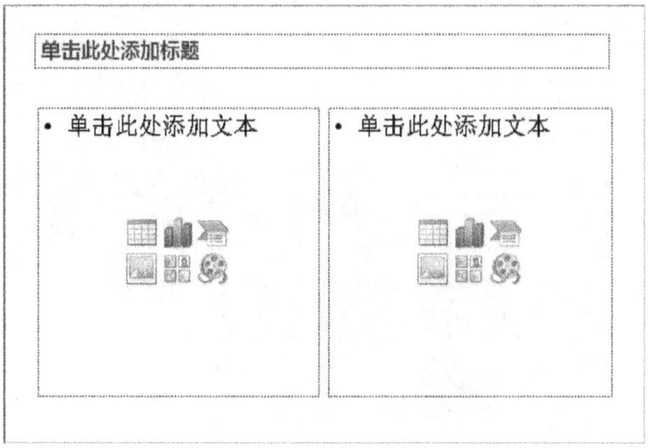

图 4-14 “两栏内容”版式

注意

幻灯片上的虚线框代表占位符，它的作用是先占住一个固定的位置，便于往里面添加内容（占位符中的文字是提示信息，在幻灯演示时并不出现），版式和占位符能起到规划幻灯片结构的作用。在制作幻灯片时，建议先选用合适的版式，再使用占位符来输入各种元素。单张幻灯片的布局可以通过直接拖动各对象改变，整个 PPT 的版式布局改变需要到母版视图中改变母版布局实现。

（5）设置配色方案 幻灯片配色要和谐，具有美感，适合幻灯片的内容。可以利用“配色方案”对 PPT 的主题或模板颜色进行恰当的搭配。

单击“设计”选项卡中“颜色”按钮，在弹出的下拉菜单中提供了几十种预设配色方案，可根据设计要求选用。单击“新建主题颜色”命令，可以更改配色方案。

修改超链接颜色：在 PPT 中如果文字设置了超链接，该文字的颜色不能通过普通的方式更改，需要到“新建主题颜色”对话框中更改超链接的配色，即单击图 4-15 中超链接右侧下拉按钮，选择合适的颜色设置。

2. 母版操作

利用母版，可以对 PPT 的背景、字体格式、页眉页脚、统一的显示元素、占位符等进行设置，这些设置将体现在使用母版的每张幻灯片上，利用这个功能能保持 PPT 中各幻灯片的风格统一，也能提高制作效率。母版有幻灯片母版、讲义母版、备注母版，若不作特指，所说母版一般指幻灯片母版。

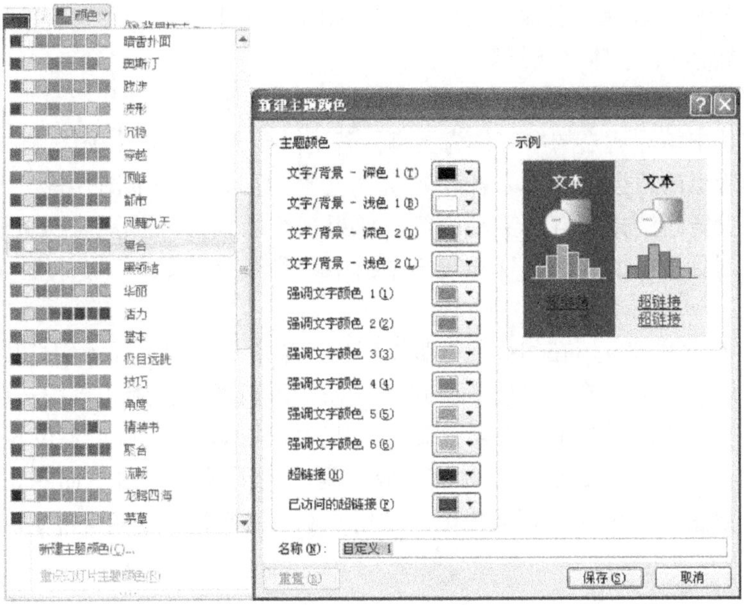

图 4-15 设置配色方案

(1) 打开母版视图 单击“视图”选项卡中“幻灯片母版”按钮，进入幻灯片母版视图（如图4-16所示），默认情况下，幻灯片母版由一个主母版和若干幻灯片版式母版组成，主母版的格式规定了所有版式母版的基本格式。

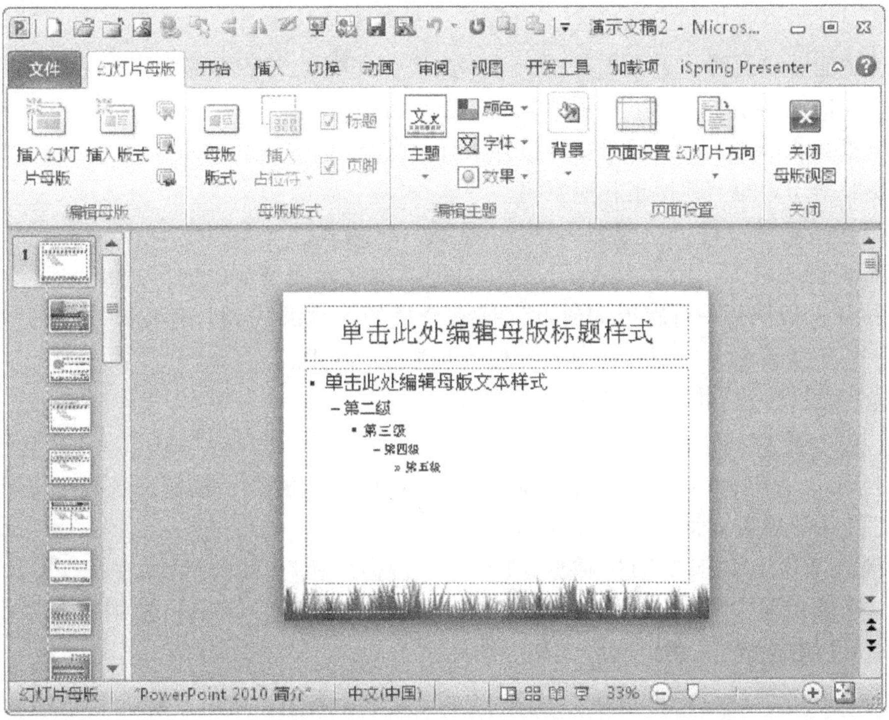

图 4-16 幻灯片母版视图

（2）编辑母版　选择需要编辑的母版，可以同操作普通幻灯片一样更改母版的主题、背景、颜色（配色）、字体、效果等。

（3）设置页眉页脚　在母版下方有三个并排的文本框，分别代表日期、页脚和幻灯片编号，可在其中填写适当的内容作为页脚，若不需要，可以按【Del】键删除。

可以在母版上的适当位置插入各种元素（文本、形状、外部图片等）作为页眉，这些元素还可以设置超链接、自定义动画等。如果某个版式的母版不需要页眉，可在“设置背景格式”对话框中的“填充”选项卡中选中“隐藏背景图形”复选框（如图4-13所示）。

（4）增加幻灯片母版　在幻灯片母版视图中，单击最左侧“插入幻灯片母版”按钮，将新增一组幻灯片母版。单击“插入版式”按钮，可新增一种版式母版；单击“插入占位符”按钮，在弹出的菜单中可根据需要插入某种样式的占位符并调整位置。

（5）关闭母版　在母版视图中，单击最右侧“关闭母版视图”回到正常编辑状态；或单击下方“视图栏”中的“普通视图”按钮，切换到普通编辑视图。

任务3　利用相册功能快速制作MV

扫一扫

利用相册功能快速制作MV

MV是Music Video的简称，原意是音乐电视（MTV），它是利用视频画面呈现来诠释音乐的一种形式。相册是一系列图片的集合，PPT中的相册功能能够快速将一系列图片组成演示文稿，并配上文字解说和背景音乐（歌曲），利用它可以快速制作图文型MV。

（1）准备工作　MV的三大要素是音乐（歌曲）、解说词（歌词）和画面，因此在制作前需要根据MV的主题搜集相应素材。

① 音乐或歌曲文件：一般为mp3，wma或wav格式。

② 解说词或歌词：用文本表示，可以是记事本文件或Word文件。

③ 图片：根据每一行解说词或歌词搜索合适的图片并处理，并按顺序编号（如01，02，03……）重新命名。图片格式为jpg，gif或png格式。

将这些素材存放到同一文件夹中备用。

（2）导入图片

① 打开PowerPoint 2010。单击“插入”选项卡中“相册”按钮，选择“新建相册”命令，打开相册设置对话框（如图4-17的所示）。

② 插入图片：单击“文件/磁盘（F）...”按钮，在打开的对话框中找到图片所在的文件夹，选择相册中所有图片（快捷键【Ctrl + A】或按住【Ctrl】键用鼠标单击跳选、按住【Shift】键连选），确定后导入相应图片。

③ 处理图片：通过单击按钮 ↑ 和 ↓ 改变图片顺序，单击“删除”按钮删除不需要的图片，利用右侧图片预览窗口下的一些图片处理工具可对图片进行适当处理。

④ 设置相册版式：“图片版式”设置为“1张图片（带标题）”（因为需要文字解说），

“相框形状”任意。单击“创建”按钮，此时生成由一系列图片幻灯片组成的演示文稿。

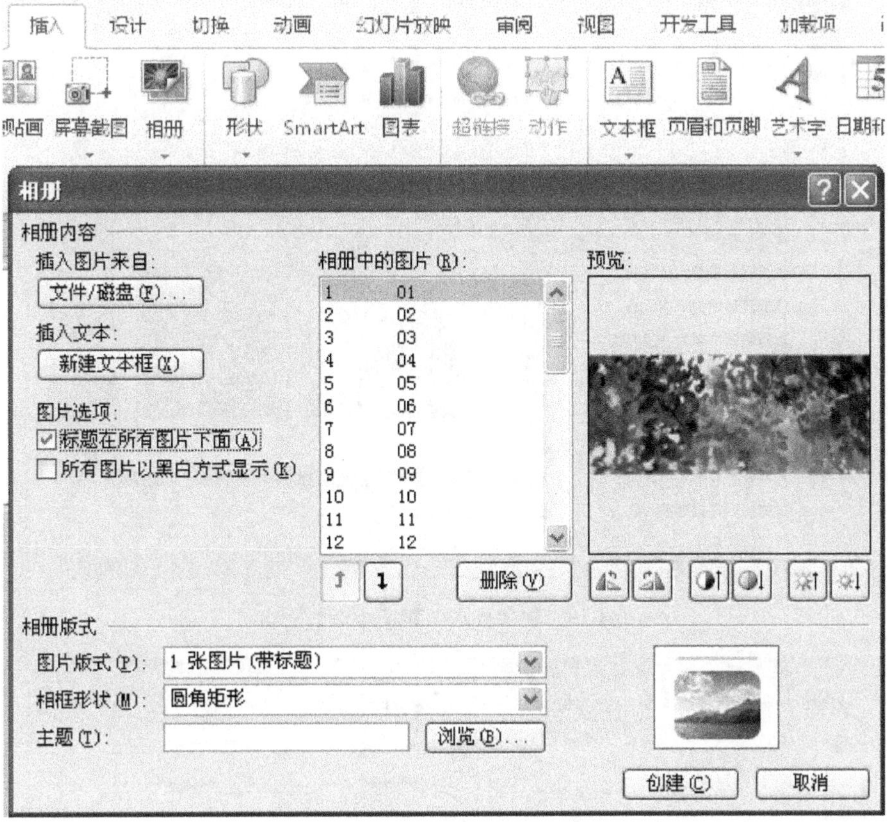

图 4-17 PPT 的“相册”设置对话框

(3) 制作封面 选中第 1 张幻灯片，设置背景，更改标题和副标题，并进行适当修饰和排版。

(4) 添加解说 选中各张幻灯片，在占位符“单击此处添加标题”中把相应解说词（歌词）复制粘贴或输入进去；也可切换到大纲视图中直接在大纲中把文字添加进去，如图 4-18 所示。

(5) 设置母版 单击“视图”选项卡中的“幻灯片母版”按钮，进入母版视图，在主母版中，设置母版标题样式（设置字体、颜色等），也可以对标题设置“动画”。母版编辑好后切换到普通视图。

(6) 添加声音 选中第 1 张幻灯片，单击“插入”选项卡中的“音频”按钮，选择“文件中的音频”命令，在弹出的对话框中找到音频文件导入，此时页面上会出现喇叭图标 及播放控制条。

选中喇叭图标，单击最右侧的“播放”选项卡，对音频播放属性进行合理的设置。这里主要设置“开始”为“跨幻灯片播放”，勾选“放映时隐藏”，如图 4-19 所示。

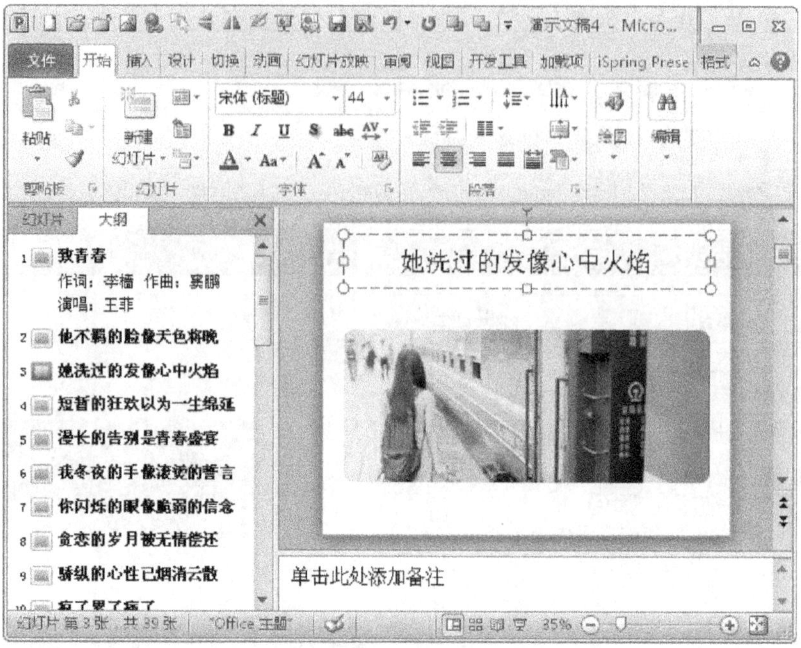

图 4-18 在“大纲”视图中添加文字

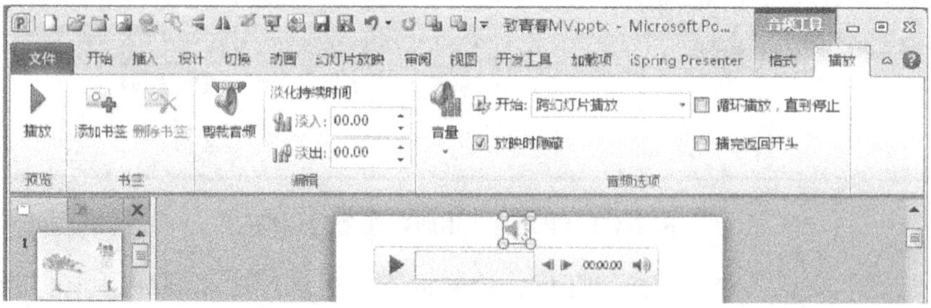

图 4-19 音频播放属性设置

（7）排练计时　保存文件，最好保存在音频文件同一文件夹中。

单击“幻灯片放映”选项卡中的“排练计时”按钮（如图 4-10 所示），此时进入幻灯片演示，并出现录制窗口，它记录幻灯片播放及切换时间。根据音频情况单击鼠标进行幻灯片切换，要求画面与音频配合，直到最后一张结束。在跳出的“是否保留新的幻灯片排练时间”确认窗口中单击“是”按钮，此时切换到幻灯片浏览视图。

（8）保存为视频　单击“文件”选项卡中“另存为”按钮，在弹出的保存窗口中，单击“保存类型”下拉菜单，选择“Windows Media 视频（＊.wmv）”，将 PPT 另存为视频格式。

巩固练习

回顾： 通过本项目的实训，读者了解了 PowerPoint 的基本功能，掌握了它的基本操作，并通过利用相册功能快速制作 MV 学习了制作 PPT 的一般流程。只有把基础打扎实了，才能很好地利用 PPT 的强大功能来制作优秀的多媒体课件。

练习： 请完成以下习题。

1. 填空题

(1) 常用的电子幻灯软件有________、________、________等。

(2) “幻灯片从头放映”的快捷键是________，“从当前幻灯片放映”的快捷键是________。

(3) PowerPoint 2003 的文件格式是________，PowerPoint 2010 的文件格式是________。

(4) 幻灯片的背景设置有________、________、________、________4 种类型。

2. 选择题

(1) 编辑演示文稿的主要视图是________。

A. 普通视图　　B. 幻灯片浏览视图

C. 备注页视图　　D. 阅读视图

(2) 在幻灯片中需按________键和单击鼠标左键来同时选中多个不连续的幻灯片。

A. 【Shift】　　B. 【Ctrl】

C. 【Alt】　　D. 【Insert】

(3) 幻灯片中占位符的作用是________。

A. 表示文本长度　　B. 限制插入对象的数量

C. 表示图形大小　　D. 为文本、图形等预留位置

(4) PowerPoint 2010 能够直接保存为视频的文件格式是________。

A. avi　　B. mpg

C. wmv　　D. flv

3. 简答题

(1) 简要说明母版的作用。

(2) 简要说明 PPT 的设计制作流程。

项目 4.3

PPT 的媒体技术

如果把制作电子幻灯比作一场演出，那么幻灯页面就是舞台，各种多媒体对象就是演员，它们在舞台上以各种方式表演，展示主题内容，吸引观众的眼球。本项目研究幻灯页面中引入各种多媒体对象的技巧。

实训目标

① 学会将多媒体对象正确分类。

② 掌握在幻灯片中插入各种多媒体对象的方法和技巧。

知识准备

进行本项目实训之前，请先复习“资源篇”的内容。

1. 多媒体对象分类

PPT 幻灯片上的对象可按多媒体形式分为文本、图片、动画、声音、视频和其他对象等，通常新建相应的文件夹将相应的素材文件分别存放以便管理和使用，但按这种分类来组织多媒体对象的方式不适合 ppt 格式（PowerPoint 97—2003）的演示文稿制作，因为有些多媒体对象是可以嵌入 PPT 中的，而有些对象却不能嵌入 PPT 中而作为外部链接对象存在。当 PPT 文件在不同电脑中使用时，嵌入对象能正常显示，而外部链接对象如果处理不好经常不能正常显示。

为保证链接正确，在制作时应将外部链接对象与 PPT 文件放在同一文件夹中，然后插入幻灯片中，异机使用时将整个文件夹拷贝使用。

PPT 内部嵌入对象包括文本、图片（图像、图形、图表、图示等）、gif 动画、音频和视频、PPT 文件等。

PPT 外部链接对象包括各类文档、PPT 不支持的多媒体格式文件、其他对象如可执行文件、压缩文件等。

swf 格式（Flash 动画文件）比较特殊，可以是外部链接对象，但通过设置可以嵌入 PPT 中而成为内部嵌入对象。

2. pptx

自 PowerPoint 2007 开始，PPT 采用了全新架构的文件格式 pptx（ppsx 为 PowerPoint 放映文件格式、pptm 为启用了宏的 PowerPoint 演示文稿格式、ppsm 为启用了宏的 PowerPoint 放映文件格式、potx 为 PowerPoint 模板格式、potm 为启用了宏的 PowerPoint 模板格式）。

pptx 格式是基于 XML 的压缩文件格式，本质上是一个压缩文件，如果把 pptx 后缀修改为 rar，它可以用 WinRAR 解压（如图 4-20 所示）。这种文件格式有两个优点：一是可以包含所有在 PPT 制作时插入的多媒体对象文件（放置在压缩包的子文件夹 ppt 下的 media 文件夹中），包括图片、gif 动画、音频、视频、swf 格式文件等，异机使用时只需拷贝 pptx 文件即可（通过超链接设置的外部链接文件仍需要拷贝）；二是通过压缩文件占用更小的空间。

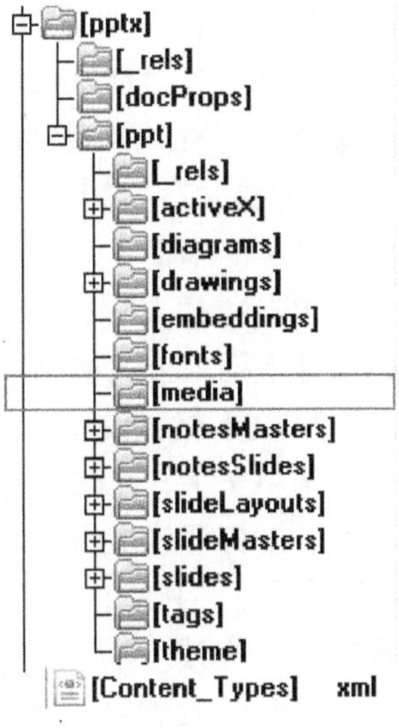

图 4-20　pptx 格式文件解压

如果获取了 pptx 格式的文件，我们可以将其扩展名 pptx 改为 rar，然后解压，打开 media 文件夹，就可以获取文件中的各种多媒体素材。

早期版本保存的 ppt 格式文件可以用 PowerPoint 2007 以上版本的软件打开，另存为 pptx 格式文件后才能解压获取媒体素材文件。

实训过程

任务 1　文本技术

1. 浏览“插入”选项卡

单击“插入”选项卡（如图 4-21 所示），点开各个选项，了解在幻灯片上能插入哪些多媒体对象。

图 4-21　“插入”选项卡

2. 输入文字

PPT 中不能直接在幻灯片上输入文字，只有在预定的文本占位符中或使用文本框工具才能输入文字；也可以通过复制其他文件中的文字，粘贴到幻灯片上。但不建议直接粘贴，可以先插入文本框，再粘贴文字（最好是“选择性粘贴”中的“无格式文本”）。

使用“粘贴选项”：单击“开始”选项卡最左侧的“粘贴”按钮，会出现“粘贴选项”（如图4-22所示），单击鼠标右键的快捷菜单中也有“粘贴选项”，从左到右依次是“使用目标主题”“保留源格式”“图片”“只保留文本”。如果使用“图片”选项，文字将不能编辑。

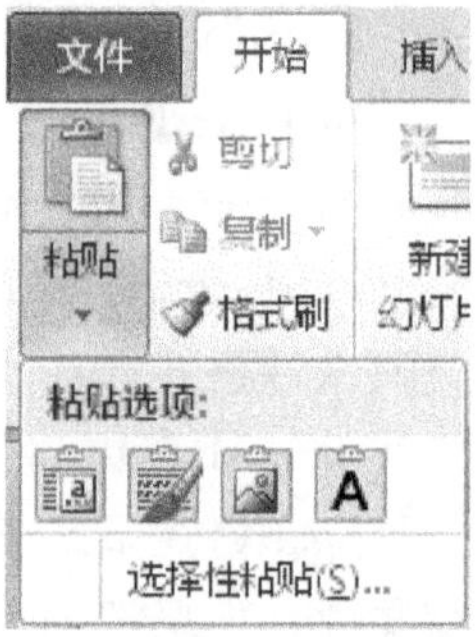

图 4-22 粘贴选项

单击“插入”选项卡中的“公式”和“符号”按钮，尝试在幻灯片上插入公式和符号。

3. 文本格式设置

选中文字，此时会在文字上方出现快捷设置工具栏，或在右击打开的快捷菜单最上方也会出现该工具栏（如图4-23所示），利用它可快速设置文字的字体、字号、颜色、样式、段落对齐等。

更多的设置可以在单击“开始”选项卡的“字体”和“段落”命令组或执行右键快捷菜单中的“字体”“段落”“项目符号”“编号”和“设置文字效果格式”命令打开的对话框中进行。

图 4-23 文字格式设置

尝试进行下列操作：

- 设置字体、字号；增大字号、减小字号；文字加粗、倾斜、加下划线、加阴影。
- 设置文字颜色；改变文本框填充和连线颜色。
- 调整文字间距。
- 添加项目符号或编号；调整文字级别。
- 调整文本对齐方式（左对齐、居中对齐、右对齐、两端对齐、分散对齐）；将文字分栏排列。
- 设置段落缩进、首行缩进、悬挂缩进；设置行间距和段前、段后间距。
- 更改文字排列方向：通过文本框类型改变（横排和垂直文本框）；通过“文字方向”改变。
- 使用格式刷将一种文字格式应用到其他文字上。

4. 添加艺术字效果

“项目2.2 媒体技术”的“任务2 文本素材的处理和制作”中，已用艺术字简单地完成一个目录页面制作。在PowerPoint 2010中对任何文字都可以设置艺术字效果。

（1）*利用预设添加艺术字效果* 单击“插入”选项卡中“艺术字”按钮，在其弹出的下拉列表中列出30种预设的艺术字样式，选择一种后在幻灯片上出现占位符，将“请在此处放置你的文字”改成自己的文字。

（2）*改变艺术字样式* 选中文本或艺术字，单击“绘图工具/格式”选项卡中的“艺术字样式”组的“其他”按钮，在弹出的下拉列表选择合适的预设效果。

(3) 设置艺术字格式 除了预设外，可以自行调整艺术字的格式。

方法一：在“格式”选项卡中选择“文本填充”“文本轮廓”“文本效果”进行设置（如图 4-24 所示）。

方法二：在右键快捷菜单中选择“设置文本效果格式”，在打开的对话框中逐项设置（如图 4-25 所示）。

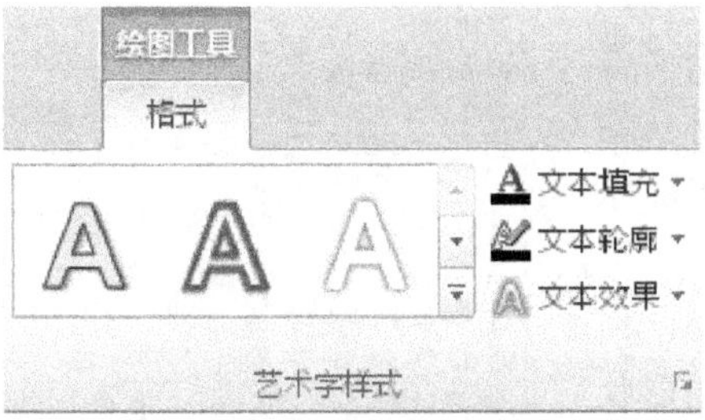

图 4-24 艺术字格式设置

图 4-25 “设置文本效果格式”对话框

5. 文本转换

单击“格式”选项卡中的“文本效果 | 转换”选项，在弹出的下拉菜单中选中一种形状应用到文字上，如图 4-26 所示。例如，使用了“弯曲”中某种形状的文本可以像图片一样进行拉伸处理，这样可以制作扁体字、瘦长字或变形字。

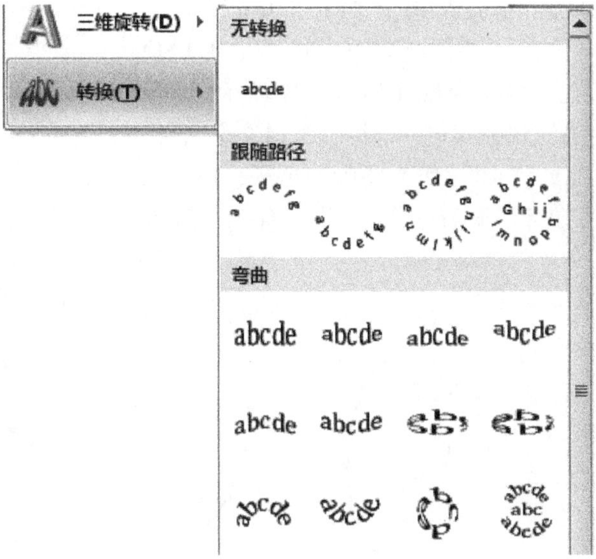

图 4-26 设置文本转换

任务 2 图形与图片技术

1. 添加图形（图形由形状组合而成）

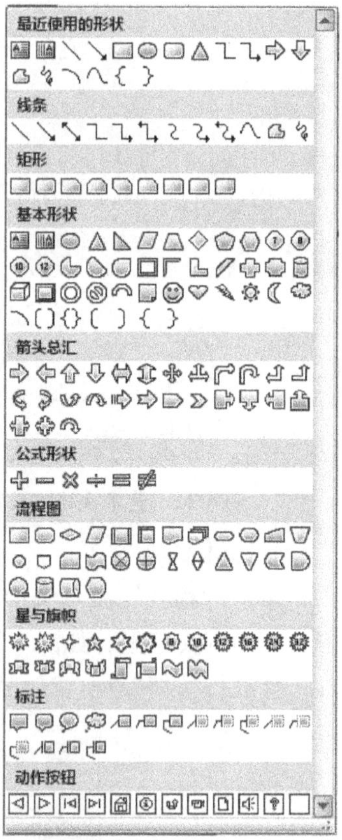

图 4-27 形状库

（1）添加形状 单击“插入”选项卡中的“形状”按钮（或“开始”选项卡中的“绘图”组中“形状列表”），将弹出形状库，如图 4-27 所示，包括“线条”“矩形”“基本形状”“箭头总汇”“公式形状”“流程图”“星与旗帜”“标注”和“动作按钮”9 种类型。选中需要添加的形状，鼠标光标变成“+”形，按住鼠标左键在幻灯片上拖动可绘制出相应形状，也可直接单击添加形状（固定大小）。

（2）调整形状 以笑脸变哭脸为例（如图 4-28 所示）。

① 单击“插入”选项卡中的“形状”按钮，在形状库的“基本形状”组中找到☺，在幻灯片中适当位置单击或拖动，画出笑脸。

② 改变形状：拖动形状四周调整柄，改变形状大小和比例，这里把圆脸拉长。向上拖动嘴巴中间黄色菱形调整控点，笑脸变成哭脸。拖动上方的旋转控点，将形状适当改变角度。

③ 编辑形状：单击“格式”选项卡中“编辑形状”，选择“编辑顶点”（或在右键快捷菜单中选择“编辑顶点”），用鼠标调整嘴巴上各个顶点（如图 4-29 所示）。

④ 添加文字：在右键快捷菜单中选择“编辑文字”，出现文字输入光标，输入文字“I”作为哭脸的鼻子，也可以用三角形符号等。选中文字，选择合适的字体、字号及颜色。

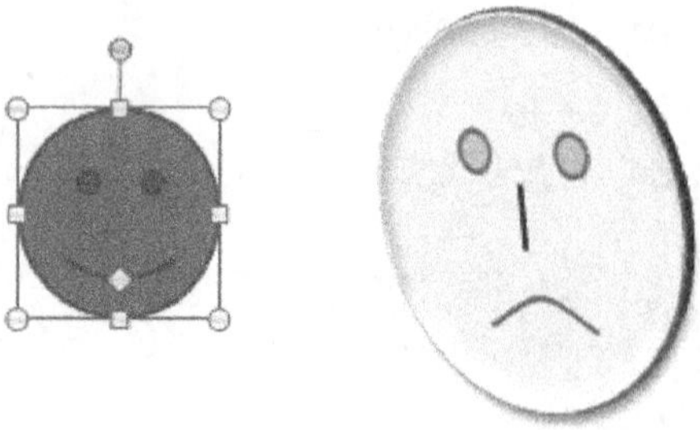

图 4-28 笑脸变哭脸

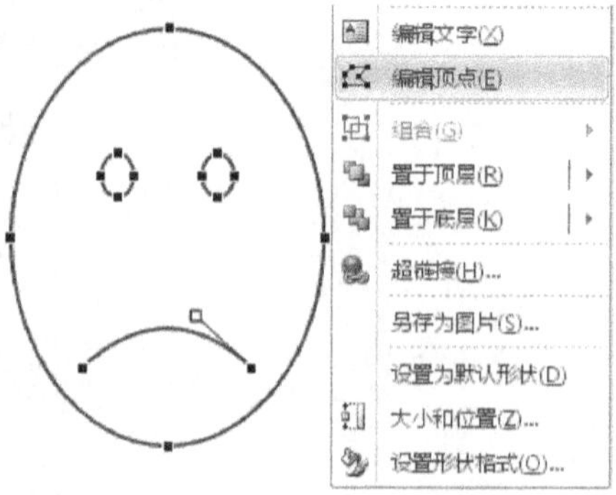

图 4-29 编辑顶点改变形状

（3）设置形状外观　单击“格式”选项卡，根据需要设置形状填充、形状轮廓和形状效果，也可单击右键快捷菜单中“设置形状格式”选项打开相应的对话框进行更细致的设置（如图4-30所示）。图4-28右侧的哭脸设置了填充、轮廓，添加了阴影、三维格式和三维旋转等效果。

图4-30　“设置形状格式”对话框

（4）剪贴画编辑处理　参见“资源篇”中“项目2.2　媒体技术”的“任务3　图像素材的处理和制作”中的图形绘制部分。

2. 添加图片

选项卡“插入”中“图像”组提供了4种途径：插入外部图片文件、插入剪贴画、插入屏幕截图、用相册功能插入系列图片。用户也可以从其他地方复制粘贴图片进来，注意在“粘贴选项”中选择“图片”，如果用“保留源格式”命令，一旦图片由于带有其用户格式设置会影响使用。

（1）插入图片　单击“插入”选项卡中“图片”按钮，打开“插入图片”对话框，找到图片的存放位置，单击“插入”按钮插入图片。

（2）设置图片格式　为了让图片与幻灯片的效果更为融合，需要对图片进行一些格式设置，包括删除图片背景、设置图片样式、调整图片颜色和设置图片艺术效果等，达

到美化图片的目的。也可以在“图片工具 | 格式”选项卡中完成，还可以在执行右键菜单“设置图片格式”命令打开的对话框中设置。

• 删除图片背景：即抠图。在 PowerPoint 2010 中利用“删除背景”功能可以很方便地抠图，但比较粗略（删除图片背景前后对比如图 4-31 所示），精细的抠图还是需要用 Photoshop 实现。

单击“格式”选项卡中最左侧的“删除背景”按钮，此时图片上出现紫色蒙版，紫色部分代表删除的区域，未被紫色覆盖的区域代表保留部分。拖动周围的 8 个控制点，改变保留区域，单击“标记要删除的区域”按钮，在图片中需要删除的区域用鼠标画线，这些区域被紫色覆盖，并出现 ⊖ 标记（如图 4-32 所示）；单击“标记要保留的区域”，在图片中需要保留的区域用鼠标画线，这些区域的紫色蒙版将去除，并出现 ⊕ 标记。最后单击“保留更改”即可。

图 4-31 删除图片背景前后对比

图 4-32 删除图片背景操作

• 设置图片样式：“格式”选项卡中“图片样式”组提供了 28 种预设的图片样式，根据需要选择合适的样式应用到图片中。利用“图片边框”“图片效果”或右键菜单命令打开的“设置图片格式”对话框可以更细致地设置图片样式。图片“格式”选项卡如图 4-33 所示。

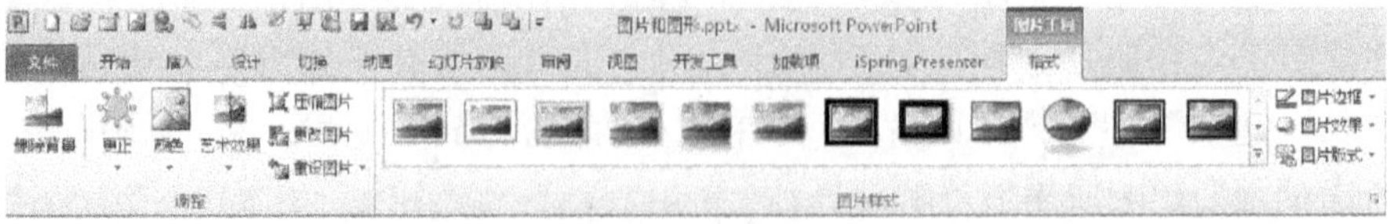

图 4-33 图片“格式”选项卡

• 调整图片颜色：单击“图片”选项卡中“调整”组的“颜色”按钮，可以调整图片颜色的饱和度、色调，也可以对图片重新着色，制作单色图片效果。

• 设置图片艺术效果：单击“图片”选项卡中“调整”组的“艺术效果”按钮，可以对图片进行艺术化处理，这个功能相当于 Photoshop 中的滤镜功能，可以将图片处理成各种绘画效果。

- 图片更正：单击“图片”选项卡中“调整”组的“更正”按钮，可以更改图片的亮度和对比度，进行柔化或锐化（更改模糊度）处理。

（3）*更改图片* 单击“图片”选项卡中“调整”组的“更改图片”按钮（或右键菜单中的“更改图片”选项），在打开的窗口中找到替换的图片文件，可以将现有的图片更改为其他图片，但图片的大小、位置、设置等都不会发生改变。

（4）*重设图片* 单击“图片”选项卡中“调整”组的“重设图片”按钮，会出现“重设图片”和“重设图片和大小”两个选项，通过这两个选项设置可以恢复图片的原始状态。

（5）*压缩图片* 单击“图片”选项卡中“调整”组的“压缩图片”按钮，打开“压缩图片”对话框（如图 4-34 所示），根据需要勾选相应选项。压缩图片能缩小 PPT 文件。

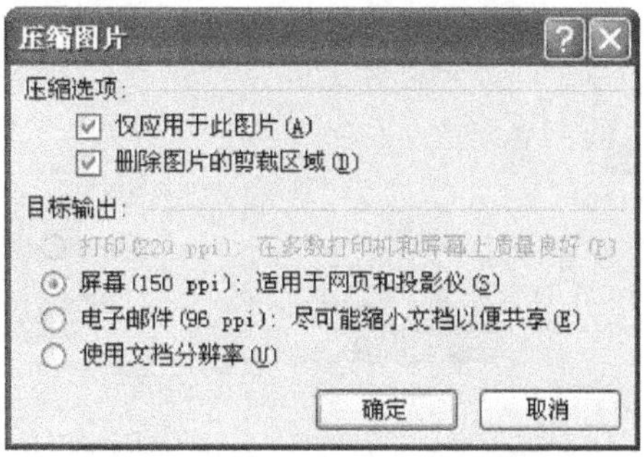

图 4-34 “压缩图片”对话框

（6）*另存为图片* 在右键菜单中选择“另存为图片”选项，可以将 PPT 对象（图形、图片、剪贴画、艺术字等）以图片形式保存到磁盘上，也可以选择不同的图片格式保存。

3. 使用选择窗格

单击“开始”选项卡最右侧“编辑”组中的“选择”按钮，在弹出的下拉菜单中选择“选择窗格”选项，可在工作区的右侧出现“选择和可见性”任务窗格（如图 4-35 所示）。单击眼睛图标可以显示和隐藏对象，改变对象叠加层次。值得注意的是，窗格中的对象默认以插入先后顺序命名，容易混淆，可以双击对象的名称，重新命名。

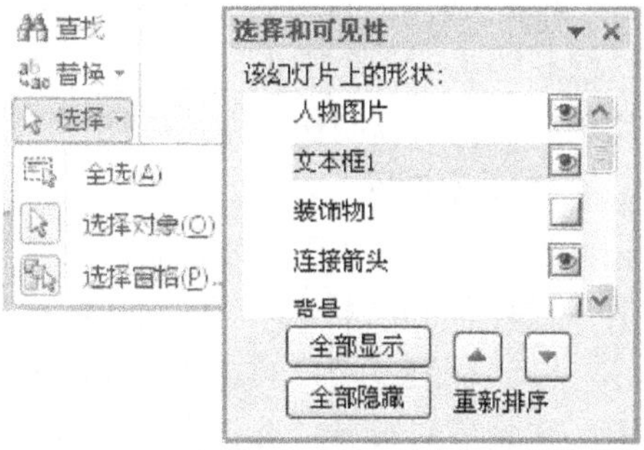

图 4-35 “选择和可见性”任务窗格

任务 3 图示、表格与图表技术

1. 创建图示

使用图示可以将事物内部及事物之间抽象的逻辑关系用形象直观的视觉符号表达出来，有利于理解和掌握。PowerPoint 提供了制作图示的利器——SmartArt（智能图形），它提供了各种布局关系的图形，配上文字，可以快速、轻松、有效地表达各种逻辑关系。

（1）*插入 SmartArt* 单击“插入”选项卡中的“SmartArt”按钮，在出现的“选择

SmartArt 图形”对话框中根据表达内容选择合适的图示类型后确定；再在图示中输入文字，可以直接在框中输入，也可以单击图示左侧的控制按钮打开“在此输入文字”窗格输入文字。用 SmartArt 创建图示效果如图 4-36 所示。

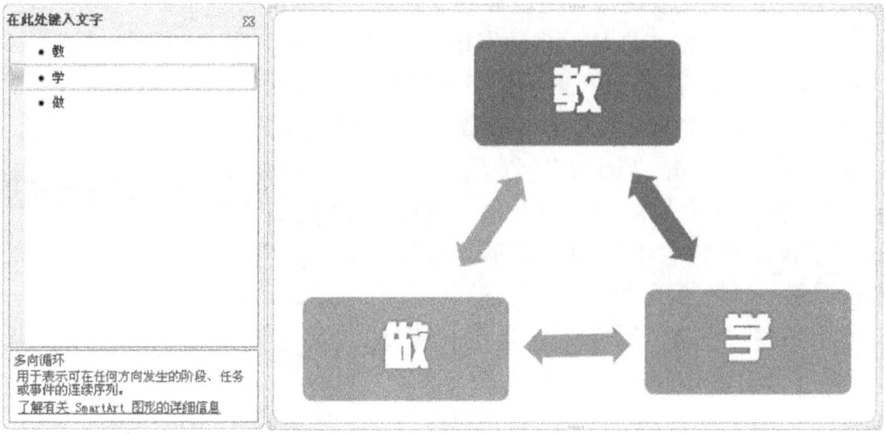

图 4-36 用 SmartArt 创建图示效果

（2）将文本转化为图示 选择幻灯片中的文本，单击“开始”选项卡中“段落”组的“转换为 SmartArt”按钮（或在右键快捷菜单中单击相应按钮），在弹出的下拉菜单中选择合适的图标类型单击即可。

（3）利用形状绘制图示 SmartArt 图形实际上是由一系列图形组成的，用插入形状方式绘制图示中各个图形、文本框、线条、箭头等并输入文字，然后组合即可。这种方式比较灵活，可以制作个性化的图示，但效率不高。

2. 图示设置

添加 SmartArt 图示后，会出现“SmartArt 工具”选项卡（如图 4-37 所示），其中又包括“设计”和“格式”两个选项卡。

（1）调整布局 单击“SmartArt 工具 | 设计”选项卡中“布局”按钮，选择合适的类型更改原来的布局；选择图示中各个图形拖动或拉伸，可以改变局部布局，单击升级、降级可以改变级别，单击上移、下移可以更改顺序；单击“从右到左”可以改变方向；单击添加形状可以增加项目。

（2）设置样式 单击“SmartArt 工具 | 设计”选项卡中“SmartArt 样式”组，可以从预设的 14 种样式中选择合适的样式应用。单击“更改颜色”按钮可以设置颜色效果。

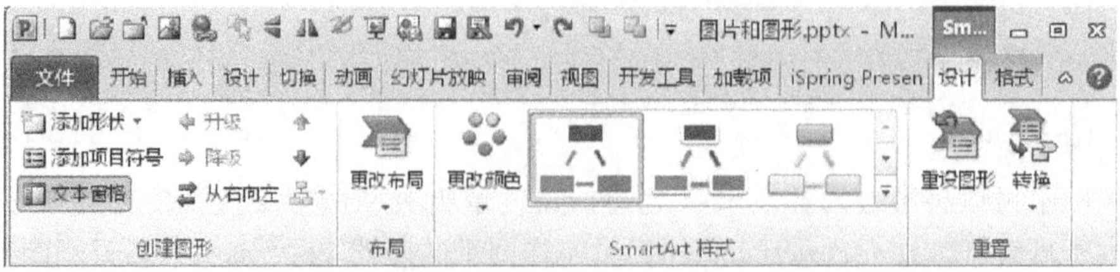

图 4-37 “SmartArt 工具 | 设计”选项卡

（3）调整格式 单击“SmartArt 工具 | 格式”选项卡，可以对每个图形进行多种设

置，设置方式参见本项目“任务 2　图形与图片技术”中关于形状设置的内容。

（4）将图示转换为文本或形状　单击“SmartArt 工具 | 设计”选项卡中“重置”组的“转换”命令，出现“转换为文本”和“转换为形状”，单击进行相应操作。

3. 创建表格

单击“插入”选项卡中的“表格”按钮，下拉菜单中提供 4 种创建表格方式，如图 4-38 所示。

（1）插入指定行列的表格　用鼠标在表格区域移动，表格的行列以高亮显示，选择合适的行数和列数后单击，即可在幻灯片区域创建空表格。

（2）插入表格　单击“插入表格…”，会弹出对话框，填写列数和行数，即可创建空表格。

（3）绘制表格　单击“绘制表格”，鼠标光标变成笔形，在幻灯片上拖动，绘制出表格外框，同时自动切换到“表格工具 | 设计”选项卡，如图 4-39 所示。单击“绘制表格”，鼠标光标再次变成笔形，根据需要在表格内部绘制线条。在第一个单元格中，移动鼠标从左上角到右下角可以绘制斜线表头。

（4）创建 Excel 数据表格　单击“Excel 电子表格”选项，即在幻灯片界面上出现工作表。

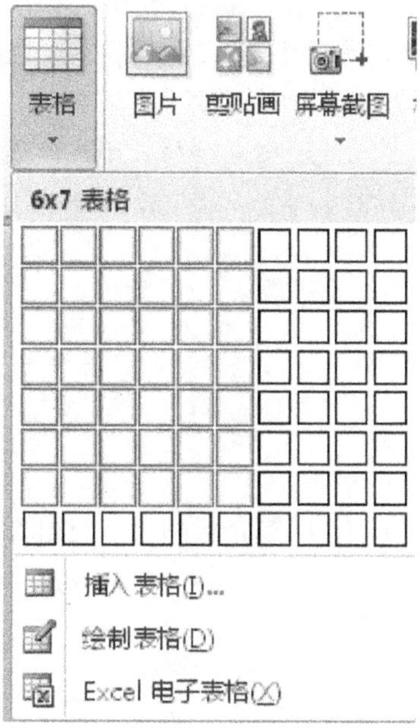

图 4-38　创建表格

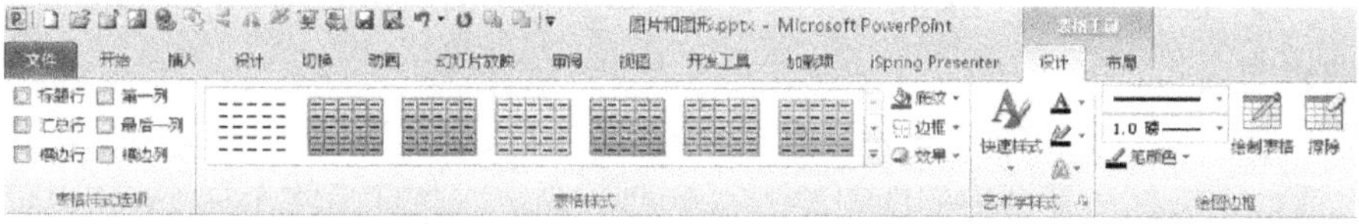

图 4-39　“表格工具 | 设计”选项卡

（5）插入外部表格　单击“插入”选项卡中“文本”组的“对象”按钮，将打开“插入对象”对话框，如图 4-40 所示，选中“由文件创建”项，单击“浏览”按钮，找到目标文件，即可引入外部其他对象，如电子表格等。

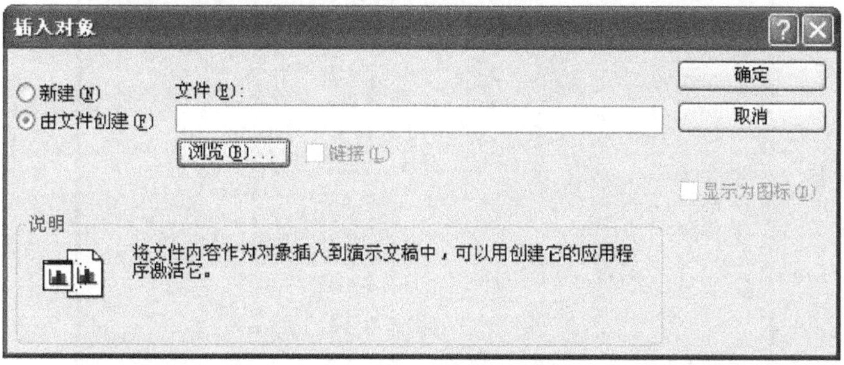

图 4-40　“插入对象”对话框

4. 表格设置

（1）输入内容　在表格的单元格中单击，输入相应文本或数据。

（2）应用样式　单击“表格工具｜设计”选项卡中“表格样式”按钮，选择一个预设的样式应用到表格中，预设样式包括“文档最佳匹配对象”“浅”“中”“深”四大类。如果对预设样式不满意，可以自定义样式，即通过“底纹”“边框”“效果”等分别进行设置。

（3）改变布局　单击“表格工具｜布局”选项卡（如图4-41所示），在此可以进行添加行、列，合并或拆分单元格，对齐，分布等操作。

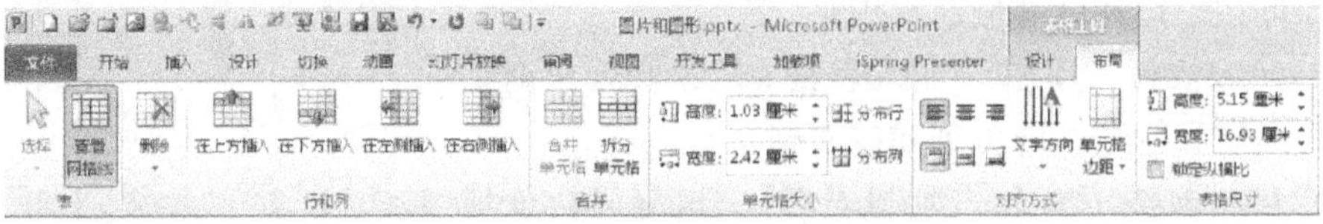

图4-41　“表格工具｜布局”选项卡

（4）综合实训　设计和绘制自己的课程表。

答：

5. 创建图表

单击“插入”选项卡中“图表”按钮，打开“插入图表”对话框，如图4-42所示。

在对话框中选择一种合适的图表类型，单击“确定”按钮后将出现Excel电子表格工作界面，它与幻灯片页面并排在一起，在电子表格中输入相应数据，幻灯片中图表同时发生变化，输入完成后可以关闭Excel电子表格程序。

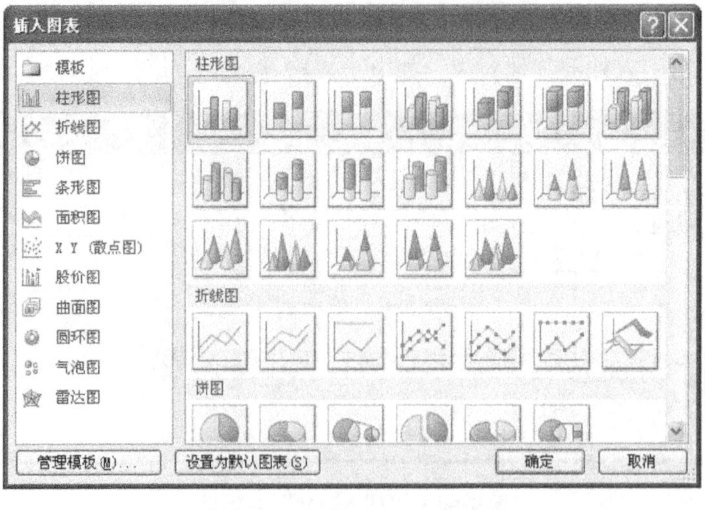

图4-42　“插入图表”对话框

6. 图表设置

插入图表后，在选项卡中会出现“图表工具”选项，包括“设计”“布局”“格式”3 个选项卡，可以对图表进行多项设置。请尝试使用各个功能。

任务 4 多媒体技术

这里的多媒体指音频、视频和 Flash 动画。PPT 并不支持所有的媒体格式，只支持常用的一些媒体格式，如音频格式主要有 mp3，wma，wav，mid 等；视频格式主要有 avi，mpg，wmv，asf 等（新版本支持 mp4）；Flash 动画格式为 swf。需要将其他格式的文件转换为可用格式才可以插入 PPT 中（或通过链接方式调用）。

1. 插入音频

单击“插入”选项卡中的“音频”按钮，下拉菜单中提供了 3 种插入方式：文件中的音频、剪贴画音频和录制音频，如图 4-43 所示。PPT 制作中最主要是用“文件中的音频”。

单击“文件中的音频”选项，在打开的“插入音频”对话框中找到音频文件，单击“插入”按钮，此时幻灯片上会出现喇叭图标和播放控制条，同时选项卡中增加了“音频工具”选项，其中，“格式”选项卡可对图标外观进行设置，“播放”选项卡可对音频播放进行设置。“音频工具 | 播放”选项卡如图 4-44 所示。

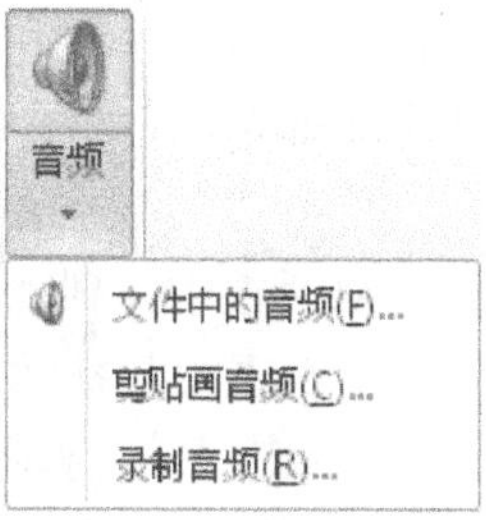

图 4-43 “音频”菜单

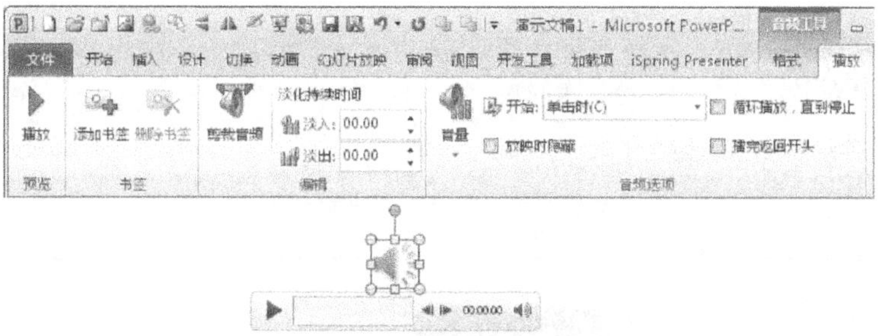

图 4-44 “音频工具 | 播放”选项卡

2. 音频设置

（1）*音频编辑* 单击“剪裁音频”，在打开的对话框（如图 4-45 所示）中通过拖动开始和结束标志或填写具体时间来设置音频开始时间和结束时间；“编辑”组可以设置“淡入”和“淡出”时间；“音频选项”组可以设置“音量”的强弱。

（2）*设置播放方式* 单击“音频工具 | 播放”选项卡中的“开始”按钮，弹出的下拉菜单中出现 3 种方式：“自动”表示音频将在幻灯片开始放映时播放，直到音频结束；“单击时”表示幻灯片放映时音频不会自动播放，需要单击音频图标或控制按钮才播放；“跨幻灯片”表示音频播放会从一张幻灯片延续到下面的幻灯片，通常在设置背景音乐时选择。

在“动画窗格”相应菜单中可对音频进行更多的设置。

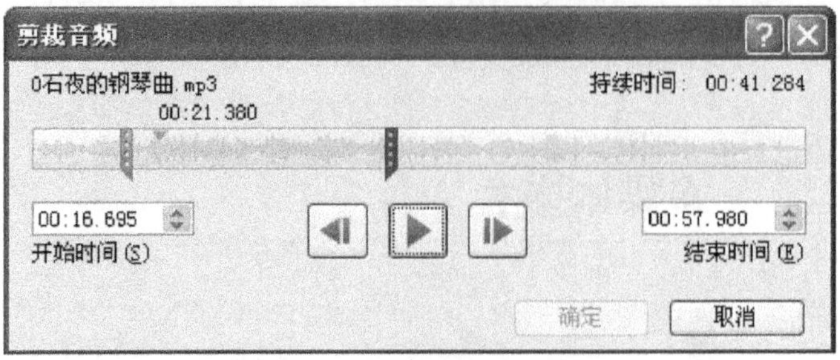

图 4-45 “剪裁音频”对话框

3. 插入视频

单击“插入”选项卡中的“视频”按钮，下拉菜单中提供了3种插入方式：文件中的视频、来自网站的视频和剪贴画视频。因为联网和网速问题，PPT制作中最主要是用“文件中的视频”（如图4-46所示）。

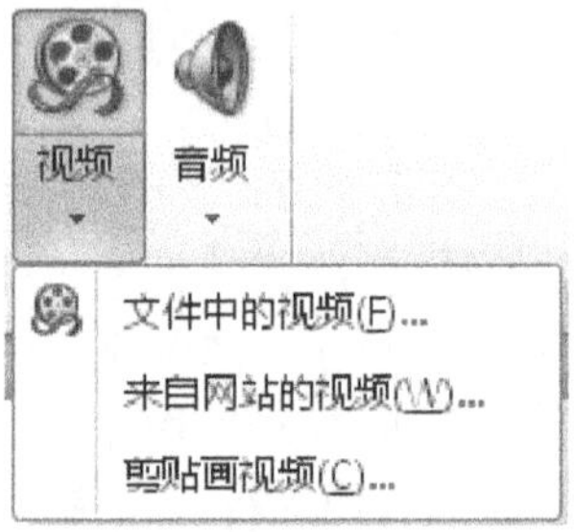

图 4-46 “视频”菜单

单击“文件中的视频”选项，在打开的“插入视频文件”对话框中找到视频文件，单击“插入”按钮，此时幻灯片上会出现视频播放窗口和播放控制条，同时选项卡中增加了“视频工具”选项。其中，“格式”选项卡可设置图标外观，“播放”选项卡可设置视频播放。“视频工具|播放”选项卡如图4-47所示。

图 4-47 “视频工具|播放”选项卡

4. 视频设置

（1）视频编辑　单击“剪裁视频”按钮，在打开的对话框（如图4-48所示）中通过拖动开始和结束标志或填写具体时间来设置视频开始时间和结束时间；“编辑”组中可以设置“淡入”和“淡出”时间；“视频选项”组中可以设置“音量”的强弱。

图 4-48 “剪裁视频”对话框

（2）设置播放方式　单击“视频工具|播放”选项卡中的“开始”按钮，弹出的下拉菜单中出现两种方式：“自动”表示视频将在幻灯片开始放映时播放，直到视频结束；“单击时”表示幻灯片放映时视频不会自动播放，需要单击视频窗口或控制按钮才播放。用户可以根据需要设置“全屏播放”“未播放时隐藏”“循环播放”“播完返回开头”等。

（3）设置视频播放效果　单击“视频工具|格式”选项卡（如图 4-49 所示），可以对视频播放效果进行多种设置。

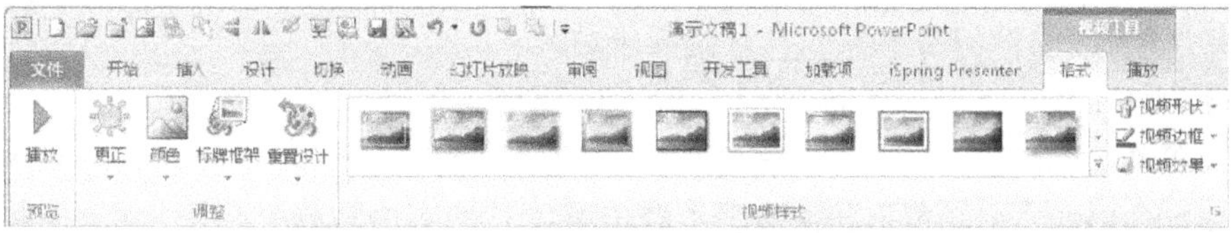

图 4-49 “视频工具|格式”选项卡

设置视频标牌框架：标牌框架是指视频文件没有正式播放时所展示的画面，默认是视频的第一帧画面，可以根据需要将“文件中的图像”或播放过程中的某画面设置成“当前框架”，以便能更好地说明视频。

调整视频：通过“调整”组中的“更正”按钮可以调整视频的亮度与对比度；“颜色”按钮可以改变视频的颜色模式；利用“视频样式”或设置“视频形状”“视频边框”“视频效果”等可以改变视频播放效果。

注意

利用上述方法也可以插入 swf 格式的 Flash 动画文件，不同的是，它没有播放条，也不能进行剪裁等处理。

巩固练习

回顾：通过本项目的实训，读者掌握了如何在幻灯片中添加各种多媒体对象及处理技巧，正是因为PPT支持多种媒体，它才成为制作多媒体课件的利器。

练习：请完成以下习题。

1. 填空题

（1）PPT中支持的Flash动画格式是______________。

（2）PowerPoint 2010插入视频有______________、______________、______________3种方式。

（3）标牌框架指的是______________。

2. 选择题

（1）PPT不能直接支持的音频格式是________。

A. mp3　　B. wav　　C. wma　　D. ape

（2）PPT不能直接支持的视频格式是________。

A. flv　　B. avi　　C. wmv　　D. mpg

（3）PowerPoint不具备的图像处理功能是________。

A. 删除背景　　B. 调整颜色

C. 去除水印　　D. 设置艺术效果

（4）“选择窗格”命令在________选项卡中。

A. 开始　　B. 插入　　C. 设计　　D. 视图

3. 简答题

列出SmartArt图形的主要种类及表达的关系。

项目 4.4 PPT 的动画技术

如同演出一样，动态演示是多媒体课件的一个重要演示方式，它可以创设情境，突出重点、突破难点，控制信息的流程，很好地描述事物的运动、发展过程及事物之间的关系。PPT 中可以通过引入外部动画对象、设置幻灯片切换和对象动画实现动态演示。

实训目标

① 掌握幻灯片切换的设置方法。
② 掌握 4 种动画方式的特点和设置技巧。
③ 了解动画在教学中的作用及使用注意事项。

知识准备

1. PPT 动画种类

PPT 动画包括外部动画和内部动画两大类，外部动画指直接插入外部动画素材，如 gif 动画、swf 动画或视频，这在上一任务中做过；内部动画是指在 PPT 中可以给各种对象设置动画，它又包括两种形式：一是页面与页面之间的切换；另一种是页面内各多媒体对象的动态效果，包括对象的进入、强调、退出和路径动画。

为了吸引观众的眼球，达到最佳演示效果，演示软件在版本升级中不断提升动画功能，追求更酷炫的动态效果。如幻灯片切换效果中，PowerPoint 2003 中只提供了简单的平面切换效果如插入、推出、淡入、淡出等；而 PowerPoint 2010 提供了更多的幻灯片转换效果，分为细微型（包括淡出、推进、擦除、显示、随机线条、覆盖等 11 种基本效果）、华丽型（包括溶解、涟漪、碎片、翻转、门、立方体等 16 种 3D 转换特效）和动态内容型（包括摩天轮、传送带、窗口、轨道、飞过等 7 种效果），更高版本的 PowerPoint提供的切换效果更多，这能够帮助用户轻松地制作出具有视觉表现力和冲击力的 PPT。

2. 动画在教学中的作用及使用注意事项

动画具有直观、形象、生动、可控等特点，在教学中恰当地运用动画，可以起到如下作用：一是创设情景，激发学生的学习兴趣；二是动态展示，更好地传达教学信息，吸引学生的注意；三是效果多样，有利于突出教学重点、突破教学难点，更好地表达事物的运动、变化过程，描述实验过程，理清事物之间的关系；四是灵活掌控，通过教师的诱导促进学生的思维。

适当的动画可以提升教学效果，但不遵循教学规律滥用动画反而会影响教学效果，如太多、太花哨的动画或不恰当的音响效果设置容易造成喧宾夺主，分散学习者的注意力；不恰当的动画设置反而影响教学内容的有效传达；太快的动画让人眼花缭乱，太慢的动画会使学习者焦躁而失去耐心；太多步骤的动画会将教学内容支离破碎，影响对教学内容的整体掌握；不恰当的模拟动画会影响教学内容的真实性，造成误解；太烦琐的动画需要大量时间去制作（因为 PPT 只提供规定样式的动画，制作复杂动画不是它的强项，因此要制作复杂动画，宜用专门的动画制作工具或软件如优芽、Flash 制作后插入）。

因此在课件制作中，应注意从教学规律和教学需要出发设计动画，如幻灯片切换应注意两个页面内容的关系；动画设置应注意各种动画的特点。例如，进入动画反映了 PPT 对象从无到有、陆续出现的动画效果；强调动画通过形状或色彩变化来吸引观众注意；退出动画是进入动画的逆过程，是对象从有到无、陆续消失的过程；路径动画是让 PPT 对象按设定路径运动的过程。另外，可以根据需要设置动画对象是整体出现还是分步出现等。

实训过程

任务 1 设置幻灯片的切换

1. 为幻灯片添加切换

选择要添加切换的幻灯片，单击“切换”选项卡“切换到此幻灯片”组的“其他”按钮 ，在弹出的下拉列表中选择合适的切换样式，并单击“效果选项”按钮，选择合适的切换效果。幻灯片的“切换”选项如图 4-50 所示。

2. 设置切换方式

在“计时”组中，可以设置换片方式：选中“单击鼠标时”，表示切换只会在单击鼠标时启动；选中“设置自动换片时间”并在其后的文本框中设置确切的时间，切换将在指定的时间后自动进行。单击“声音”下拉按钮，可以设置切换时的声音，可以用系统预设的声音，也可以导入“其他声音”，注意这里只支持 wav 格式的声音文件。此外，可以设置持续时间，但教学 PPT 不宜过长，以短于 2 秒为宜。

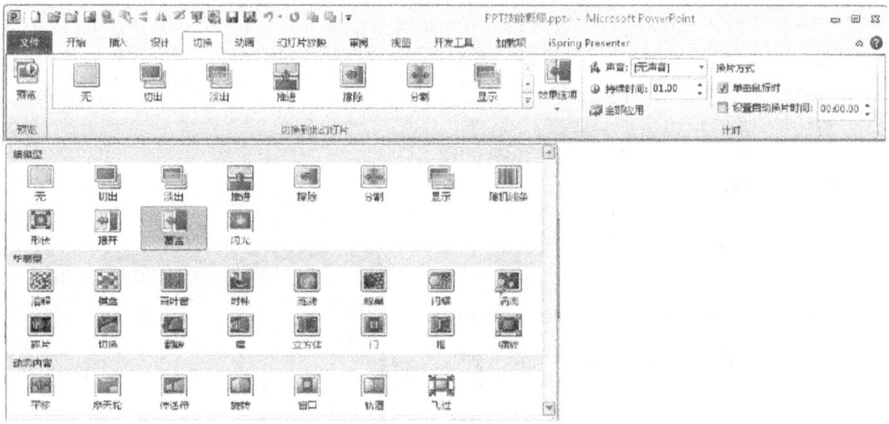

图 4-50 幻灯片的“切换”选项

任务 2 设置幻灯片中的动画

1. 为幻灯片中对象添加动画

选择要添加动画的对象，单击“动画”选项卡“动画”组的“其他”按钮，在弹出的下拉列表中选择合适的动画类型和样式，并单击“效果选项”按钮，选择合适的动画效果。幻灯片的“动画”选项卡如图 4-51 所示，“动画效果”选项如图 4-52 所示。

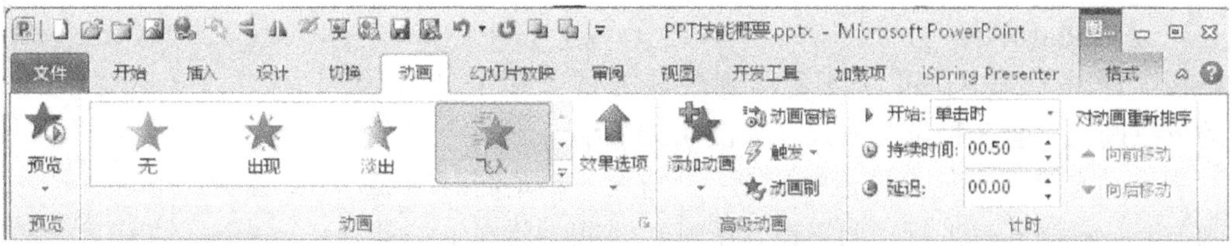

图 4-51 幻灯片的“动画”选项卡

单击“高级动画”组中的“添加动画”按钮，在弹出的下拉菜单中选择合适的方式为对象添加动画，且这种方式可以对一个对象设置多个动画。单击下方的“更多”选项可以打开更详细的动画类型对话框进行设置。

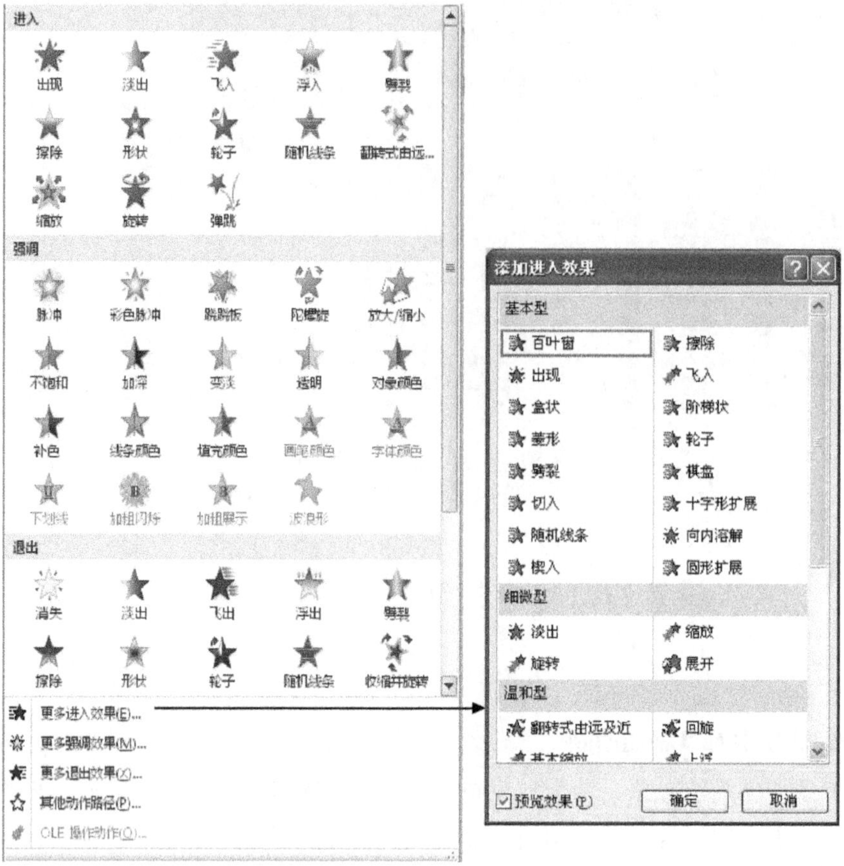

图 4-52 “动画效果”选项

2. 设置动画方式

在“计时”组中，可以设置动画放映方式。单击“开始”旁的下拉按钮，有 3 种设置方式，如图 4-53 所示。其中，“单击时”表示动画只会在单击鼠标时启动；“与上一动画同时”表示动画与上一动画同时进行，如果设置了延迟时间，将在上一动画开始后延迟设定时间后运行动画；“上一动画之后”表示上一动画结束后自动运行该动画。通过“持续时间”可以设置动画的持续时间；通过“延迟”可以设置动画的延迟时间；通过“对动画重新排序”中的“向前移动”和“向后移动”可以改变动画的播放次序。

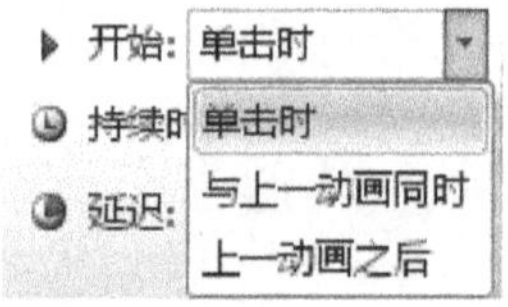

图 4-53 动画开始方式

3. 动画窗格的使用

单击“动画”选项卡的“高级动画”组的“动画窗格”按钮，右侧将开启“动画窗格”，其中列出了幻灯片上所有动画的情况，不同种类的动画用不同颜色的图标标示，从上到下表示动画运行次序，拖动可以改变顺序。单击窗格中某一项目右侧的下拉按钮，会弹出更详细的设置菜单；如果单击“显示高级日程表”会在项目旁出现橙色方块，直观显示动画的开始时间、持续时间和结束时间，可以拖动或拉伸方块来改变时间。

当幻灯片中对象和设置的动画比较多时，可以打开“选择窗格”来辅助操作，准确选择对象设置动画。

“动画窗格”和“选择窗格”如图 4-54 所示。

图 4-54 “动画窗格”和“选择窗格”

任务 3 PPT 动画设计制作案例

1. 人造卫星绕地球旋转

扫一扫

“人造卫星绕地球旋转”动画制作

（1）素材准备 搜集星空背景图片（星空 . gif）、地球（地球 . jpg）、人造卫星图片（卫星 . png，透明背景）、音乐（音乐 . wav）。

（2）新建空白幻灯片，设置背景 在幻灯片页面上右击，在弹出的快捷菜单中单击“设置背景格式”，打开相应的对话框，如图 4-55 所示。在对话框中，单击“填充”标签，点选“图片或纹理填充”，单击“插入自：文件（F）...”按钮，找到“星空 . gif”，单击“确定”按钮。取消“将图片平铺为纹理”选项，“关闭”对话框。

（3）插入地球和卫星图片 单击“插入”选项卡中的“图片”按钮，在打开的对话框中找到“地球 . jpg”和“卫星 . png”，分别插入，适当改变图片大小。选择地球图片，单击“格式”选项卡中的“删除背景”命令，去除地球图片周围的背景。

（4）设置卫星动画 选择卫星，单击选项卡“动画”中“其他”按钮 ，在弹出的菜单中选择“动作路径”（如图 4-56 所示）中的“形状”，它是一个环状路径，适当拉伸和改变路径的大小、拖动改变位置；单击选项卡“动画”中“开始”，选择“与上一动画同时”，设置合适的“持续时间”；单击“动画”选项卡中“动画窗格”按钮，在右侧打开的动画窗格中找到“卫星”对象，在右键快捷菜单中选择“效果选项”打开的对话框（如图 4-57 所示）中，设置“路径”为“锁定”，“平滑开始”“平滑结束”“弹跳结束”时间都为“0 秒”，单击“声音”右侧下拉按钮 ，选择“其它声音”，在打开的对话框中找到“音乐.wav”插入；单击“计时”标签，设置“重复”为“直到幻灯片末尾”，以保证卫星一直运动。

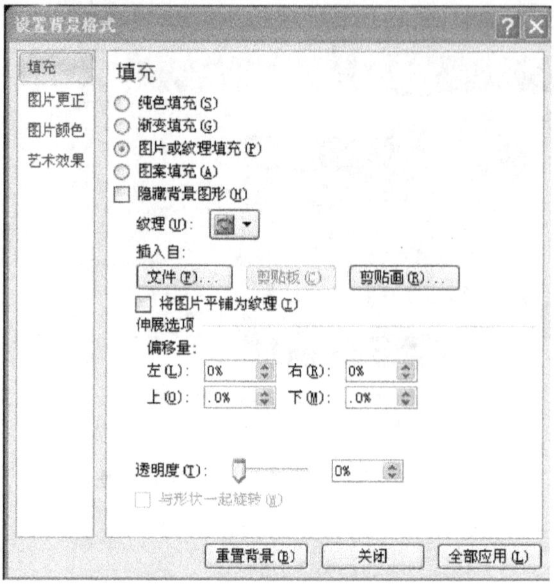

图 4-55　“设置背景格式”对话框

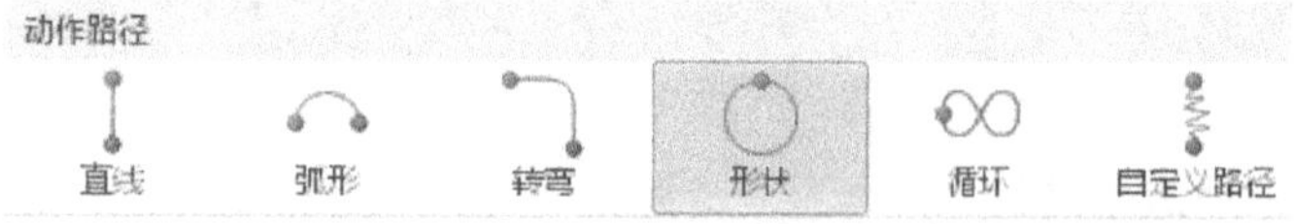

图 4-56　“动作路径”动画预设

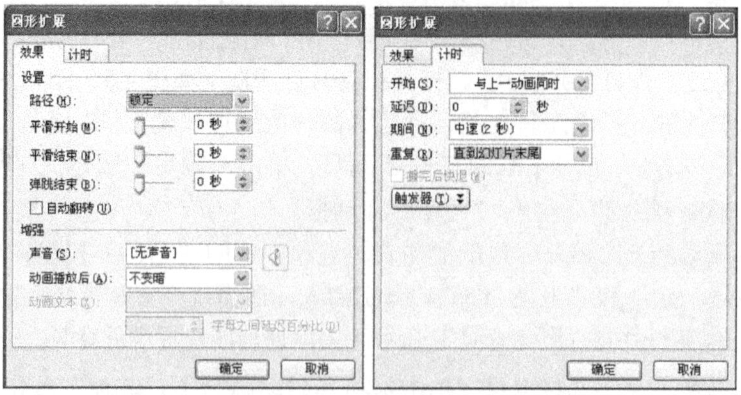

图 4-57　动画“效果选项”对话框

（5）设置遮挡　运行动画，可以发现，卫星始终在地球前面运动，并没有围绕地球运动，卫星在上半部分运动时应该在地球背后。按住【Ctrl】键拖动地球，复制一个相同的地球（用复制、粘贴也可以），在右键快捷菜单中选择“置于顶层|上移一层”，单击“格式”选项卡中“裁剪”按钮，裁剪下半部分。将上半地球与下面地球对齐重叠，如图 4-58 所示。

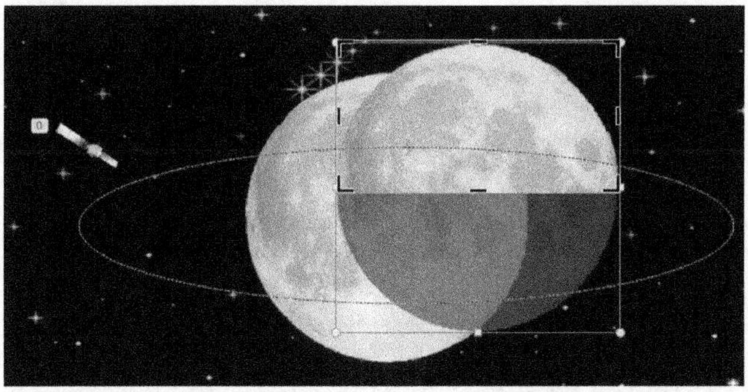

图 4-58 “卫星绕地球旋转”动画各对象关系

（6）播放动画　观看效果，做适当修改。

2. 单摆运动

单摆运动是单摆围绕某一中心做小角度来回往复运动。

（1）绘制单摆　单摆由一条线和一个圆（填充背景）组合而成。因为 PPT 中的陀螺旋动画是围绕对象中心的旋转动画，为了使单摆围绕其顶点摆动，将单摆复制一份，并垂直翻转与原单摆对齐，把所有对象组合，此时组合对象中心在摆的顶点。将上半个单摆的线和圆设置为无填充，即透明不显示。将整个对象旋转一定角度，即摆的初始角度。

扫一扫

“单摆运动”动画制作

（2）设置动画　选中组合对象，单击“动画”选项卡中“添加动画”按钮，在打开的对话框中选择“强调”组的“陀螺旋”，单击“动画窗格”，选中动画对象，在右键快捷菜单中选择“效果选项”，在打开的对话框中设置“数量”为“40°逆时针”，方法是在“自定义”旁的空格处输入“40”，并按回车键【Enter】确定，并保证单摆来回摆动，应勾选“自动翻转”；单摆的摆动不是匀速的，可以在“平滑开始”和“平滑结束”中填入适当的时间，这样就有加速和减速的过程。单击“计时”标签，设置“重复”为“直到幻灯片末尾”，以保证单摆一直来回摆动。“单摆运动”动画及设置如图 4-59 所示。

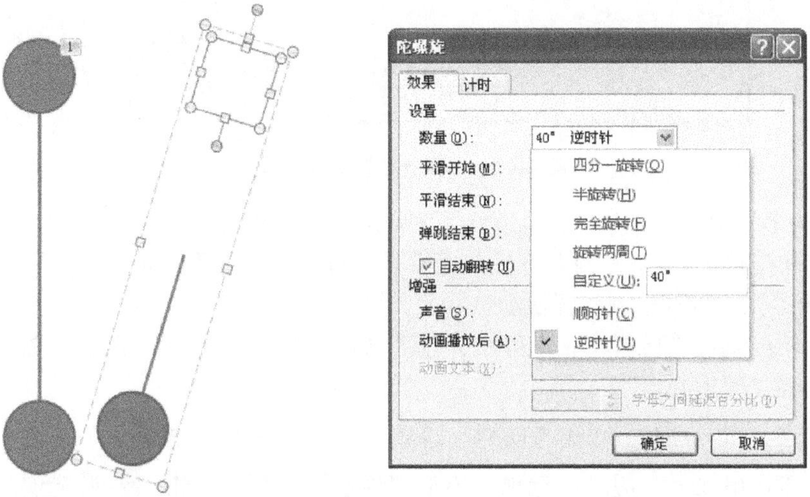

图 4-59 “单摆运动”动画及设置

注意

利用此法可制作钟表指针旋转、物体晃动或摇动、关节运动和机械旋转等动画。

3. 倒计时动画

该动画效果由倒计时 5，4，3，2，1，0 加开幕动画组成，相应由两张幻灯片实现。

扫一扫

“倒计时”动画制作

① 新建两张空白幻灯片，设置背景为深色。

② 在第一张幻灯片中心添加文本框，输入文字“5”，字体设置为粗黑体，字号尽量大一些（如 300 磅以上），适当添加效果。按住【Ctrl】键，拖动文本框，复制出相同的五个文本框（或进行复制、粘贴），并改文字分别为4，3，2，1，0。选中所有文本框，单击“开始”选项卡“排列”组中“对齐”选项中的“左对齐”和“顶端对齐”，将所有文本框重叠，适当改变位置让它们在幻灯片中心。

选中所有文本框，单击“动画”选项卡，添加合适的“进入”动画（如淡出），在“计时”组中设置“开始”为“上一动画之后”，“持续时间”为“01.00”（1 秒），单击“动画窗格”按钮，在动画窗格中选中所有动画对象，在右键菜单中选择“效果选项”，设置“声音”为“click. wav”，“动画播放后”为“下次单击后隐藏”，单击“确定”按钮，如图 4-60 所示。

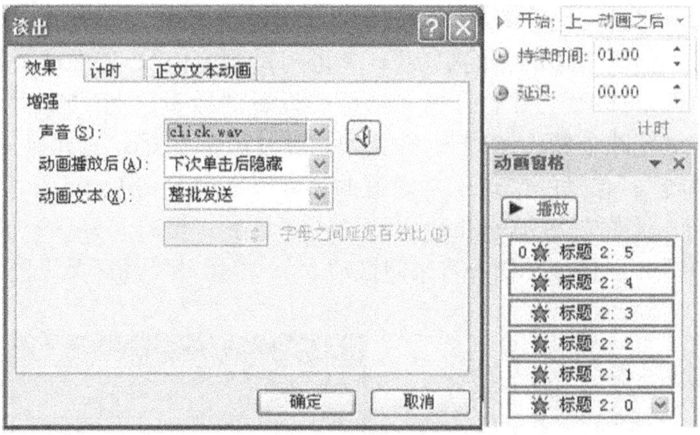

图 4-60 “倒计时”动画设置

单击“切换”选项卡，在“换片方式”中勾选“设置自动换片时间”（默认 00.00.00），取消勾选“单击鼠标时”。幻灯片在播放完动画后自动切换到第二张幻灯片。

③ 在第二张幻灯片中制作开幕动画。

添加对象：插入“顶幕布、左幕布、右幕布”图片，并将“顶幕布”图片设置为顶层；添加文字“演出开始”。

选择“左幕布”图片，单击“动画”选项卡中的“其他”按钮 ，在弹出的菜单中选择“更多退出效果丨切出”选项，单击“确定”按钮。单击“效果选项”按钮，选择“到左侧”选项，在“计时”组中设置“开始”为“与上一动画同时”，“持续时间”

为“03.00”(3 秒)。在幻灯片中再次选中“左幕布”图片，单击“高级动画”组中“动画刷”按钮，到幻灯片中“右幕布”图片上单击，这样就把“左幕布”图片的动画样式应用到“右幕布”图片上，单击“效果选项”按钮并选择“到右侧”选项。

选中“演出开始”文本框，设置一种合适的动画，如缩放。在“计时”组中设置“开始”为“上一动画之后”，设置合适的持续时间。

“开幕”动画设置如图 4-61 所示。

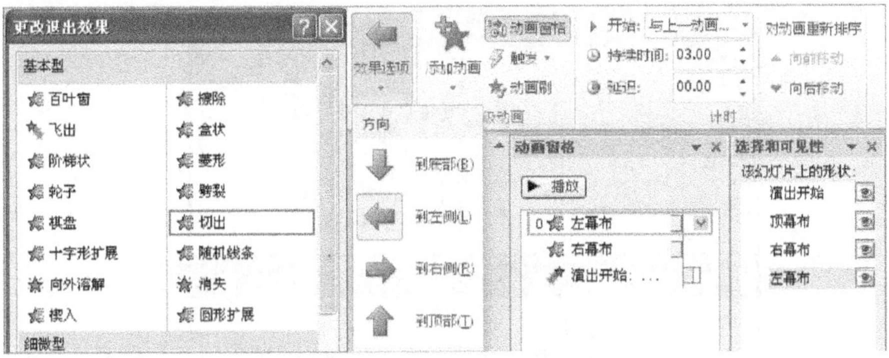

图 4-61 “开幕”动画设置

4. 课件片头动画设计制作

片头是课件的开始，主要作用是揭示课件的主题，创设情景，引发学习者的兴趣，一般以与课件内容相关的图文、声音及其他媒体对象自动播放，具体制作上可以放置在一张幻灯片上，也可以设置在多张连续播放的幻灯片上。这里以“三国演义赏析”片头动画设计制作为例。

扫一扫

“课件片头”设计与制作

(1) 设计　在古朴沉重的背景上，伴随主题曲，下方一些场景图片以走马灯效果滚动，同时三国重要人物以透明背景方式在幻灯片上出现、消失，最后打出文字“三国演义赏析”。

(2) 素材准备　搜集背景图片（背景图片.jpg)、主题曲（主题曲.mp3)、场景图片 10 幅、主要人物 png 透明背景格式图片 10 幅。

(3) 设置背景　将“背景图片.jpg”设置为背景；单击“插入”选项卡中“音频”组中的“文件中的音频”按钮，找到“主题曲.mp3”并插入；单击“动画”选项卡中的“动画窗格”按钮，选中音频，设置“开始”为“与上一动画同时”，“持续时间”为“自动”，在右键菜单中打开“效果选项”，设置“停止播放”为“当前幻灯片之后”，将音频的喇叭图标拖到幻灯片外适当位置（目的是使幻灯片演示时屏幕上不出现喇叭图标）。

(4) 制作走马灯效果　走马灯效果是一种首尾相连、循环滚动的效果。单击“插入”选项卡中的“图片”按钮，同时选中 10 幅场景图片，插入幻灯片中。在右键菜单“大小和位置”选项，打开“设置图片格式”对话框的“大小”设置项（如图 4-62 所示)，设置图片宽度为幻灯片宽度除以 5，例如标准 4∶3 的尺寸为宽度 25.4 厘米，高度 19.05 厘米（可到页面设置中查询），此时设置图片宽度为 25.4/5 = 5.08 厘米，这样 5 张图片相连就是 1 张幻灯片的宽度，10 张图片相连就是 2 张幻灯片的宽度，可以保证自然的首尾相连效果。此外，还可以给图片添加一些阴影或映像效果等。拖动各张图片将它们首尾相连并排列整齐（可用“排列”功能）。

选中 10 张图片，在右键菜单中选择“组合 | 组合”项，将它们组合成一个长条图片。单击“动画”选项卡“添加动画”组“动作路径”选项中的“直线”项，默认是向下运动，拖动控制柄，使直线水平，并使起点在幻灯片左侧，终点在幻灯片右侧（由于长图片一半在幻灯片外，可以调整视图比例观看整体效果）。片头动画对象分布及设置如图 4-63 所示。

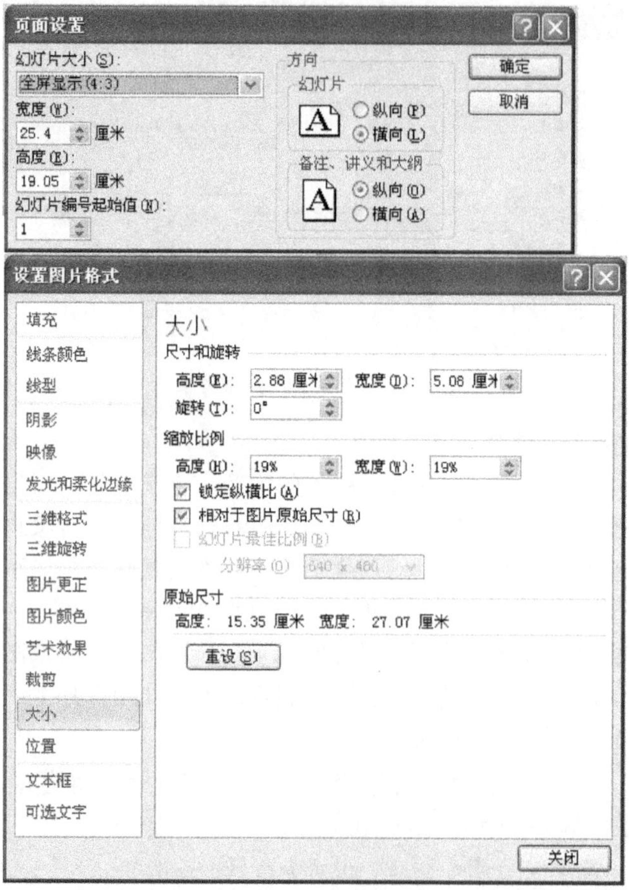

图 4-62 图片宽度设置

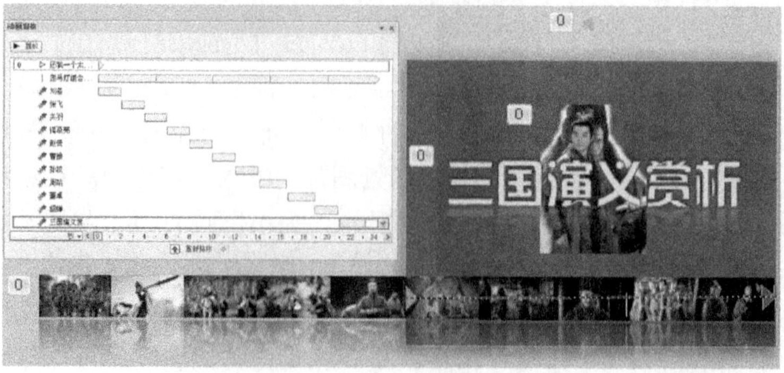

图 4-63 片头动画对象分布及设置

在“动画窗格”选择组合对象，右键菜单“效果选项”对话框中设置“平滑开始”“平滑结束”“弹跳结束”都为“0 秒”；“计时”对话框中设置“开始”为“与上一动画同时”，“期间”设置为“5 秒”，“重复”设置为“直到幻灯片末尾”。

（5）制作人物透明图片交替出现、消失动画 单击“插入”选项卡中的“图片”按钮，同时选中 10 幅人物 png 格式图片，插入幻灯片中。改变图片大小并拖动至幻灯片中央，单击“开始”选项卡“排列”组中的“顶端对齐”和“左对齐”，将它们重叠；单击“动画”选项卡，选择一种进入动画应用到 10 张图片上；打开“动画窗格”，在右键菜单的“效果选项”中将“动画播放后”设置为“播放动画后隐藏”，“开始”设置为“与上一动画同时”，“持续时间”设置为“2 秒”。

在“动画窗格”中选择右键菜单中的“显示高级日程表”，此时“动画窗格”中每个对象后出现时间进度条，将“动画窗格”从右侧拉出成为独立窗口，并拉宽拉长使其能显示整体情况（如图 4-63 左上所示），分别拖动各个透明图片对象的时间方块，设置相邻对象出现时间的延迟分别为 2 秒、4 秒、6 秒、8 秒……，这样就实现了这些对象在同一位置的交替出现和消失。

（6）制作标题文字动画效果 插入文本框，输入“三国演义赏析”并修饰，字可以大一些、粗壮一些，颜色注意与背景反差大一些。单击“动画”选项卡的“进入”按钮，选择一种合适的动画方式并应用，设置“开始”为“与上一动画同时”，以及适当的持续时间和延迟时间。

设置逐字出现效果：“动画窗格”中选择标题对象，在右键菜单“效果选项”中设置“动画文本”为“按字母”，适当改变字母之间延迟的百分比，可以设置声音效果，如图 4-64 所示。

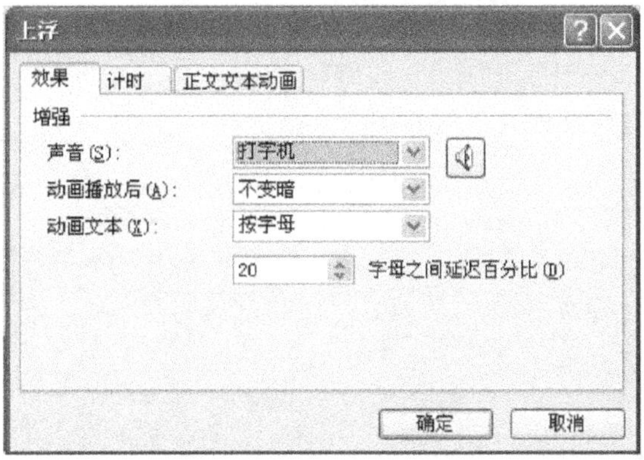

图 4-64 逐字出现效果设置

5. 绘本动画设计与制作

绘本是用图画与文字共同叙述一个故事，表达特定情感和主题的读本，它是通过绘画、文字和互动来说故事的一门艺术。绘本能够很好地培养孩子阅读的兴趣和能力，在教育教学中有广泛的运用。

纸质绘本虽然携带和使用方便，但由于画面小、图像静态等，教学效果会受到一些影响。因此，可以扫描或拍摄绘本变成数字图像，通过图像处理和动画制作，将静态绘本变成动态绘本。

扫一扫

绘本动画设计与制作

巩固练习

回顾： 通过本项目的实训，读者对PPT动画的强大功能有了一定的认识，也掌握了幻灯片切换和PPT对象动画的基本操作技巧。各种动画方式的巧妙组合，可以解决教学课件中许多动态演示的要求。

练习： 请完成以下习题。

1. 填空题

（1）PPT包含外部动画和内部动画两大类，外部动画有________、________、________；内部动画有________、________。

（2）PowerPoint 2010的幻灯片切换有________、________、________三大类。

（3）PPT动画有________、________、________、________四种方式。

2. 简答题

（1）谈谈动画在教学中的作用和使用注意事项。

（2）逐字出现动画效果如何设置？

项目 4.5

PPT 的交互技术

交互性是课件区别于其他教学媒体的重要特征，即在课件中，以一定的交互方式进行人与计算机之间的对话，实现人机之间的信息交流与反馈。这样，课件使用者可以掌控课件内容的出现顺序和形式，向课件输入不同的信息，得到不同的反馈信息，再根据反馈信息调整课件使用进程。在 PPT 中利用超链接、动作设置、触发器及 VBA 等可以实现各种交互。

实训目标

① 掌握超链接、动作设置实现内容跳转的方法。

② 掌握触发器的使用技巧。

③ 简单了解 VBA 技术在 PPT 中的应用。

知识准备

1. 交互界面

人机交互是通过交互界面进行的，用户通过交互界面向计算机输入信息，进行查询、操纵和控制，计算机则通过交互界面向用户提供信息，以供阅读、分析和判断。交互界面设计应考虑用户特点，方便操作，这样用户可以通过硬件设备（如键盘、鼠标、触摸屏、监视器等）对显示的教学信息作出反应，完成人机交互。

常用的人机交互界面有窗口、菜单、图标、按钮、对话框等。

2. 导航

超媒体技术的采用可使传统的线性教学结构转变为跳转灵活的网状结构。网状结构能使教学更为灵活、促进学生的联想、实施因材施教，但也容易引发迷航现象。为此，需要在课件中设置导航，让学习者明确自己的学习路径，清楚自己所处的位置。

常用的导航策略有检索（标题、检索词、时间轴、知识树等）、线索、帮助、浏览、演示导航等，具体体现方式有导航图、按钮、图标、关键词、标签、序号等形式。

3. 超链接和动作设置

超链接和动作设置都是内容跳转技术，可以实现从课件中某一内容跳转到其他内容上，从而使课件具有非线性结构，在应用时可根据需要灵活组织教学内容和过程。

在制作时应注意“链源”和“链宿”的设置：链源指要添加超链接或动作设置的对象，它可以是文字、图形图像、按钮等；链宿指跳转的位置，它可以是某幻灯片、外部文件、网页、电子邮件等。

超链接只能实现单击操作，而动作设置可以实现单击和“鼠标经过”操作。

4. 触发器

触发器相当于一个“开关”，通过它可以控制 PPT 中动画元素（包括音频视频）的开始运行，在 PPT 中，图片、图形、按钮、文本框等都可以作为触发器。触发器的出现，改变了原来动画元素只能按顺序出现的规则，可以通过单击触发器播放相应的动画元素，从而实现“判断”或“选择”等效果。

用超链接和动作设置也可以实现“选择”，但它们是通过跳转来实现的，而触发器仅限在同一幻灯片中使用，通过它实现指定动画播放。

5. VBA

Visual Basic for Applications，是 VB（Visual Basic）的一种宏语言，用来扩展 Windows 的应用程式功能。利用 VBA 可以使 PPT 具备程序设计和开发功能，使 PPT 的交互更加灵活、功能更加强大。

实训过程

扫一扫

目录页面与内容页面的跳转

任务 1　目录页面与内容页面的跳转

本例 PPT 的总体结构如图 4-65 所示，它由封面、目录页面、4 张内容页面、练习页面和封底组成。演示时，通过目录页面选择相应的教学内容，单击跳转，浏览完后回到目录页面，内容全部学习完后由目录页面跳转到练习页面，最后到封底。

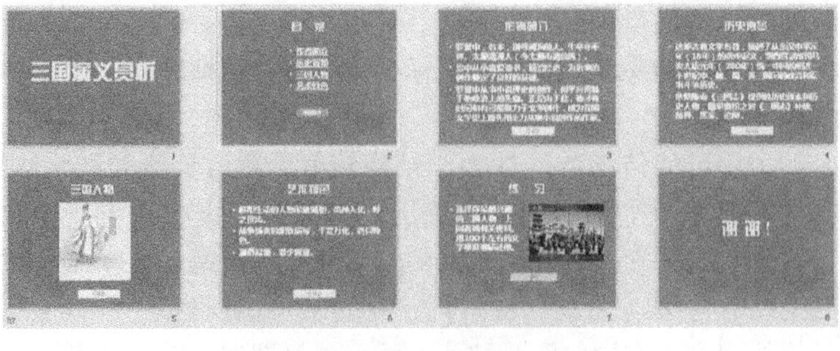

图 4-65　PPT 课件总体浏览

① 制作幻灯片：按图 4-65 所示制作各幻灯片，输入相应内容。

② 目录页面设置超链接：选中目录页面各标题，在右键菜单中单击“超链接”或单击“插入”选项卡中的“超链接”按钮，打开“插入超链接”对话框（如图4-66所示），选择相应的链接对象。这里选择“本文档中的位置”中相应的幻灯片。注意如果要链接到网页，可以选择“现有文件或网页”并在下方的地址框中输入网址，如果复制粘贴，可以用快捷键【Ctrl + V】粘贴进来。

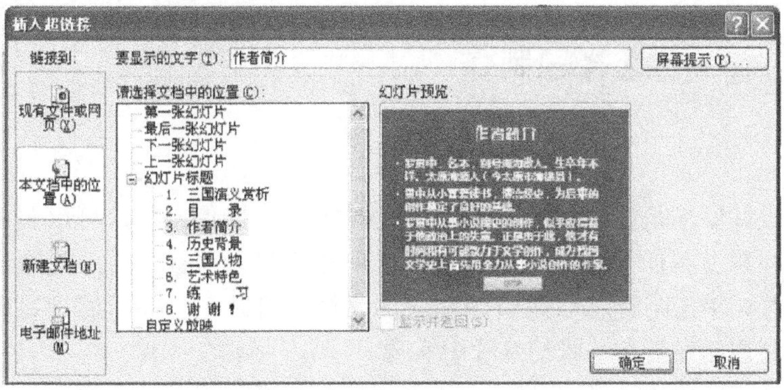

图4-66 “插入超链接”对话框

各标题文字设置超链接后，文字下方会出现下划线，同时文字的颜色会改变成超链接的样式，如果要改变超链接的文字颜色，可以单击“设计”选项卡“颜色”组中的“新建主题颜色”按钮进行修改。

如果不想出现下划线，那就不能在文字上直接设置超链接，可以用设置热区的方式实现：单击“插入”选项卡“形状”组中的“矩形”按钮，在文字区域画一矩形，在矩形上添加超链接。单击“设计”选项卡，设置矩形的“形状填充”为“无填充颜色”，“形状轮廓”为“无轮廓”。这样矩形就变成“隐形”的，但这个隐形区域的超链接存在，幻灯片放映时，鼠标移到该区域会变成小手，并出现“屏幕提示”文字（在超链接中设置），单击实现跳转。

③ 在内容页面中制作“回目录”按钮：单击“插入”选项卡“形状”组中的“动作按钮”，选择合适的按钮样式，在内容页面下方适当位置画一个按钮，此时会跳出“动作设置”对话框（如图4-67所示），其中有两个标签——“单击鼠标”和“鼠标移过”。此时选择“单击鼠标”并选中“超链接到:”单选钮，单击右侧的下拉箭头，选择“幻灯片…”，在打开的窗口中找到“目录”幻灯片，然后单击“确定”按钮。

或者，也可以先绘制一个合适的图形（如圆角矩形），添加合适的文字（如回目录），然后单击“插入”选项卡的“动作按钮”，打开“动作设置”对话框进行相应设置。

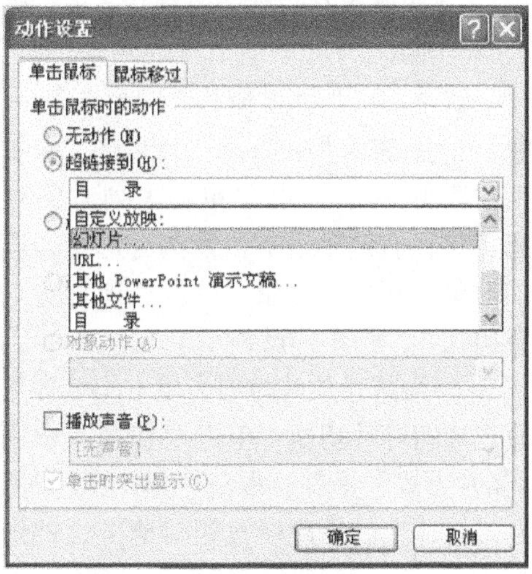

图4-67 “动作设置”对话框

复制“回目录”按钮，粘贴到其他内容页面上。

④ 目录页面上制作“练习”按钮。按照上述方法在目录页面适当位置制作“练习”按钮，跳转到“练习页面”。

⑤ 保存、测试和修改。

任务 2 选择题制作

扫一扫

选择题制作

选择题的设计要求是让学生单击选项后及时提供反馈信息。这可以利用超链接或动作设置来实现，与上一任务相似，将题目及选项作为目录页面，每一选项的反馈信息对应各内容幻灯片，单击某选项后跳转到相应的反馈幻灯片上，并返回到目录页面中重新选择；也可以利用触发器在一张幻灯片中实现。

① 在幻灯片中制作好题目内容、选项及相应的反馈信息，注意每一选项和反馈信息都是独立的文本框对象，如图 4-68 所示。

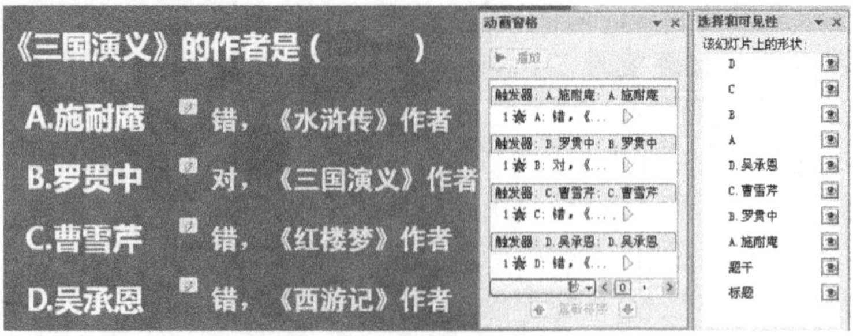

图 4-68 用触发器做选择题

② 选择所有的反馈信息文本框，添加“进入”动画。

③ 打开“动画窗格”，选择每一动画对象，在右键菜单中选择“计时”，单击触发器下拉箭头 ，点选“单击下列对象时启动效果:”，在右侧单击下拉箭头，选择合适的触发器对象（相应的对象，单击选项触发本反馈信息出现），如图 4-69 所示。

④ 为防止放映时因为单击幻灯片其他地方时造成幻灯片切换，单击“切换”选项卡中的“换片方式”按钮，取消“单击鼠标时”。同时在幻灯片上设置跳转按钮，单击跳转到其他幻灯片上。

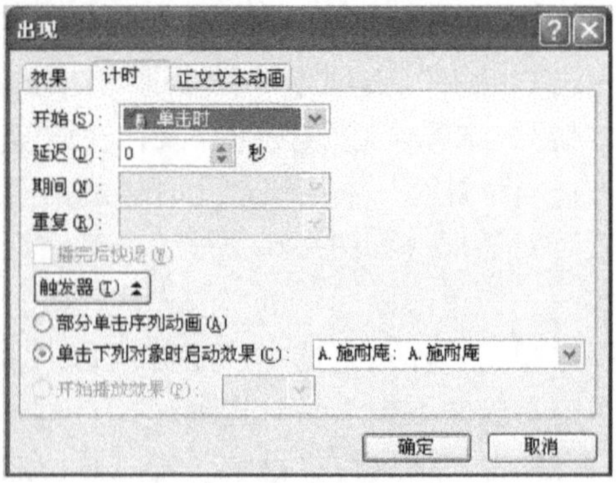

图 4-69 设置触发器

扫一扫

制作导航菜单

任务 3 制作导航菜单

导航菜单的作用是在幻灯片演示中随时能知道教学内容的位置，能跳转到其他幻灯片中。制作导航菜单的方法是在幻灯片边缘设置有各选项的导航条，并在选项上设置相应的跳转。导航条可以在一张幻灯片上做好后再复制粘贴到其他幻灯片上，也可以做在母版中。利用触发器可以实现导航条的显示与隐藏。

具有导航条的 PPT 课件如图 4-70 所示。

图 4-70 具有导航条的 PPT 课件

① 搭建 PPT 框架：课件由 8 张幻灯片组成，包括封面、目录页面、4 张内容页面、练习页面、封底。

② 设置目录页面跳转：利用本项目“任务 1 目录页面与内容页面的跳转”中设置热区的方法，为目录页面中各个对象设置超链接或动作设置，操作时能跳转到相应的幻灯片上。

③ 制作导航条：根据需要在幻灯片适当位置（本实例在页脚位置）制作相应的按钮组，本实例中包括 5 个按钮，分别是作者简介、历史背景、三国人物、艺术特色、返回目录；设置超链接到相应幻灯片。

扫一扫

VBA 应用

任务 4 VBA 应用

利用超链接、动作设置和触发器只能做简单的交互，利用 VBA 技术，可以更加灵活地实现各种交互，如实时输入文本、随机出题、拖动物体、控制各种对象等。下面通过一个实例“嵌入网页”来简单了解 VBA 的使用方法。

PPT 浏览网页一般通过超链接方式进行，但这种方法需要跳转到 PPT 外部使用，影响整体性。通过 VBA，用户可以把浏览器嵌入在幻灯片上，从而实现浏览网页的目的。

幻灯片中嵌入浏览器浏览网页效果如图 4-71 所示。

图 4-71　幻灯片中嵌入浏览器浏览网页效果

（1）放置控件对象　本幻灯片上有三个控件，即文本框、按钮、“Microsoft Web Browser”控件。

单击“开发工具”选项卡“控件”组中的“文本框”控件 ，在幻灯片适当位置画出一矩形，通过该文本框可以输入网址。单击“命令按钮”控件 ，在适当位置画出按钮，选中按钮，在右键菜单中选择“属性”项，在打开的对话框中设置“Caption”项为“打开网页”，即命令按钮上文字为“打开网页”。单击“其它控件” ，在打开的下拉列表中找到“Microsoft Web Browser”控件，在幻灯片中画出矩形范围，这个范围就是浏览器窗口。“开发工具”选项卡如图 4-72 所示。

图 4-72　“开发工具”选项卡

（2）编写 VBA 指令　双击“打开网页”按钮，在打开的 VBA 窗口（如图 4-73 所示）的光标位置输入代码“WebBrowser1. Navigate（TextBox1. Text）”后，关闭窗口回到幻灯片视图中。

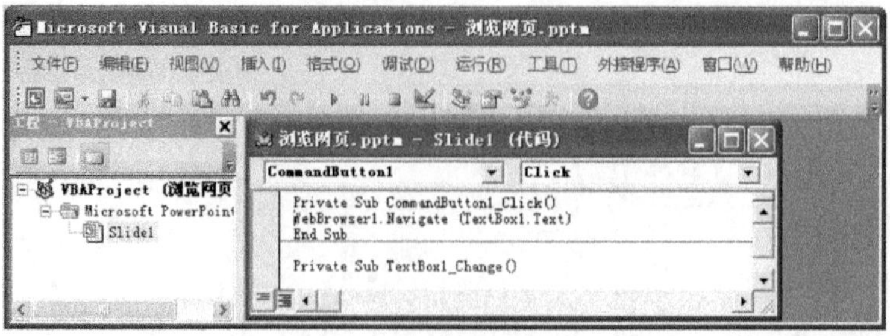

图 4-73　VBA 编程窗口

（3）设置“宏安全性”　单击“宏安全性”按钮，在打开的“信任中心”对话框中点选“启用所有宏”选项，如图 4-74 所示。

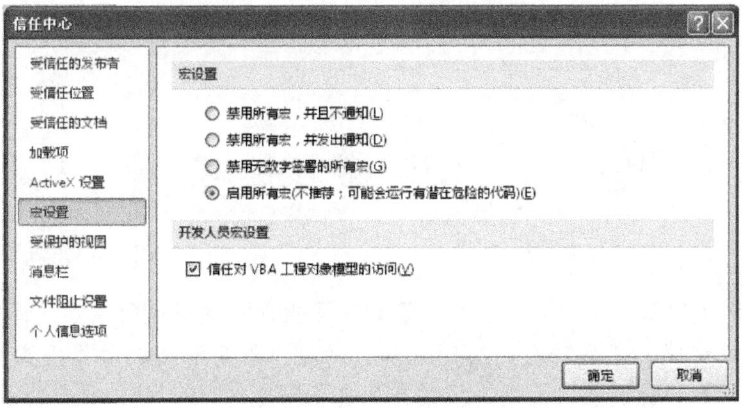

图 4-74 “宏安全性”设置

（4）运行调试，保存文件 保存文件格式为 pptm，即启用了宏的 PowerPoint 演示文稿格式。

巩固练习

回顾：通过本项目的实训，读者知道了PPT不但能按顺序进行演示，还能根据需要进行交互式演示，这使PPT课件在应用时更加灵活。应用超链接、动作设置和触发器可以实现简单的跳转和选择交互，而更高级灵活的交互需要用VBA技术来实现。

练习：请完成以下习题。

1. 填空题

（1）PPT的交互实现方式有________、________、________、________四种。

（2）PPT的超链接的“跳转到”选项有________、________、________、________四项。

（3）PPT动作设置对话框中有________、________两个标签。

2. 简答题

（1）什么是热区交互？其在PPT中是如何实现的？

（2）超链接或动作设置与触发器实现的交互有什么区别？

项目 4.6

多媒体课件设计与制作

本项目通过完整制作多媒体课件来灵活运用前面学过的知识和技能，过程分为两步：一是模仿，通过模仿案例熟悉多媒体课件从选题、设计、素材准备到制作、应用的过程；二是运用，就是自己选择一个合适的主题，设计制作多媒体课件，提高综合运用能力，力求举一反三。

实训目标

① 通过模仿案例制作，总结课件设计和制作技巧，熟悉设计制作过程。
② 通过自己选题设计制作课件，将知识技能转化为实际运用能力。

知识准备

多媒体课件设计与制作过程，如图 4-75 所示。

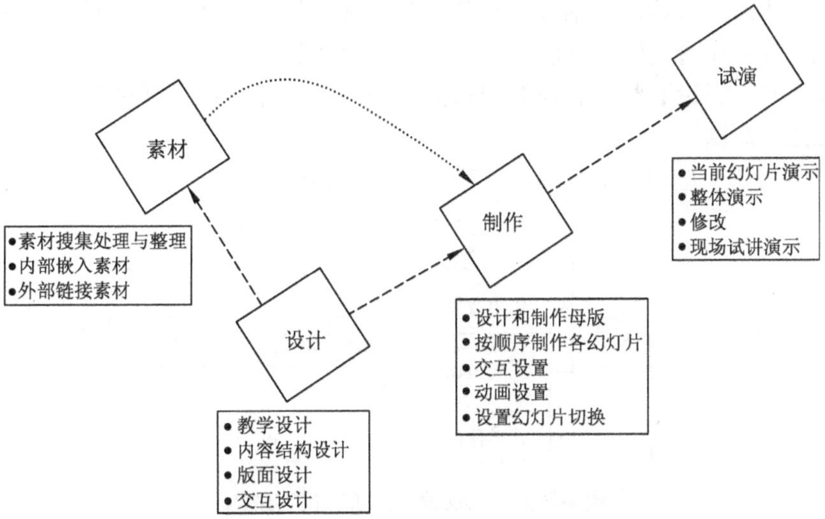

图 4-75　多媒体课件设计与制作过程

实训过程

任务 1 “三国演义赏析”PPT 课件设计与制作

“三国演义赏析”
PPT 课件设计与制作

1. 选题说明

选择《三国演义》作为课题的原因有三：第一，该课题内容丰富，适于制作多种类型的课件；第二，制作该课件可以方便地找到各种多媒体素材，通过该案例的实训能尽可能多地涉及多媒体课件设计制作的知识和技能点；第三，读者对《三国演义》比较熟悉，在实训时有亲切感，便于产生学习兴趣和模仿。

《三国演义》的内容很多，此处选择“赏析”作为主题，标题定为“三国演义赏析”，通过“作者简介、三国人物、历史背景、艺术特色”等方面来进行赏析。由于该任务的实训目的是掌握多媒体课件设计制作技巧，为避免知识技能点的重复，提高效率，在具体内容设计时做了简化处理，在选用媒体上也考虑尽可能多地包括各种类型的多媒体素材，以便将多媒体课件设计制作的各个知识和技能点都能包含进来。需要注意的是，实际应用时应根据具体情况考虑知识内容的完整性，不能省略；根据需要选择合适的多媒体素材，不一定每种类型的素材都面面俱到。

2. 设计

（1）教学设计　“三国演义赏析”面向小学高年级或初中学生，以主题探究活动形式实施，教学过程包括引导、探究、交流、总结等环节。引导环节中，教师通过本 PPT 课件，介绍《三国演义》的主要内容，指导学生赏析的方法，布置学生探究的任务；探究环节中，学生通过阅读、上网搜索资料、观看视频等方式进行自主探究和练习，形成自己的观点，并制作研究性学习报告和展示 PPT；交流环节中，通过学生展示和交流自己的探究成果，相互讨论和学习，使知识得到升华；总结环节中，对整个探究活动的成果和学习方法进行总结。

本 PPT 课件主要应用于引导环节，其内容结构如图 4-76 所示。

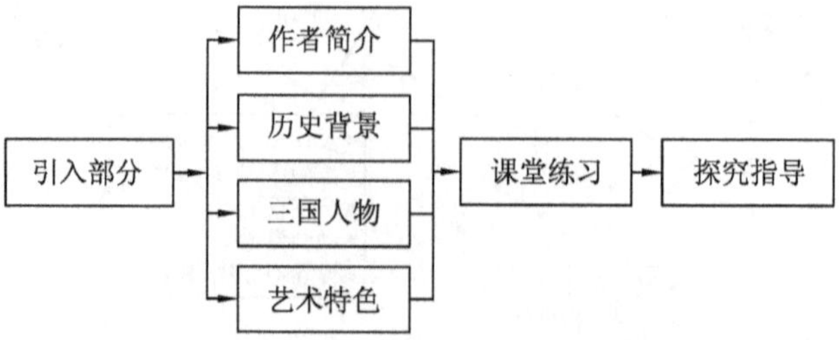

图 4-76　“三国演义赏析”内容结构

（2）课件结构设计　表 4-3 所示为课件设计脚本。为便于观看效果，界面设计用真实页面表示，实际设计时可以绘制草图。

表 4-3 “三国演义赏析”课件设计脚本

顺序	内容设计	界面设计	交互导航	素材准备	教学活动
引入	背景图上主图、人物图、标题动态进入，并伴随主题音乐		单击切换	背景图、主图、人物图、主题音频	引入课题
目录	目录文字排列整齐		各项添加超链接到相应页面，退出按钮	背景图、点缀图	明确学习内容
内容	作者简介：作者介绍文字或图片		导航按钮、资料链接	作者图片、介绍文字	阅读归纳
	历史背景：播放评书第一回、内容介绍电子书		导航按钮、资料链接、声音控制	评书音频、电子书、文字	聆听细看思考
	三国人物：人物视频、人物动画、介绍 swf 动画（3 张幻灯片）		视频、动画等可控导航按钮	人物视频、人物动画、swf 动画、文字	观看思考、归纳拓展
	艺术特色：图文介绍和资源链接		用超链接跳转到外部资源	图片、文字、资源地址	观看思考、归纳总结
评价	课堂练习		导航按钮、资源链接	文字、图片、资源地址	师生交流
拓展	课后探究指导		导航按钮、资源链接	文字、图片、资源地址	布置任务
封底	谢谢或制作者信息		退出		

3. 素材准备

课件制作涉及素材见表4-3。搜集时按素材类别分，也可按每张幻灯片分。新建文件夹“三国演义赏析课件”，将外部链接文件拷贝到该文件夹中。在系统中安装课件制作所需要的特殊字体。

4. 制作

① 新建和保存文件：打开PowerPoint，新建文件，并保存到文件夹“三国演义赏析课件”中，命名为“三国演义赏析 . pptx”。这时PPT文件与外部链接文件在同一文件夹中。

② 制作母版：单击“视图”选项卡中的“幻灯片母版”按钮，进入母版视图，设计制作母版。“关闭母版视图”，切换到正常编辑状态。

③ 制作幻灯片：根据课件设计要求，依次插入新幻灯片，并应用合理的版式和母版，按设计加入多媒体素材，并做适当设置和排版。

④ 制作交互和导航：建立目录页面上各目录文字与相应内容幻灯片的超链接。在各幻灯片页面或在母版视图中建立导航按钮并设置跳转。

建立目录页面中的关闭和跳转到练习页面的超链接。

⑤ 制作动态演示：为各页面元素设置合适的“动画”，并设置动画的属性（也可以在幻灯片制作时设置）。

设置页面切换效果和属性。

⑥ 浏览、修改、保存和发布文件。

任务2 “好饿的毛毛虫”语言课件的设计与制作

扫一扫

“好饿的毛毛虫”语言课件的设计与制作

1. 选题说明

《好饿的毛毛虫》是一个优秀的绘本故事，它色彩鲜艳，形象生动，符合幼儿阅读欣赏的年龄特点。

从认知角度来看，它表现了毛毛虫从卵到幼虫到茧到蝴蝶的整个蜕变过程，能让幼儿体会成长的过程。绘本的信息量很大，包括星期一至星期日的概念、数量、水果种类、量词、乱吃东西会吃坏肚子（健康教育因素）等，适合于多个领域的教育活动。

2. 设计

（1）*活动设计* 本课件用于辅助幼儿园中班儿童的语言活动，从问题引入，通过绘本讲解、复述、游戏、练习等形式达成如下活动目标：

- 知识与能力：感知理解故事内容，初步了解毛毛虫变蝴蝶的过程。
- 过程与方法：能比较完整地复述故事。
- 情感与态度：能够积极参与阅读活动，体验阅读活动带来的乐趣。

活动流程如图4-77所示。

图 4-77 “好饿的毛毛虫”语言课件活动流程

（2）课件设计

① 整体设计：“好饿的毛毛虫”语言课件整体结构设计如图 4-78 所示。

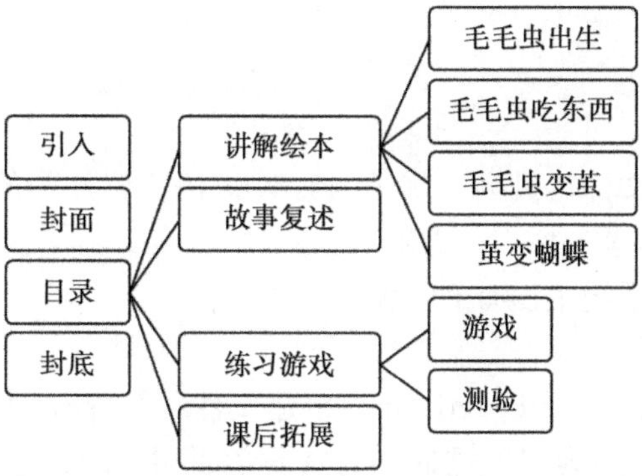

图 4-78 “好饿的毛毛虫”语言课件整体结构设计

② 具体设计和内容：本课件由引入（2 张）—封面—目录—讲解绘本（10 张）—故事复述（2 张）—练习游戏—课后拓展—封底等幻灯片组成。

（3）脚本设计 “好饿的毛毛虫”语言课件脚本设计见表 4-4。

表 4-4 “好饿的毛毛虫”语言课件脚本设计

序列	内容	素材
引入	蝴蝶飞舞情景 提问：蝴蝶小时候是什么？	蝴蝶飞舞背景 gif、 文字
	毛毛虫变蝴蝶过程	图片＋文字
封面	绘本封面、 绘本作者简介	绘本封面、 绘本作者
目录	故事讲解/故事复述/练习游戏/课后拓展	美化大师目录或用 SmartArt 做
故事讲解	绘本故事《好饿的毛毛虫》	根据绘本改编成适合讲解的动态 PPT（10 张左右的幻灯片）
故事复述	视频（只有配乐） 让幼儿对照画面复述	视频（PPT 制作或网上视频换声音）
练习游戏	练习：蝴蝶小时候是什么？ 游戏：模仿好饿的毛毛虫	交互练习：蝴蝶、毛毛虫、蛹等图片； 交互练习评价声音：错了、答对了
课后拓展	幼儿讲故事情景、要求	幼儿讲故事视频
封底	制作信息	美化大师或模板参考

3. 素材准备

① 在硬盘合适的位置新建“好饿的毛毛虫 语言课件”的文件夹，新建“素材”子文件夹，搜集并处理课件制作所需要的素材，并按下列子文件夹分类存放：

00 课件\
01 文本\
02 图像\
03 动画\
04 音频\
05 视频\
06 字体\
07 其他\

② 将所有外部链接文件拷贝到“好饿的毛毛虫 语言课件”的文件夹中，与下面新建的 PPT 文件放在同一层位置。

③ 根据需要，安装系统中没有的字体。

4. 制作

① 新建和保存文件：打开 PowerPoint，新建文件，并保存到文件夹“好饿的毛毛虫 语言课件”文件夹中，命名为“好饿的毛毛虫 语言课件 . pptx”。这时 PPT 文件与外部链接文件在同一文件夹中。

②“引入”制作：该部分由两张幻灯片组成，第 1 张幻灯片设置动态背景，并添加引导问题。第 2 张幻灯片由图片和问题组成。

③“封面”制作：封面由绘本图片和绘本作者图片组成，图片加一些效果。

④“目录”制作：用 SmartArt 或美化大师的目录模板制作。目录内容为故事讲解/故事复述/练习游戏/课后拓展。

⑤“讲解绘本”制作：根据课件设计要求，依次插入新幻灯片，按设计加入多媒体素材，并做适当设置和排版，添加动画和幻灯片切换。

⑥“故事复述”制作：该部分由两张幻灯片组成，第 1 张幻灯片的页面上添加只有配乐、没有语音的绘本视频，让儿童根据画面复述绘本故事。第 2 张幻灯片将绘本的主要内容通过交互方式让儿童复述（用触发器制作）。

⑦“练习游戏”制作：用交互方式进行选择（用触发器制作）。

⑧“课后拓展”制作：本页面由视频和任务组成。

⑨“封底”制作：本页面由制作者、日期等组成。

⑩ 浏览、修改、保存和发布文件。

任务 3 自选课题，设计制作多媒体课件

1. 选题

研究和比较自己感兴趣的若干课题（与自己专业相关），并进行媒体资源搜索，选择一个适合做多媒体课件的课题（各种媒体资源丰富，内容适量，结构清晰），确定多媒体课件的标题，主标题尽量简洁诱人，如果主标题不能说清课题的主题，可增加副标题加

以说明。

你选择的课题：________________

课件主标题：________________

课件副标题：________________

2. 设计

（1）教学设计

教学对象分析：________________

____

____

教学内容分析（选择合适的教学内容，并用思维导图表达内容结构及联系）：

答：

课件应用方式：________________

____

（2）课件结构设计 PPT 课件由哪些幻灯片组成？画出各幻灯片版面设计及主要内容说明的草图。如有交互或导航设计，也在草图中表示出来。

答：

3. 素材准备

根据设计搜集、加工处理和整理多媒体素材，并按素材类型进行整理归类，拷贝到相应文件夹中。

4. 课件制作

用 PowerPoint 软件完成课件制作。

巩固练习

回顾：本项目的实训中，读者通过模仿案例和自选课题经历了多媒体课件从选题、设计到制作的全过程，对 PPT 制作课件的各种技巧有了新的、全面的认识。学以致用，这是本课程教学最重要的理念。

练习：请完成以下习题。

用思维导图的方式画出“多媒体课件设计与制作”全过程。

❺ 教 学 篇

教学资源的搜集整理，教学设计方案和课件的设计制作，最终目的是运用到教学实践，提升教学效果，提高教学效率，实现教学最优化。通过本篇实训，熟悉现代教育技术的教学应用环境，学会常用教学设备的使用；掌握多媒体课件的发布、教学应用技术和微课设计制作技术。

本篇通过3 个项目来实施：

项目5.1　教学设备使用技术

项目5.2　课件发布和应用技术

项目5.3　微课设计与制作

项目 5.1

教学设备使用技术

信息技术的飞速发展使教育教学环境发生了巨大的变化，各种类型的现代教育技术设备进入教室，为了能够更好地发挥这些设备的作用，必须掌握它们的使用技巧。

实训目标

① 熟悉现代教育技术应用环境。

② 掌握常用教学设备的使用技巧。

知识准备

现代教育技术教学应用环境是指教与学的实践过程中所涉及的系统化的信息技术设施与条件，它能实现多媒体教学信息的呈现，实现教学资源共享，有利于信息反馈和教学调控、开展协作讨论和交流等。常见的教学应用环境有多媒体教室、网络教室、数字语音教室、微格教室、校园网等。

(1) *多媒体教室* 它是根据现代教育教学的需要，将多媒体计算机、投影、音响设备、视频设备等现代教学媒体结合在一起而建立起来的综合教学系统。

- 简易型多媒体教室：由电脑和投影机（配投影幕或大屏幕电视）或一体机组成。电脑可以是固定的台式机，也可以由教师携带笔记本电脑挂接到投影机上使用；通常用有源音箱作为声音播放设备，便携式扩音器（俗称小蜜蜂）作为扩音设备。它简单灵活，教师在教学中可以将多媒体课件与传统教学手段结合起来使用，是目前学校主要的方式。
- 综合型多媒体教室：由联网多媒体计算机、高亮度投影机和投影幕（或大屏液晶显示器）、电子白板（或一体机）、视频展示台、扩音系统（无线或有线话筒、无线接收机、功放、音箱等）、各类播放设备和中央控制系统等组成，如图 5-1 所示。

(2) *网络教室* 即网络机房，它由若干计算机联成网络（教师机、学生机、交换机、服务器等设备），并安装网络教学系统。现在网络教学系统一般基于软件方式，具备多媒体信息控制和教学管理功能。网络教室具有如下教学功能：多媒体广播教学（屏幕广播、语言广播），教师机对学生机进行屏幕监视、语音监听、单独对讲、讨论发言、转播示范及远端复位、遥控辅导、答题示范、语音分组讨论等。为了适应各种教学活动的需要，网络教室在布局上有普通教室型、直排型、小组合作型等，如图 5-2 所示。

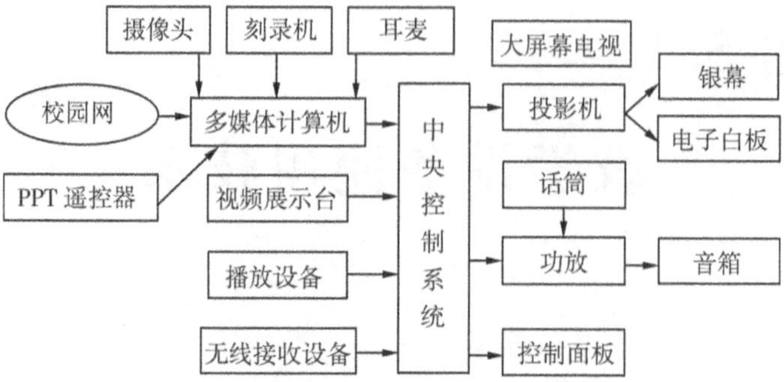

图 5-1 综合型多媒体教室结构框图

(a) 普通教室型　(b) 直排型　(c) 小组合作型

图 5-2 网络教室布局

（3）数字语音教室　它是在原来模拟语音教室基础上采用网络教室结构发展起来的，在功能和配置上与网络教室相似，但更注重语言教学的需求，在网络教学系统上增强了语言教学的功能模块，如图 5-3 所示。

（4）微格教室　微格教学系统主要应用于教师教学技能培训，它由微格教室、控制室、观摩室三部分组成。微格教室（如图 5-4 所示）中具有教学设备、话筒、摄像系统、显示器（或一体机），可以拍摄和重放教学活动；主控室可以监控各微格教室情况，并转播到各观摩室。

图 5-3 数字语音教室

图 5-4 微格教室

（5）智慧教室　智慧教室是数字教室和未来教室的一种新形态，它是一种新型的教学形式和现代化教学手段。其基于“互联网 +”的思维模式和先进的信息技术手段，打造智能高效、富有智慧的课堂教学环境。

它集互联网、物联网和智能终端等新技术于一体，整合智能终端、智能触控大屏、实物展台、在线教学平台、即时监控记录与反馈系统等软硬件，从而使技术与教学深度融合，能支撑探究式教学、小班化教学、混合式教学和翻转课堂等新型教学模式。图 5-5 所示是智慧教室的组成部分，图 5-6 所示为智慧教室实际场景。

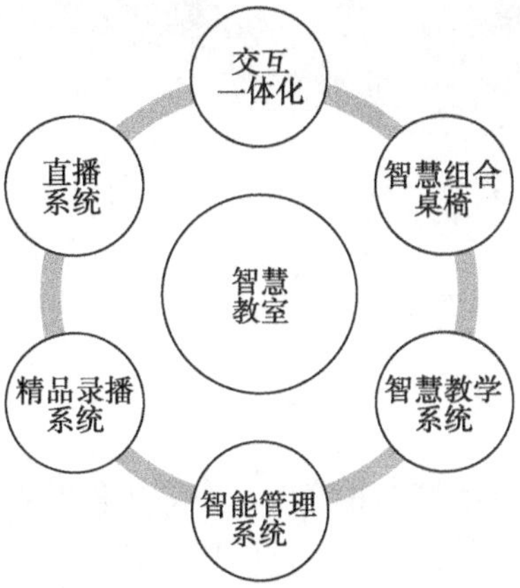

图 5-5　智慧教室的组成

图 5-6　智慧教室实景图

实训过程

任务 1　投影机的使用

投影机又称投影仪，是一种可以将图像或视频投射到幕上的设备，可以通过不同的接口与计算机、播放器、游戏机、电视机等相连接，播放相应的视频信号。根据不同的工作方式，有 CRT，LCD，DLP 等不同类型。

1. 阅读使用说明书

由于教学设备型号不同，虽然使用上大同小异，但为了更好地使用教学设备，发挥其最大的效益，应养成在使用前阅读使用说明书的习惯。

了解遥控器和投影机面板各个按钮的作用，了解投影机各个接口的作用。

2. 连接

在连接之前，确保各设备处于关闭状态。

① 视频线连接：用 VGA 电缆一端连接到电脑的 VGA 输出接口上，另一端连接到投影机的 VGA 输入接口上，并进行固定处理。

② 音频线连接：将音频线一端接入到电脑的音频输出口（耳机接口），另一端接入

到投影机的音频输入口，这样电脑的声音可用投影机的音箱播放；也可将有源音箱与电脑的耳机接口连接，通过有源音箱播放电脑声音。

③ 连接电脑和投影机的电源。

图 5-7 所示为笔记本电脑与投影机的连接。

图 5-7　笔记本电脑与投影机的连接

3. 开启

① 启动电脑。

② 开启投影机总开关，投影机处于待机状态（指示灯为橙色）。等待几秒钟按遥控器或投影机面板上“电源”按钮启动投影机（指示灯绿色闪烁），此时风扇转动，过一会达到正常亮度（指示灯绿色不再闪烁）。同时投影机会自动搜索输入信号并显示出来。

③ 对于笔记本电脑，需要在笔记本电脑上按投影切换键，一般是【Fn】键 + 功能键（如【Fn + F4】键，不同的笔记本电脑可能不同，请看标志或说明书）；有 3 种模式轮流切换：电脑显示、投影机显示、电脑投影机同时显示，一般选第三种模式。

笔记本电脑显示切换按键如图 5-8 所示。

图 5-8　笔记本电脑显示切换按键

4. 关机

按遥控器或投影机面板上“电源”按钮，屏幕黑屏，并显示“确认”提示信息，再按一次“电源”按钮，投影机灯泡熄灭，此时投影机风扇仍在转动散热，指示灯绿色闪烁；待指示灯不闪烁变成橙色，风扇不再转动，方可关闭总开关，切断电源。

5. 注意事项

① 使用过程中严禁剧烈震动，最好不搬动。

② 正常关机后，如需再启动，最好等投影机冷却 2 ～ 5 分钟后再启动。

③ 首次使用或流动使用时，需要调整投影机与屏幕，达到最佳状态。

④ 切忌用直接关闭总电源开关或拔插头的方式来关闭投影机。如遇意外断电，应等投影机冷却 5 ～ 10 分钟后再次接通电源开机。课间休息或短时间不用，最好不要关机，可将电脑屏幕设置为黑屏或白屏。另外，投影机的电源线与插座必须接触良好，在流动使用时，应确保电源插座放置在无人经过的地方，电源插座上不要安插过多的电器，以免电源线与插座由于接触不好或松动造成误关机、误开机而影响灯泡寿命。

⑤ 保持良好的通风散热：投影机工作时会产生高温，因此散热非常重要。当通风口或滤尘网堵塞，气流不畅时，机内温度会迅速升高，严重影响投影机灯泡和元器件的寿命。现在的投影机虽然有自动保护功能，但仍要注意通风口的通畅。投影机的通风口分进风口和出风口，进风口一般在底部，出风口在后面，因此投影机摆放时注意不要使其底部与支撑面贴得太近，尤其不能摆放在柔软的物体上，也不要在通风口处放置任何东西。为了防尘，在通风口设置了过滤网，时间长了以后会积尘影响通风，需要定期清理过滤网上的灰尘。

⑥ 持续投影时间不宜太长：一般每次连续使用时间控制在 4 小时以内。

任务 2 扩音设备的使用

1. 连接

① 话筒与扩音设备（功放、有源音箱）的连接：话筒，又称麦克风（MIC）、传声器，作用是把声音信号转换为电信号。扩音设备、电脑中的 MIC 接口或输入接口可以接入话筒。

② 其他设备与扩音设备的音频连接：音频线一般有两条，分别对应左声道、右声道，设备的音频接口也成对出现；音频线一端连接其他设备的音频输出接口如耳机、喇叭接口，另一端连接扩音设备的音频输入接口。

2. 调节

熟悉扩音设备面板各按钮和调整钮的作用。

3. 话筒的使用

① 声源与话筒的距离和位置一般在 20 ～ 30 cm 为宜（距离太远，则声音太小，噪音增加；距离太近，则会出现失真，影响语音清晰度）；声源与话筒最好正对。

② 避免啸叫。如果话筒与音箱正对或太近，容易引起啸叫，应当避免。扩音设备音量过大也会引起啸叫，可以降低一些。

③ 话筒无声或音量很小时首先检查扩音设备相应音量是否太小，再检查话筒开关是否打开或电池是否有电。

④ 为保护话筒，提高音质，通常在话筒上装上防风罩。

⑤ 无线话筒使用时注意选择接收机的安放位置、天线角度，调准频率。

⑥ 话筒应避免摔打、敲击，试音时不要用吹气或敲击的方式，应直接讲话试音。

4. 便携式扩音器（小蜜蜂）使用

① 正确佩戴和连接便携式扩音器。将主机通过腰带挂在腰侧；佩戴好话筒，并将话筒插头插接到主机 MIC 接口上（注意不要插接到音频输入接口上）。

② 扩音。开启主机，适当调整扩音音量。如果发生啸叫，调整话筒位置不要与主机正对，适当调小音量。

③ 播放 U 盘或存储卡声音。插入 U 盘或存储卡，选择主机上相应按钮选择声音文件并进行播放、暂停等操作。

任务 3 电子白板的使用

1. 硬件的连接

阅读说明书，按图 5-9 所示进行正确的连接。

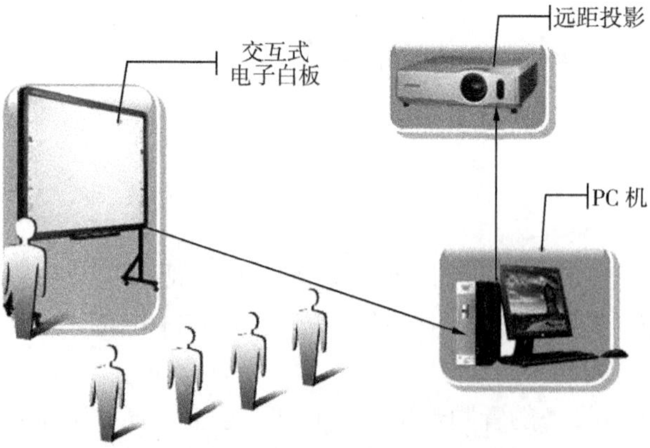

图 5-9 电子白板、电脑、投影机的连接

2. 安装和启动电子白板软件

① 在电脑中安装电子白板软件。

② 启动电子白板软件。

③ 电子白板的定位：首次使用或投影机、交互式电子白板发生位移时，需要对电子白板进行定位。

鼠标左键双击任务栏托盘右下角中白板连接图标  ，在出现的菜单中选择“定位”选项，此时出现图 5-10a 所示画面，按照画面中的提示依次点击白板上 9 个定位点；接着根据图 5-10b 所示提示对白板两侧的快捷键进行定位，按照提示分别单击对应快捷键的中心位置即可。

3. 尝试使用白板软件

对照说明书使用白板软件制作电子白板课件，并应用软件进行相应的白板教学。

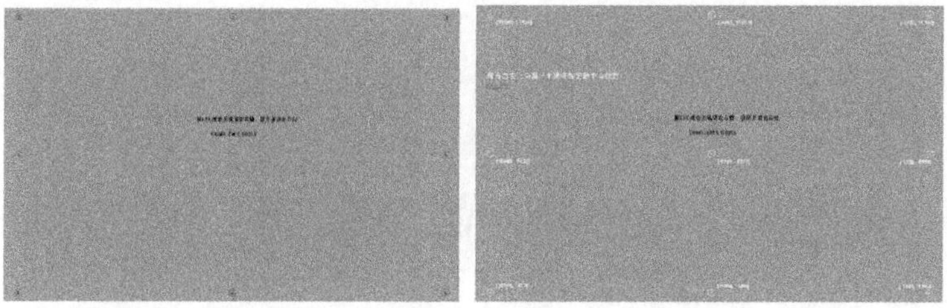

(a)　　　　　　　　(b)

图 5-10　电子白板定位操作时显示

注意

一体机是电子白板的升级换代产品，它是集成电脑、触摸液晶屏及相应软件的设备，也称触控一体机、交互智能平板；其功能和操作方法与电子白板相似。

巩固练习

回顾：通过本项目的实训，读者对现代教育技术应用环境有了进一步的认识，并学会了常用的现代教育技术教学设备的使用方法。由于设备型号多种多样，设备也不断更新，读者可更多地到真实的教育教学环境中去实训，多多请教教师和专家，多阅读说明书，提高运用各种现代教育技术设备的能力。

练习：请完成以下习题。

1. 名词解释

（1）多媒体教室：____。

（2）网络教室：____。

（3）投影机：____。

（4）一体机：____。

2. 填空题

（1）常用的现代教育技术教学应用环境有________、________、________、________、________等。

（2）微格教学系统由________、________、________三部分组成。

（3）电子白板系统主要的硬件有________、________、________。

3. 简述题

（1）扩音时出现啸叫怎么办？

（2）使用投影机应注意哪些事项？

项目 5.2

课件发布和应用技术

课件的使用场合是多样化的，或在原课件制作的电脑中使用，或拷贝到不同的电脑中使用，或分享到网络上供学习者使用；具体应用也是多样化的，或辅助教师教学，或让学生直接观看，或让学生在网络中浏览，或分享给他人参考……这就要求我们根据不同的需求，把课件发布为不同的形式，并很好地应用它来促进教学。

实训目标

① 掌握 PPT 放映技巧。
② 学会 PPT 的异机使用技术。
③ 学会将 PPT 发布为多种格式的资源。

实训过程

任务 1 掌握 PPT 放映技巧

打开 PPT 课件，单击“幻灯片放映”选项卡中的“从头开始”按钮（或按【F5】键）或“从当前幻灯片开始”按钮（或按【Shift + F5】键），PPT 课件进入放映模式，然后单击鼠标，或按键盘上的空格键或回车键或转动鼠标滚轮，可以切换幻灯片；按【Esc】键退出放映模式。除了这个最常规的放映方法外，还有一些放映技巧，若能合理巧妙使用，则能让课件演示锦上添花。

1. 自定义放映

教学是一个动态变化的过程，PPT 课件中的幻灯片往往不需要全部播放，只需要播放部分幻灯片，可以把不需要的幻灯片删除或隐藏，但这对 PPT 课件是破坏性的，下次要播放又得重新做，而利用自定义放映可以在不破坏原 PPT 的情况下实现有选择的放映。

① 单击“幻灯片放映”选项卡“自定义幻灯片放映”组中的“自定义放映”，打开“自定义放映”对话框（如图 5-11 所示），单击“新建”按钮，在弹出的“定义自定义放映”对话框（图 5-12）的左边选择所需要放映的幻灯片，添加到右框，并可以改变次序。单击“确定”按钮后，在“自定义放映”对话框中可以选择相应的自定义放映项目进行“放映”，也可以随时进行编辑后再放映。

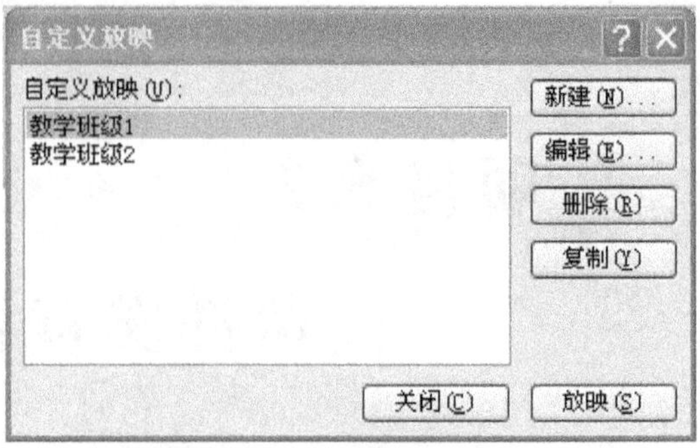

图 5-11 “自定义放映”对话框

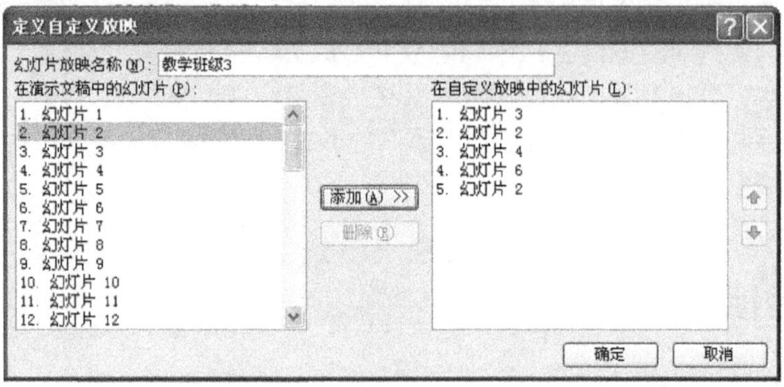

图 5-12 “定义自定义放映”对话框

② 设置放映方式：单击“幻灯片放映”选项卡中的“设置幻灯片放映”按钮，在打开的“设置放映方式”对话框（如图 5-13 所示）中可以更详细地按要求设置放映方式。其中，“演讲者放映”是由演讲者控制整个演示的过程，在观众面前全屏播放，可以使用放映辅助工具和菜单；“观众自行浏览”是使 PPT 在标准窗口中显示，窗口可以缩小，同时可以打开其他窗口；“在展台浏览”是整个 PPT 全屏循环播放，通常需要经过排练计时后再用，没有放映辅助工具和菜单。

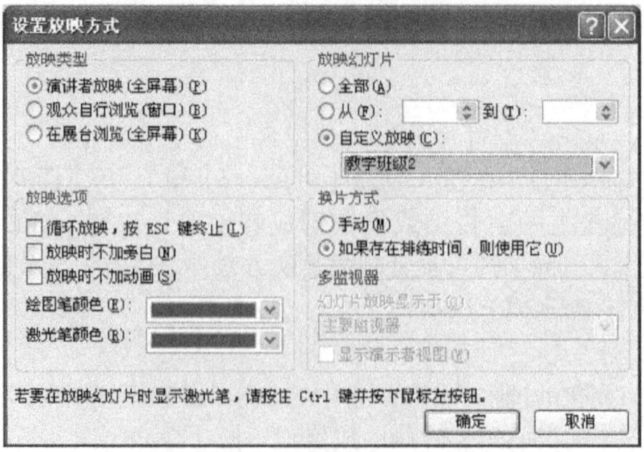

图 5-13 “设置放映方式”对话框

2. 放映辅助工具和放映菜单的使用

在放映模式下，当鼠标移到左下角，出现放映辅助工具，包括后退、笔、菜单、前进四个按钮；也可右击在弹出的快捷菜单中使用各功能。

（1）黑屏、白屏　教学中为避免幻灯片内容影响学生注意力，可以将屏幕切换成黑屏或白屏（如图 5-14 所示）。用快捷键更方便：按【B】键为黑屏，按【W】键为白屏；再按一次或按【Esc】键切换到正常演示状态。

（2）放映过程中进行书写　在教学过程中常常需要在幻灯片上勾画和突出重点，书写文字，利用放映辅助工具中的“笔”工具 可以实现。单击 按钮或在右键菜单“指针选项”中可以选择箭头（快捷键为【Ctrl + A】）、笔（快捷键为【Ctrl + P】）、荧光笔（比较粗，用于涂抹）、橡皮擦等即可，如图 5-15 所示，还可设置笔的颜色。

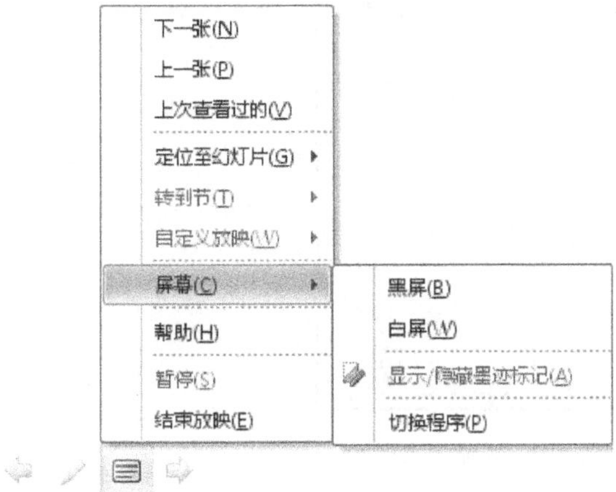

图 5-14　菜单设置“黑屏”和“白屏”

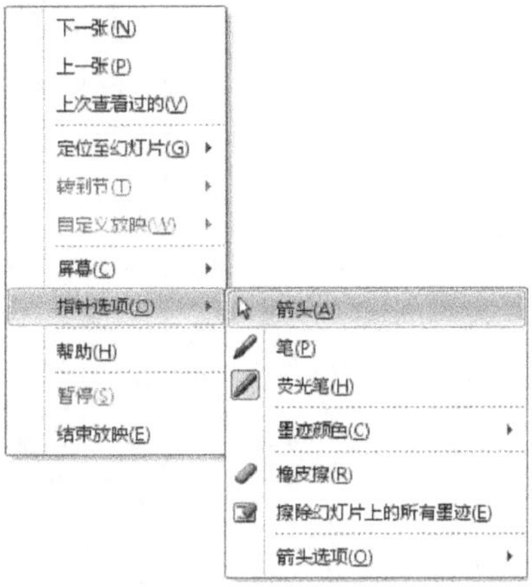

图 5-15　“指针选项”

（3）快速定位幻灯片　单击“定位到幻灯片”选项，会列出所有幻灯片列表，选择要放映的幻灯片即跳转到该幻灯片放映。键盘上按下幻灯片序号，再按【Enter】键，即跳转到相应序号的幻灯片放映。

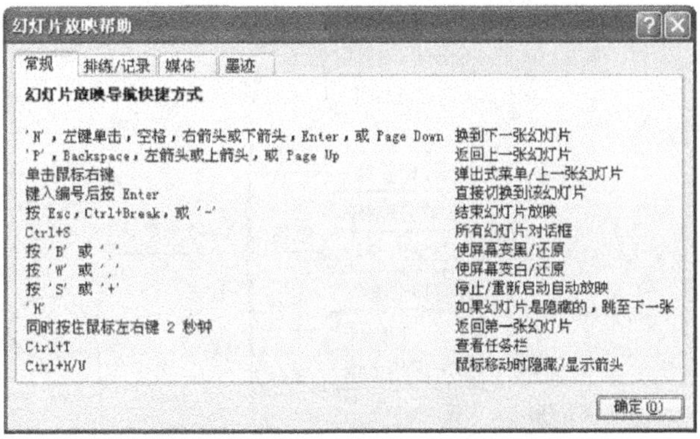

图 5-16　“幻灯片放映帮助”对话框

（4）【F1】键调用帮助　更多的放映快捷键可按【F1】键，此时屏幕会出现“幻灯片放映帮助”对话框，可以查找到有关放映中的各项功能及快捷键，如图 5-16 所示。

3. ZoomIt 的使用

扫一扫

ZoomIt 的使用

在演示中有时需要局部放大，PPT 放映工具中没有这项功能，可以借助专门的投影演示辅助软件如 ZoomIt、电子教鞭、白板软件来实现，这类软件具有最基本的 3 项功能——放大、书写、定时。这里以免费软件 ZoomIt 为例进行实训。

下载 ZoomIt 之后，无须安装，解压缩双击即启动，此时系统右侧会出现托盘图标。初次使用会出现如图 5-17 所示设置窗口（单击托盘图标出现的菜单中选“Options”也会出现），在此窗口中可以设置各项功能的快捷键。默认【Ctrl + 1】键为放大屏幕，同时可以书写；【Ctrl + 2】键为屏幕书写，不放大；【Ctrl + 3】键为倒计时屏幕。考虑到使用方便和防止冲突，建议分别设置为【Alt + 1】键、【Alt + 2】键、【Alt + 3】键等。

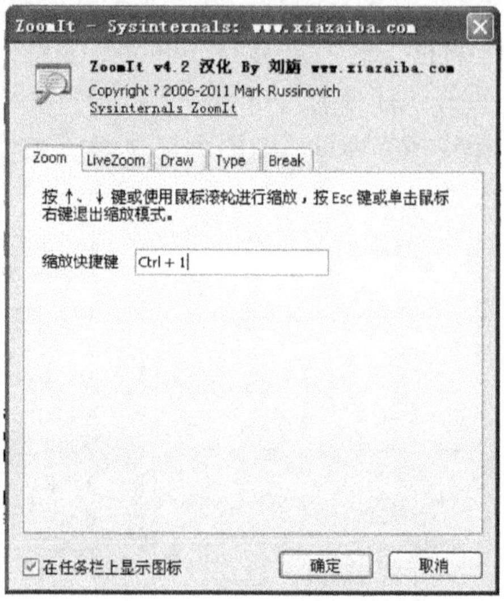

图 5-17 “ZoomIt”设置对话框

根据图 5-18 所示尝试对各项功能进行操作。

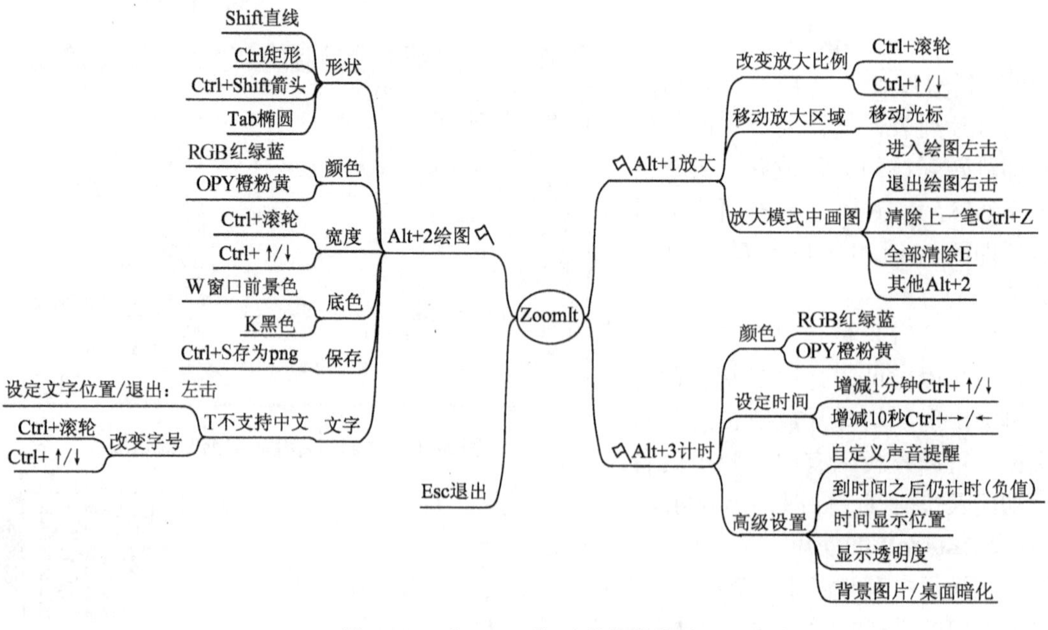

图 5-18 “ZoomIt”功能与快捷键

4. PPT 遥控器使用

有了 PPT 遥控器，PPT 放映者可以摆脱鼠标和键盘的束缚，远离电脑进行操作。PPT 遥控器有三类：第一类是专用的 PPT 遥控笔（又称激光翻页笔、遥控激光笔、PPT 翻页笔等，如图 5-19 所示），由控制器和接收器组成，接收器插接到电脑 USB 接口中，通过控制器上按钮翻页，按激光教鞭按钮发出红色激光对屏幕进行指示。

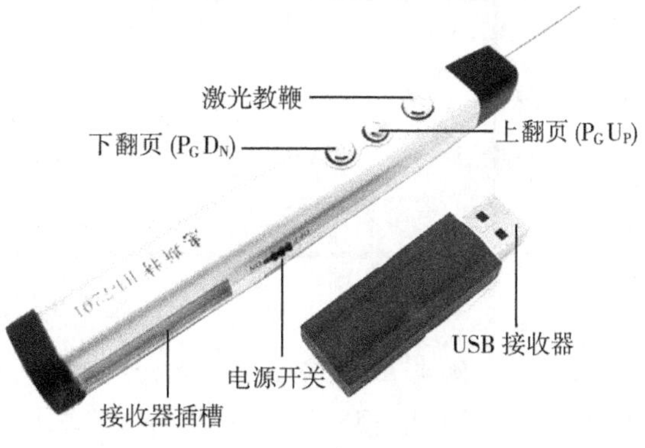

图 5-19 PPT 遥控笔

第二类是在智能手机和电脑中安装相应软件实现。请用自己的手机和电脑到网上搜索相应软件，安装并尝试使用。

第三类是利用无线鼠标进行操纵。

任务 2 PPT 的保存和异机使用技术

制作好的 PPT 拷贝到其他电脑中使用时，为了达到与原来制作时相同的效果，应掌握异机使用技术。

1. PPT 保存为放映文件

保存为 ppt 或 pptx 的文件在使用时需要用 PowerPoint 打开，再用“幻灯片放映”功能放映；保存为 PPT 放映文件 pps 或 ppsx 的文件，在使用时双击即直接进入放映状态。

单击“文件”选项卡的“另存为”按钮，在打开的保存窗口的“保存类型”中选择“PowerPoint 放映（＊. ppsx）”或“PowerPoint 97—2003 放映（＊. pps）”即可。

2. 异机使用技术

（1）其他电脑中安装了 2007 版本以上的 PowerPoint 在制作前应把链接的文件存放在与 pptx 文件同一层的文件夹中，异机使用时把整个文件夹拷贝到其他电脑中使用。

如果 PPT 中使用了特殊字体，异机使用时可以安装相应的字体或在保存时嵌入字体。单击“文件”选项卡中的“选项”按钮，在打开的对话框中单击“保存”项，勾选“将字体嵌入文件”复选框，如图 5-20 所示，若选择“仅嵌入演示文稿中使用的字符（适于缩小文件）”选项，异机使用时如果编辑修改文字，PPT 会用其他字体来替代特殊字体，版面会受到影响。选择“嵌入所有字符（适于其他人编辑）”选项，则文件会加大，但可以编辑文字，字体不会变化。

如果需要，也可以将应用特殊字体的文字剪切并“选择性粘贴”成图片格式以保持版面效果，但转化为图片的文字是无法编辑的。

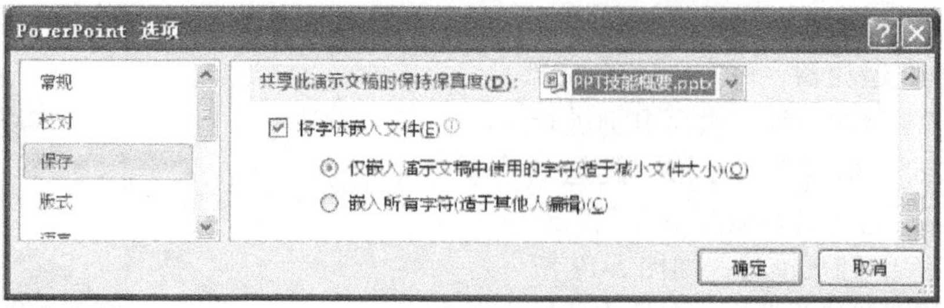

图 5-20 嵌入字体

(2) 其他电脑中安装了 PowerPoint 2003 如果其他电脑安装的是 PowerPoint 2003，可以将 pptx 文件另存为 ppt 格式后使用，但会失去一些功能和效果；或在电脑中安装“Office 2003 兼容 Office 2007 补丁”，这样可以以只读方式打开放映，但也会失去一些功能和效果。

(3) 其他电脑中没有安装 PowerPoint 软件 若其他电脑中没有安装 PowerPoint 软件，则需将文件打包成 CD 后使用。单击“开始”选项卡“保存并发送”组中的“将演示文稿打包成 CD | 打包成 CD”，在出现的对话框中进行相应的设置，可以选择“复制到文件夹”后将整个文件夹拷贝到其他电脑中使用或“复制到 CD”刻录成光盘使用，如图 5-21 所示。

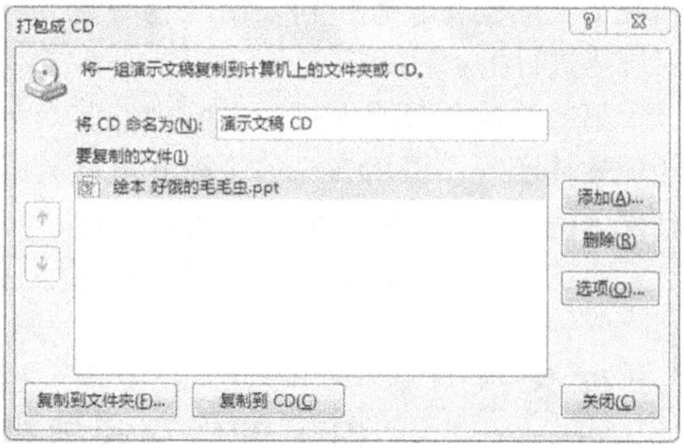

图 5-21 打包成 CD

(4) 其他电脑中安装 WPS 如果其他电脑中安装了 WPS，可以直接打开 pptx 文件放映，但会失去一些功能和效果。

(5) 广播幻灯片 单击“幻灯片放映”选项卡中的“广播幻灯片”按钮，打开图 5-22 所示界面。“启动广播”能将 PPT 文档信息上传到微软服务器中，并且自动生成在线查看链接，其他用户通过此链接即可在浏览器中快速查看分享的 PPT 文档。在广播过程中，对在本地的 PPT 操作，将直接同步到广播链接中，非常适合用户进行远程演示。

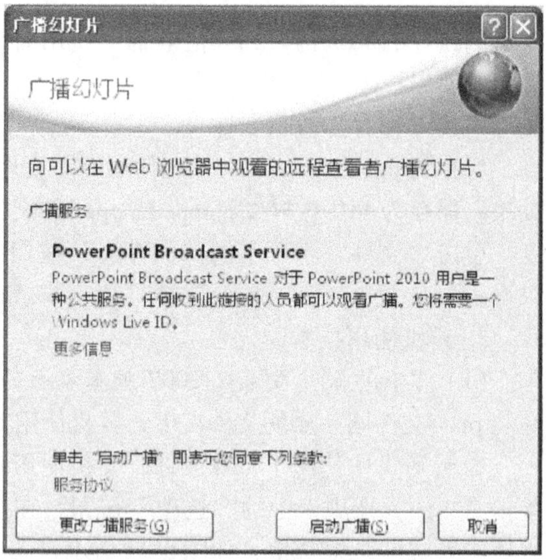

图 5-22 广播幻灯片

任务3 PPT 转换技术

将 PPT 转换为其他格式文件，可以适合更多场合尤其是网络上的使用。

1. 另存为其他格式文件

单击“文件”选项卡中的“另存为”按钮，在打开的保存窗口的“保存类型”中选择相应格式。

（1）PDF 格式　网上流行的电子文档格式，可以通过相应的 PDF 浏览器浏览，只能查看静态内容。

（2）图片格式（jpg，gif，png 等）　把每一张幻灯片以图片方式保存，将失去所有动态效果，还会出现对象重叠现象。

（3）视频格式（wmv 等）　转成高清晰视频，没有交互效果。

2. 利用软件转换为其他格式

（1）安装虚拟打印机将 PPT 打印成其他格式文件　参考“资源篇”的“项目 2.2 媒体技术”中“任务 6　动画素材的处理和制作”的“swf 动画的快速制作”，下载并安装 FlashPaper 软件，单击“文件”选项卡中的“打印”按钮，选择“Macromedia FlashPaper”打印机，打印后可以保存为 swf 格式或 pdf 格式文件，会失去所有的动态和交互效果。

（2）用“PPT 转视频”软件转换　这类软件比较多，如 Wondershare_PPT2Video，Wondershare PPT2DVD 和狸窝全能视频转换器等，使用比较简单，请尝试搜索下载并安装使用。

（3）用“Flip PowerPoint Portable”将 PPT 文件转换为翻页电子书　搜索并下载软件“Flip PowerPoint Portable 绿色版”，解压后单击文件“Flip PowerPoint Portable. exe”运行，出现图 5-23 所示界面。

- 导入 PPT：单击“Import PowerPoint”按钮，在打开的对话框中找到 PPT 文件（支持 pptx 和 ppt 文件），导入进来。
- 设置：单击“Float”按钮，选择一个合适的模板，在下方的设置框中根据需要设置各个项目，如电子书标题、语言、背景声音等。单击“Apply Change”应用设置，可以在右侧浏览效果。
- 发布：单击“Convert To Flipping Book”按钮，在打开的对话框中选择发布的格式，这里用（*. exe），做一些设置，单击“Convert”进行转换。

（4）用 iSpring 将 PPT 转换成 swf 格式　iSpring 是一款免费的 PowerPoint 转 Flash 工具，转换的 swf 文件保留原有的可视化与动画和交互效果，且文件体积小巧、易于发布到网络和其他电脑中使用。

网上搜索并下载 iSpring，有免费版（Free）和专业版（Pro）。iSpring 以 PowerPoint 插件的形式工作，安装软件后，在 PPT 的菜单项中出现相应的选项卡（如图 5-24 所示），通过子菜单可以进行设置和发布。

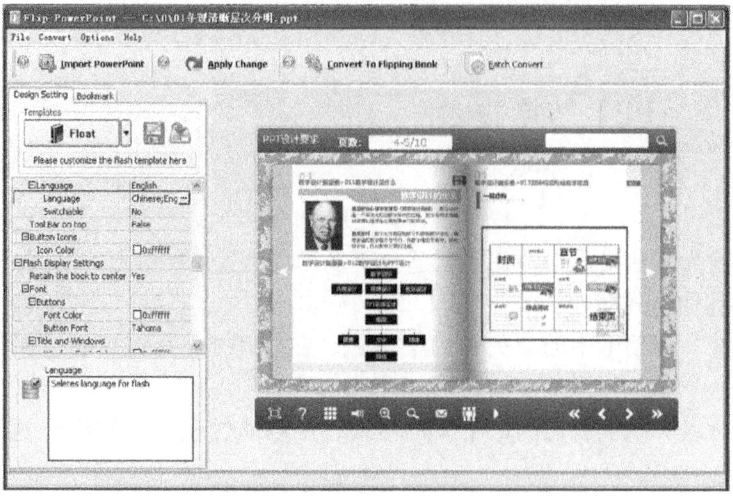

图 5-23 Flip PowerPoint Portable 界面

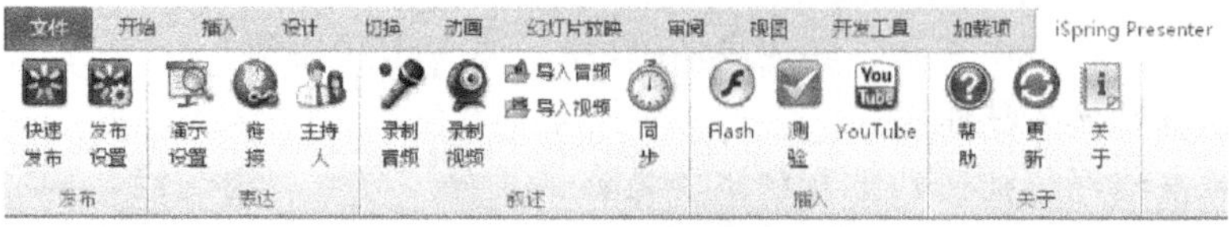

图 5-24 iSpring 选项卡

打开需要发布的 PPT，单击“发布设置”按钮，在打开的对话框（如图 5-25 所示）中进行一些设置，如标题、播放器模板、输出、播放和导航等，单击“发布”按钮即可；也可直接单击“快速发布”按预设进行发布。

图 5-25 iSpring 发布设置

巩固练习

回顾：通过本项目对PPT放映技巧、异机使用技术和发布技术的实训，读者掌握了在各种场合应用PPT的技巧。只有熟练运用这些技术，才能让PPT课件最好地发挥它的效用，增强使用效果。

练习：请完成以下习题。

1. 填空题

（1）“PowerPoint放映”文件格式是________或________。

（2）PPT转换为翻页电子书的软件名称是________。

（3）iSpring将PPT文件原汁原味地转换成________格式。

（4）ZoomIt的主要功能有________、________、________。

2. 选择题

（1）PPT放映时，切换到白屏的快捷键是________。

A.【B】　　B.【W】　　C.【H】　　D.【Ctrl+B】

（2）PPT放映时，切换到黑屏的快捷键是________。

A.【B】　　B.【W】　　C.【H】　　D.【Ctrl+B】

（3）PPT放映时，调用书写笔的快捷键是________。

A.【Ctrl+A】　　B.【Ctrl+1】　　C.【Ctrl+P】　　D.【Ctrl+H】

（4）PowerPoint 2010不能直接保存的文件格式是________。

A. pdf　　B. mpg　　C. wmv　　D. jpg

3. 简答题

简要说明PPT异机使用时的注意事项。

项目 5.3 微课设计与制作

微课以其“短小精悍”的特点契合了网络时代的个性化学习、碎片化学习、移动学习等需求，成为教育教学改革的热点。微课也是一种有效的教学资源，是在线课程的重要组成单元。教师作为信息时代数字化教学资源的开发者和信息化教学的实践者，设计、制作与使用微课，是教师需要掌握的新技能。本项目通过理论学习、案例模仿、自选课题设计与制作微课等任务来让读者掌握微课设计与制作技能。

实训目标

① 认识微课。

② 通过案例模仿，掌握微课设计与制作技能。

③ 通过自己选题设计制作微课，将知识技能转化为实际运用能力。

知识准备

1. 微课概述

微课，也被称为微课程（Micro Course）、迷你课程（Mini Course）等，它用几分钟讲述一个主题。实际上，微型视频在微课程的概念出现之前，就已经悄然兴起。2006 年，美国教育工作者萨尔曼·可汗创办了可汗学院，他录制的教学视频风靡美国，并影响到世界各国。可汗学院及翻转课堂的走红，让微课成为教育界关注的热点话题。

扫一扫

专题：玩转微课

（1）微课的定义　关于微课的概念没有一个统一的定论。在基础教育领域，以广东佛山市胡铁生老师为代表；高校理论研究人员对微课的定义，则以焦建利教授、张一春教授、黎加厚教授为主要代表。

胡铁生老师认为，微课又名微课程，是“微型视频网络课程”的简称，它是以微型教学视频为主要载体，针对某个学科知识点（如重点、难点、疑点、考点等）或教学环节（如学习活动、主题、实验、任务等）而设计开发的一种情景化、支持多种学习方式的在线视频课程资源。

焦建利教授认为，微课是以阐释某一知识点为目标，以短小精悍的在线视频为表现形式，以学习或教学应用为目的的在线教学视频。通俗地讲，微课是在线教学视频，以阐释某一知识点为目标，以短小精悍的在线视频为表现形式，以学习或教学应用为目的。

张一春教授认为，“微课”是指为使学习者自主学习获得最佳效果，经过精心的信息化教学设计，以流媒体形式展示的围绕某个知识点或教学环节开展的简短、完整的教学活动。

黎加厚教授认为，微课或者说微课程，是指时间在10分钟以内，有明确的教学目标，内容短小，集中说明一个问题的小课程。

（2）微课的特征　虽然微课的定义有所不同，但微课的本体特征却大同小异。具体来说，微课具有以下特征。

① 以流媒体为表现形式，而视频是最主要的形式。利用微课视频，学习者可以随时随地通过网络进行学习。

② 教学目标单一，主题明确。微课主要围绕教学中的重点、难点、疑点等展开教学活动，主题非常明确，教学目标常常集中于解决某一个知识点，相对单一。

③ 内容短小精悍。通常认为，微课的时长以10分钟以内为宜，这就决定了微课在内容的选择上必须短小精悍，以能在短时间内解决某一个问题为宜。

④ 结构独立。微课建立在某个知识点或者教学主题的基础上，各个知识点之间呈现出松散的状态，结构上相对独立。只有若干知识模块以某种意义联结在一起，才能形成主题明确、内容完整的结构化资源应用环境，也就是说，利用微课程可将一系列微课有机整合在一起。

⑤ 资源丰富多样。微课以教学视频为主要载体，同时还提供习题作业、教学课件、互动等多种学习资源。

2. 微课应用

微课的应用，最终是为了提高教学质量，促使学习者自主学习。在具体的教学应用中，微课主要有以下几种应用形式。

（1）用于教学　将微课作为课堂教学的一部分，创新教学模式，如翻转课堂。学生可以在课下利用微课学习相关知识，在课堂上和同学、老师进行沟通和交流，进行知识的内化。

（2）作为教学的补充　若学生在课堂学习后，对某些知识点仍然存在困惑，这时可以利用微课对相关知识点进行巩固、理解和学习。

（3）作为自主学习资源　微课资源是以促进学生自主学习为目的的，是支持学生个性化学习、在线学习和碎片化学习的重要手段。微课作为自主学习资源存在，能更好地帮助学习者进行知识的理解和建构。

（4）作为一种开放的教育资源　微课资源是在线课程的重要组成元素，能支持各种移动终端，开展移动学习实践。

（5）作为教研手段　教师可以利用微课进行教学展示、经验交流、互相评价等教研活动。

3. 微课的开发过程

微课的开发过程与课件的设计制作过程相似，包括选题、设计、准备、制作、修改、上传 6 个步骤，如图 5-26 所示。

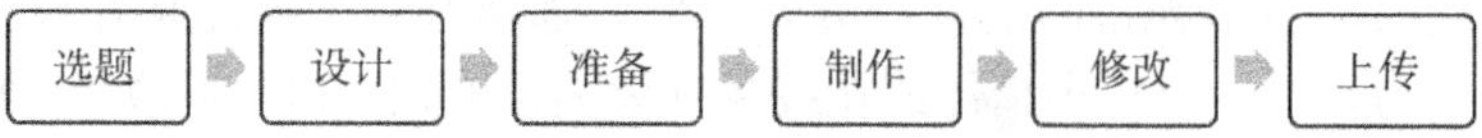

图 5-26　微课的开发过程

（1）选题　合理的、恰当的选题是进行微课开发的第一步。鉴于微课自身的特征，在进行微课的选题时，选题应细而小，不宜过大，尽可能地以教学重点、难点或某一教学主题为主，内容应短小精悍。

（2）设计　微课的设计包括教学设计、媒体设计和脚本设计等。

教学设计就是应用系统方法，分析、研究教学中的问题和需求，确立教学策略、教学方法和步骤，并对教学结果作出评价的一个计划过程。教学设计是微课开发的重要一环，主要包括内容分析、教学对象分析、明确教学目标、教学策略设计、教学评价设计等。

媒体设计就是依据学习者的特点和教学内容的特点，选择合适的媒体及呈现方式，设计教学视频的情境、案例、教学过程及相关的网络教学支持材料。

在进行微课视频的制作过程中，要尽可能地降低学习者的认知负荷。根据认知负荷理论，学习材料的组织与呈现方式、学习材料的复杂性和学习者的先验知识是影响认知负荷的基本因素。短小精悍是微课的鲜明特点，因此在设计微课的时候，要组织好教学内容，简洁、生动地呈现教学内容，避免给学习者在有限的工作记忆空间带来太大压力。

脚本原指表演戏剧、拍摄影视等所依据的底本或文稿，它是演员演出、拍摄、后期制作的依据。微课的脚本设计就是根据教学设计和媒体设计，设计视频制作的流程及每一步骤所需要制作的任务，形成文本，成为微课视频制作的依据。

（3）准备　即根据设计，准备微课教学的资源、教具和制作微课的素材等。

（4）制作　微课的视频制作主要包括视频的录制和后期制作两个部分。

视频的录制主要有两种方法：一种是录屏，另一种就是拍摄。

录屏就是利用录屏软件对教学过程进行录制，这种录制方法对软、硬件要求很低，教师只需要准备一台装有录屏软件的计算机和一个麦克风就可以了。录制时，教师只需设置合适的视音频格式，将准备好的课件演示出来，软件就会自动地全程录制教师的屏幕操作和讲解，非常简单，容易操作。

拍摄就是利用摄像设备（摄像机、手机等）进行微课的拍摄。利用拍摄方法录制微课时，要注意灯光的设置、摄像机的机位、画面的景别和角度等。此外，使用拍摄方式录制微课时，教师多出镜，因此教师要注意自己的仪态。在进行正式录制前，可以提前试讲，以保证正式录制时的最佳效果。

在视频录制完成以后，教师可以利用视频编辑软件（如 Camtasia Studio、会声会影、Premiere 等），依据脚本设计对视频进行剪辑、处理和制作等，并输出视频。

（5）修改　微课应用于教学实践中，根据教学效果进行不断反思与修改，从而完善微课，达到精益求精的效果。

（6）上传　微课制作完成以后，就可以上传到相应的平台上。在上传到平台的时候，应注意平台对微课视音频格式的要求。通常情况下，为了能够流畅地在线播放，微课的文件不宜过大，文件格式一般为支持网络播放的流媒体格式，如 mp4，wmv，flv 等，必要时可以通过视频转换软件进行格式转换。

4. 常用微课制作形式

（1）现有的课例加工　拍摄教学实况，将视频进行切片、合成、加字幕等处理，制作成微课视频。

（2）录屏　利用录屏软件，配以教师的讲解音频录制课件演示、软件操作、手写板演算或书写等过程。可以用电脑、平板、手机等进行录屏。

（3）拍摄　用摄像机、平板、手机等拍摄。

（4）录播教室录制　通过教室中的录播系统进行录制。

（5）视频制作　利用视频处理软件加工处理制作视频。

实训过程

任务 1　“毛毛虫变形记”微课设计与制作

扫一扫

“毛毛虫变形记”微课设计与制作

1. 选题

好的绘本不仅有精彩诱人的故事，更蕴含着丰富的生活经验和哲理。《好饿的毛毛虫》就是一本优秀的绘本故事，它的故事设计精巧，绘本色彩鲜艳，形象生动，符合幼儿阅读欣赏的年龄特点。从认知角度来看，它表现了毛毛虫从卵到幼虫到茧到蝴蝶的整个蜕变过程，能让幼儿体会成长的过程。绘本的信息量很大，包括星期一至星期日的概念、数量、水果种类、量词、乱吃东西会吃坏肚子（健康教育因素）等，适合于多个领域的教育活动。

本微课取材于《好饿的毛毛虫》绘本，取名为“毛毛虫变形记”，从多个角度展示毛毛虫变蝴蝶的变形过程，激励儿童面对困难不放弃，经过不断的努力，完成自己的梦想，成就自己，像毛毛虫一样变成美丽的蝴蝶。

2. 设计

（1）活动设计　本微课用于辅助幼儿园中班儿童的综合活动，根据幼儿的特点和绘本内容，从问题引入，通过想、听、看、做等形式达成如下活动目标。

- 知识与能力：感知理解故事内容，初步了解毛毛虫变蝴蝶的过程。
- 过程与方法：能模仿制作“毛毛虫变蝴蝶”魔术框画。
- 情感与态度：感悟成长的艰辛，相信自己。

微课流程设计如图 5-27 所示。

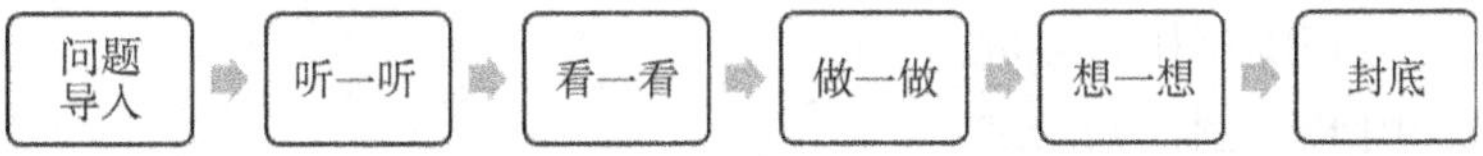

图 5-27　“毛毛虫变形记”微课流程

（2）媒体设计　“问题导入”部分通过设置情境展现，“听一听”采用绘本动画方式展现，“看一看”采用实景拍摄展现，“做一做”通过实际拍摄制作过程实现，“想一想”通过交互方式实现。

（3）脚本设计　脚本设计见表5-1。

表5-1　“毛毛虫变形记”微课脚本设计

序列	内容	素材及制作
引入	蝴蝶飞舞情景 教师提问：小朋友，画面上飞舞的是什么？ 儿童：我知道，是蝴蝶。 教师提问：那么，你知道蝴蝶小时候是什么吗？是小蝴蝶还是小毛毛虫？ 儿童思考后回答：是小毛毛虫。 教师：对，今天我们一起来探究一下毛毛虫是怎样变成蝴蝶的。 微课标题“毛毛虫变形记”出现，同时伴随声音	蝴蝶飞舞背景 gif、标题文字，用优芽制作并录屏
听一听	《好饿的毛毛虫》绘本动画	PPT 制作，录屏并解说； 设置镜头缩放，移动等效果
看一看	《蝴蝶的一生》视频	《蝴蝶的一生》视频，设置快放
做一做	魔术框画“毛毛虫变蝴蝶”	拍摄框画制作过程，配教师解说
想一想	互动测试：蝴蝶小时候是什么？	PPT 触发器制作并演示
封底	制作信息	设置动态展示

3. 准备

① 在硬盘合适的位置新建“毛毛虫变形记　微课”的文件夹，新建“素材”子文件夹，搜集并处理微课制作所需要的素材，并按下列子文件夹分类存放：

00 课件 \

01 文本 \

02 图像 \

03 动画 \

04 音频 \

05 视频 \

06 字体 \

07 其他 \

② 根据需要，安装系统中没有的字体。

4. 制作

（1）录屏

① 引入部分：用优芽制作并录屏。

② 听一听：用 PPT 制作并录屏。

③ 想一想：用 PPT 制作并录屏。

（2）处理

① 打开视频处理软件。

② 设置视频分辨率。

③ 导入上述录屏素材及相关的视频、音频、图片等素材。

④ 按脚本设计依次将素材拖入轨道中，并根据需要进行适当剪辑。

⑤ 根据需要对画面的素材进行镜头缩放、标注、动画、特效等处理。

⑥ 配音优化处理，如剪辑、降噪、调节音量等。

（3）字幕　字幕可以在视频处理软件中设置，也可以采用外挂字幕方式实现。

（4）保存并发布为视频　保存项目文件，并发布为视频。导出项目为 zip 文件（项目文件和素材打包在一起，便于备份）。

5. 修改

邀请同学观看，提出意见和建议，进行修改。

6. 上传

将视频上传到超星云盘，并共享到班级群中。

任务 2　自选课题，设计制作微课

扫一扫

专题：幼教微课

1. 选题

选择适合作微课的课题（与自己专业相关），确定微课标题，主标题尽量简洁诱人，如果主标题不能说清课题的主题，可增加副标题加以说明。

你选择的课题：____________________

微课主标题：____________________

微课副标题：____________________

2. 设计

（1）教学设计

教学对象分析：____________________

____

____

教学内容分析：____________________

____

____

微课教学流程（用流程图表示）：

答：

（2）媒体设计　各部分用什么媒体实现？

答：

（3）脚本设计　完成表5-2。

表5-2　微课脚本设计

序列	内容	素材及制作

续表

序列	内容	素材及制作

3. 准备

准备素材及教学资源。

4. 制作

用各种多媒体工具软件完成微课制作。

5. 修改

邀请同学观看，并根据同学提出的意见和建议进行修改。

6. 上传

将视频上传到超星云盘，并共享到班级群中。

巩固练习

回顾：在本项目的实训中，读者通过专题学习、模仿和自选课题设计制作了微课，对微课设计、制作与应用等技巧有了全面认识。希望大家学以致用，将知识与技能应用于教学实践中。

练习：请完成以下习题。

用图示方式画出“微课设计与制作”全过程。

❻ 教 研 篇

教研即教学研究，是以教学问题为对象，以科学方法为依托，以探索教学规律、提高教学质量为目的的创造性活动。教学是一个复杂、动态、变化的过程，单纯靠经验不能很好地解决问题，需要进行反思、交流和研究，才能在教学中做到游刃有余。教研活动的形式有教学反思、集体备课、说课、听课、评课、专题讨论、专题培训、理论学习、课题研究、撰写论文等。信息技术使教研活动的时空得到了更大的拓展，形式更多、成本更低、效率更高。本篇选取信息技术支撑下几种典型的教研方式进行实训。

本篇通过4个项目来实施：

项目6.1　说课技术

项目6.2　网络教研技术

项目6.3　课题研究与论文撰写技术

项目6.4　信息技术与课程整合

项目 6.1

说课技术

与上课不同，说课是学校老师面对同行和专家，以科学的教育理论为指导，将自己对课程标准（大纲）、教材的理解和把握，课堂程序的设计和安排，学习方式的选择和实践等一系列教育教学元素的确立及其理论依据进行阐述的教学研究活动。它是一种高效的考察、训练和提高教师全面素质的方式，逐渐成为教研活动的主要形式之一。

实训目标

① 了解说课活动的一般过程。
② 学会设计制作说课稿和说课 PPT。
③ 学会说课技巧。

知识准备

扫一扫

加入“轻松说课”在线课程

1. “说课”概况

1987 年 6 月底，河南省新乡市红旗区教研室要从本区的教师中选出几位参加市教坛新秀的评选。可当时临近期末，课已上完，怎么办？这时，有人提议选几课，让有关的老师来说说他们的教学设计，以说“课”代替“上”课。联想到影视、戏剧导演的说戏，于是他们把这种新的教研活动形式命名为“说课”。

2002 年，国家教育科学计划领导小组正式批准了《说课理论与实践的分层研究》为教育部“十五”规划课题，该课题于 2002 年 10 月在京开题，2006 年 2 月结题。课题对说课概念进行了科学界定，在说课的理论基础、本质特征和规律、层次、功用等方面进行了创新的探索。

“说课”活动具有以下五大功能。

（1）评价功能　评价教师对教育教学理论、专业知识掌握程度和业务能力，进而综合评价教师的教学水平。

（2）培训功能　促使教师经常认真钻研教材，不断学习教育教学理论、改进教法并教给学生学法。

（3）研究功能　说者和评者在说课前都需要深入研究，才能说评结合，相互交流，共同总结教学经验。

（4）交流功能　通过说课者的说课，评者的点拨、指导评价，能够集思广益、取长补短、相互交流。

（5）检查功能　通过教师说课，可检查其备课情况，指出存在的问题，促使教师进一步提高备课质量。

因此，“说课”逐渐成为各级各类教研、教学考查、评比、面试等的主要活动。

2. 说课的类型

按内容分，说课可分为课程说课、单元说课、课时说课；按时间分，可分为课前说课和课后说课；按作用分，可分为研究性说课、示范性说课、评比性说课和检查性说课。

3. 说课与上课比较

说课与上课的相同点与不同点见表 6-1。

表 6-1　说课与上课的比较

比较项目	说课	上课
相同点	依据课程标准（大纲）进行教学设计并实施	
对象	专家和同行	学生
目的	叙述教学设计及依据	培养学生达成目标
内容	教什么？怎么教？ 为什么这样教？	教什么？怎么教？
方式	演说和交流（10 ~ 20 分钟）	教学活动（30 ~ 45 分钟）
评价	教学设计、教科研素质	实施能力、教学效果

4. 说课的基本内容

说课的基本内容如图 6-1 所示。

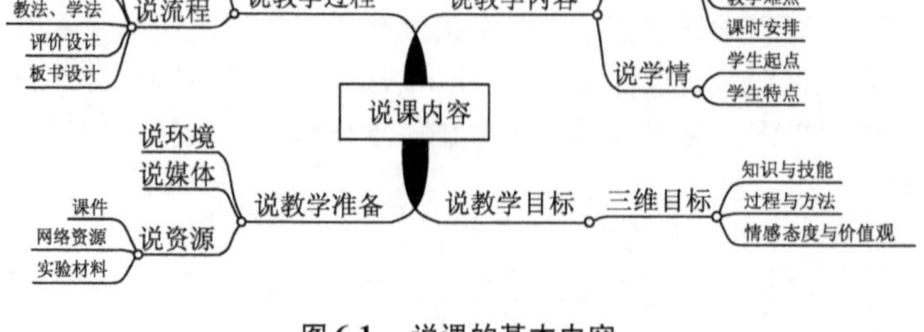

图 6-1　说课的基本内容

5. 说课准备与说课技巧

（1）总体要求　思路清晰、层次分明；重点突出、语言简练；重点内容明确具体、说理透彻；理实结合、有理有据。

（2）说课准备

① 理论准备：研读课程标准和说课标准，钻研教材，研究教学日历，分析学情。

② 准备说课稿：基于教学设计（教案）规划说课结构；按层次用陈述性语言表述；要求详略得当；

③ 准备说课 PPT：逻辑清晰，简洁明了，可视化表达，用事实说话。

④ 准备佐证材料：实物、课件、图片、资料、视频、网站等。

（3）试说　熟练操作、语言标准、切忌念背、详略得当、掌控时间。

（4）现场说课技巧　准备充分、整洁礼貌、增强自信、呈送材料（课程标准或教学大纲、教材、教学日历、单元设计和教案、说课稿）、生动表述、诚恳交流。

6. 模拟授课

教学设计和说课设计的效果可以用实际上课来检验，但简单易行的方式是模拟授课。

模拟授课是指在有限的时间内，教师通过口语、形体语言和各种教学技能与组织形式的展示而进行的一种教学形式，它源于师范院校的学生试讲。

模拟授课过程中没有学生出现，省略了学生活动，所以也称为无生上课、无生授课。

模拟授课常用于考查教师的综合能力，用于师范生技能训练、教师招聘面试、教学技能比赛和各类教研活动中。

（1）与说课的区别　说课的重点是“教什么”“怎样教”“为什么这样教”，更偏重的是教学的理论依据，针对的对象是同行或专家；“模拟授课”的重点是“如何教”，偏重的是课堂教学实际中教的方法和过程，对象仍然是学生，只不过由于现场没有学生（虚拟学生），需要通过动作和语言进行虚拟和模拟。

（2）与真实上课的区别

① 面对的对象和地点不同。在真实课堂上课，教师面对的是学生；“模拟授课”可以在办公室或其他场所，面对的是同行或专家。

② 观察、研究的对象不同。真实的课堂上，观察、研究的对象是教与学的“双边活动”，且以“学”为主；“模拟授课”的观察、研究对象主要是教师的“教”，对学的状态只能做出猜测。

③ 目标不同。常态教研活动的目标主要在于了解教师的教学能力和学生的学习情况，为教师和学生提供改进的建议和意见，也为管理者评价教师、制订校本教研计划等提供依据等。“模拟授课”活动的目标则主要在于在教师招聘中选拔教师；在教研活动中帮助教师改进教学方案、培训教学技能等。

如今，教师教研、教师面试招聘、技能竞赛等活动中，经常将模拟授课与说课活动结合起来进行。

实训过程

任务 1 观摩和研读说课案例

① 搜索并下载说课案例视频和相关材料（与自己专业或将来所教课程相关），认真观看、阅读和研习。

② 完成表 6-2。

表 6-2 案例观摩、研读和分析

分析项目	内容
案例主题	
内容来源	课程： 教材： 单元： 课时：
说课过程 流程图	
你对该说课的评价 （分项说明优点、缺点、技巧）	

任务 2 说课实践

参照说课案例，结合教学见实习活动，选择与自己专业相关课程的一项教学内容，按下列步骤开展说课活动。

你选取的教学内容：____

____

① 资料搜集及研读：搜集与教学内容相关的资料，包括课程标准或教学大纲、教材、教学参考书、教案和现成的说课资料（说课稿和说课 PPT）等，研读这些材料并进行

取舍。

② 设计规划说课结构：用思维导图来表示。

答：

③ 依据说课稿模板或案例样板，编写制作说课稿。

④ 设计制作说课 PPT。

⑤ 试说：

个人试说：____

____

小组试说：____

____

⑥ 正式说课。

巩固练习

回顾： 通过本项目对说课案例的观摩与研读和整个说课过程的实训，读者对说课这种教研活动有了全面的认识，并掌握了基本的说课技巧。

练习： 请完成以下习题。

1\. 名词解释

说课：____。

2\. 填空题

（1）说课具有五大功能，分别是________、________、________、________、________。

（2）说课的基本内容包括________、________、________、________。

3\. 简述题

（1）说课前要做哪些准备工作？

（2）说课活动与上课有哪些相同和不同之处？

（3）什么是模拟授课？与说课有何区别？与上课有何区别？

项目 6.2

网络教研技术

飞速发展的网络技术为教研活动提供了各种技术支持，利用网络平台、社会性媒体（如微信、QQ、博客、微博、网盘、视频、论坛、邮件等）等多种渠道开展教研活动，在极大程度上促进了教师的自我反思、同伴互助和专家引领，基于网络的教研活动成为教师专业成长的必要途径。本项目主要进行基于社会性媒体的教研活动的实训。

实训目标

① 了解网络教研的特点和主要形式。

② 学会利用微信、QQ 开展教研活动。

③ 学会利用博客、微博开展教研活动。

知识准备

1. 网络教研

网络教研是一种以网络为手段开展教研工作的新方式，它依托现代信息技术建立开放、交互、动态的网络教研平台，共享教育资源，实现专家与教师、教师与教师间的互动，通过真实情境发现问题、研究问题、解决问题，促进教师在研究状态下进行反思式的实践和专业成长。

网络教研的主要形式有网络教研平台、微信或 QQ 群、教育博客（微博）和网络教育论坛等。

网络教研具有如下优势：

（1）*突破时空限制* 网络的最大优势在于能突破时空的界限，让处于不同地方的人在不同的时间内互相协作、交流，取长补短，高效解决问题、完成任务；利用网络使教师组成一个新兴的教研合作体和学习共同体，打破时空和地域的界限，缩短了距离，拓展了空间，不受时间的限制。

（2）*教学资源丰富* 教师设计的教案、课件，开发的课程，课堂实录或微课视频，撰写的课题报告和论文，各种教学资源都可以发布到网上，利用这些资源能够让教师在教学上举重若轻，在分享经验的同时，提高自我，形成良性循环。

（3）*时效性强* 各种教学资源和教改的最新动态都可以在最短的时间里上传到网上，只要打开网络，就可以看到最新的消息、发布最新的感受、提出最新的问题、进行最快捷的交流，这样教师可以跟上时代步伐，走在前列。

（4）*发言顾虑少* 网上交流减少了教师面对面交谈时的心理压力，能够更畅快地发表自己的看法，不同层次的教师都能把自己的想法展示出来，并得到多位教师的指导，使自己的能力真正得到提高。

（5）*多种方式交流* 可以采取文字、语音和视频等媒体进行交流；可以同步交流，也可以异步交流；可以一对一交流，也可以一对多、多对多交流。

（6）*记录成长的过程* 网络教研具有记录功能，能够把教研活动过程中的每个细节记录下来，重新学习、回顾反思，看到每个教师成长的过程。

2. 基于社会性媒体的网络教研活动

社会化媒体也称社交媒体、社会性软件，指人们撰写、分享、评价、讨论、相互沟通的网络平台和工具，现阶段主要有微信、即时通信（QQ）、博客、播客、微博、网盘、社交网站、论坛、电子邮件等。由于教研活动的本质就是交流、分享、讨论、评价和沟通，因此利用社会性媒体开展教研活动是行之有效的。现阶段基于社会性媒体的网络教研活动方式常用的有以下几种：

（1）*微信* 微信具有"交流便捷、形式多样、交互性强、功能强大"等特点，成为信息沟通的主要方式。构建教研微信群，可以实现资源共享、经验学习、思想交流及自我展示等多种形式的教研功能。

（2）*即时通信* 最常用的即时通信工具是QQ，利用QQ可以建立各种群，进行多种方式的实时交流。群社区、群相册、群直播、群共享、群资源、讨论组等功能使教研活动丰富多彩。

（3）*博客* 微博适用于即兴而发的观点发表，而深思熟虑的教学反思和研讨，可以用博客来实施。博客原意是网络日志，它按时间倒序的方式发布多媒体文章，经常化、系统化的教育教学博客撰写可以实施教师自身或团队的知识管理，记录教师的成长过程，成为教师反思和成长的电子档案袋。

（4）*网盘和文库* 用于各类教学资源的存放和分享，如百度网盘、百度文库、超星云盘、金山快盘等。

（5）*微博* 利用微博可以通过浏览器、手机等随时随地快速发布各种信息资源，及时作出评价反馈；微（博）群可以聚合志同道合者，让志趣相投的朋友们通过微博更加方便地进行参与和交流；微话题可以快速聚集感兴趣的人共同围绕某一话题开展讨论和交流；微博还具有其他实用的功能，如搜索、悄悄话、插入图片、微博投票、微访谈等。所以可以利用微（博）群组建教研团队，组织者发布微话题让大家参与教研，通过微博发布各种多媒体信息和资源链接，开展各项教研活动。

（6）*社交网站和论坛* 社交网站基于六度空间原理（任何人可以通过6个人的关系互相认识）建立，把志同道合的好友组成群组，具有聊天通信、留言、交流、分享、收发邮件、搜索等多种功能，如人人网、百度空间、豆瓣、开心网等，通过这些网络也可以组建教研团队开展多种形式的教研活动。

论坛是一种小型的社交网站，它针对某个专题建立，同样具有信息发布、交流、资源共享、搜索、分组、评价、收发邮件等多种功能，也适合多种形式的教研活动开展。

实训过程

任务 1 微信、QQ 教研技术

① 组建教研小组和微信群或 QQ 群：根据爱好或指定成立教研小组，并指定组长，建立相应的微信群或 QQ 群。

你所在教研小组的成员：________________________________

组长：________________________________

微信群名称和微信号：________________________________

QQ 群名称和 QQ 号：________________________________

② 选择合适的教研主题，小组成员进行相应准备。

教研主题：________________________________

③ 将教研所得、各类资源等发布到群中。

④ 进行交流。

任务 2 博客和微博教研技术

本任务以新浪网站为例开展实训，其他网站大同小异。

（1） 申请新浪通行证

① 在浏览器中输入 https://www.sina.com.cn/，进入新浪网站首页。

② 鼠标移到上方的“登录”即出现如图 6-2 所示对话框，单击“立即注册”，进入注册页面。选择手机注册或邮箱注册，填写相应的注册信息，单击“立即注册”。

（2） 开通微博、博客　注册成功并登录后，在页面上单击“微博”完善相关资料，即开通微博；单击“博客”，按要求填写并实名验证，开通博客，如图 6-3 所示。

（3） 发布微博　通过浏览器或手机发布自己的微博。

（4） 微博应用

① 搜索自己关注的教研话题，并加入自己的“关注”中，请注意进行分组。

② 搜索自己感兴趣的微群，申请加入其中，进行交流研讨。

③ 进入微盘，上传资源，并通过微博发布资源链接。

④ 搜索微盘资源，进行下载。

图 6-2 注册新浪通行证

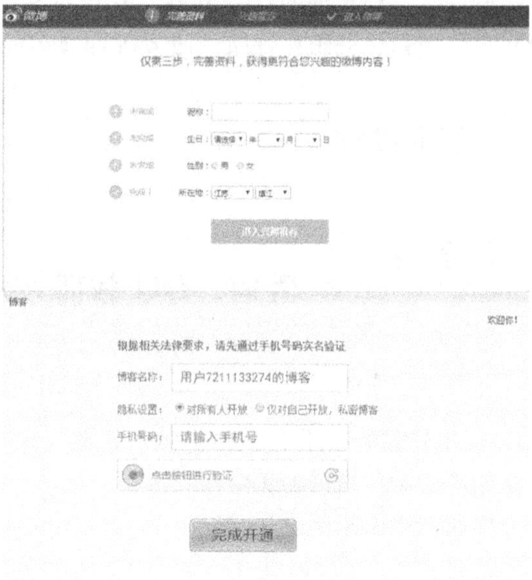

图 6-3 开通微博、博客

（5）设置博客和撰写博文

① 进入自己的博客，对博客进行适当的设置。

② 撰写博文：尝试用多媒体方式撰写博文，用文字、图片、音频、视频、资源链接等构建博文。搜索好的博文，进行转载。

③ 对博文进行分组。

（6）告之他人 将自己的微博、博客等通过微信、QQ 或其他形式告知任课教师和同学。

巩固练习

回顾： 本项目通过微信、QQ、博客、微博、网盘等技术在教研中的应用实训，让读者感受了社会性媒体在互动交流分享等方面的优势，体会了教研活动对于教师成长的重要性。

练习： 请完成以下习题。

1. 名词解释

（1）教研：______________________________

______________________________。

（2）社会性媒体：______________________________

______________________________。

（3）博客：______________________________

______________________________。

2. 简答题

（1）网络教研具有哪些优势？

（2）简述社会性媒体在网络教研中的应用。

项目 6.3

课题研究与论文撰写技术

根据教育教学中遇到的问题，提出课题，进行理论和实践研究，撰写研究报告或论文并投稿、发表，这是教师专业成长和晋升的重要途径。本项目学习与课题研究相关的知识和技能，进行相应的实训。

实训目标

① 了解课题研究的一般过程。
② 了解选择课题和课题研究的方法。
③ 学会论文撰写技术。

知识准备

1. 课题研究的一般过程

课题研究的一般过程如图 6-4 所示。

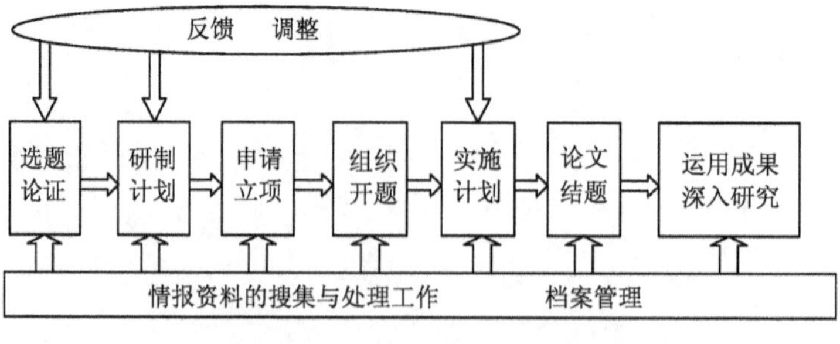

图 6-4　课题研究的一般过程

2. 选择课题的方法

选择好“课题”是有效开展教育科学研究的关键。

(1) 选择课题的原则

① 价值性：具有一定的理论价值、应用价值，教育理论研究以生产教育知识为主，

教育应用研究（教育实践）是以解决问题为主。

② 科学性：具备一定的实践基础和理论支撑。

③ 创新性：一是要反映时代特征；二是内容新；三是角度新；四是方法新。

④ 可行性：具备可操作性和可行性，包括主观条件和客观条件的满足。

（2）课题的来源

① 从教育实践的实际问题中找课题。

② 从理论文献的改进中找课题。

③ 从教育科学规划中找课题。

④ 借鉴先进的教育教学理论、经验和方法提出课题。

⑤ 移植、借鉴其他领域的先进理论、经验和方法提出课题。

（3）选题的一般步骤

① 调查研究，提出问题。

② 查阅文献资料，进行分析与综合。

③ 提出课题的设想与设计。

④ 预实验或预调查。

⑤ 课题论证：有无意义，是否重复，是否可行。

⑥ 课题确立。

3. 课题研究方案的制订

课题研究方案的主要内容有：

① 课题名称；

② 课题研究的背景和意义；

③ 课题研究的范围、目标、基本内容；

④ 课题研究的方法；

⑤ 课题研究的步骤；

⑥ 成果的形式与课题组成员分工；

⑦ 经费预算与设备条件要求。

4. 课题研究的方法

常用的研究方法有调查法、行动研究法、叙事研究法、实验法、文献法、经验总结法、个案分析法、质的研究等。

（1）调查法　即在教育理论指导下，通过运用调查、问卷、访谈、观察、个案研究及测验等科学方式，搜集教育问题的资料，从而对教育的现状作出科学的分析认识并提出具体工作建议的一整套实践活动。

（2）行动研究法　即教师在研究人员的指导下，根据自己教育教学的实际情况，解决日常教育、教学中出现的问题，不断地改进教育、教学工作的一种研究方式。它从教育工作需要中寻求课题，在实际工作过程中进行研究，由实际工作者和研究者共同参与，使研究成果为实际工作者理解、掌握和实施，从而达到解决实际问题、改善行为的目的。行动研究法的主要类型有案例研究、问题研究、合作研究 3 种。行动研究是一个螺旋式发展的过程，每一个螺旋发展圈都包括 4 个互相联系、互相依赖的环节：计划—行动—观察—反思。

（3）叙事研究法　即以叙事的方式开展的教育研究方式。它的基本特征是以叙事、讲故事的形式记录在自己的教育实践、教育生活中发生的各种真实鲜活的教育事件和发人深省的动人故事，表述自己在实践过程中的亲身经历、内心体验和对教育的理解感悟。它其实是一种叙事化的教育反思，也是一种叙事化的教育案例。好的叙事 = 生动的故事 + 精彩的内心活动。

5. 课题研究报告或论文的主要内容

（1）论文题目　论文题目要求用最简洁、恰当的词组反映论文的特定内容；题目应包括论文的主要关键词；切忌用冗长的主、谓、宾结构的完整语句，逐点描述论文的内容；题目应尽量避免使用符号。

（2）作者及单位　要注明论文的作者及其单位名称。

（3）摘要及关键词　摘要应很好地交代课题研究的目的、方法及结果和结论，要求客观如实地反映原文的内容，结构严谨、语义确切、表述简明，一般不分段落；要求采用规范化的名词术语。关键词是为了满足文献标引或检索工作的需要，从论文中取出的词或词组。可从论文中选取 3 ~8 个词作为关键词；关键词应尽量选取刊入《汉语主题词表》和专业性主题词表等词表中的规范性词，不能写成一句句内容全面的短语。

为满足国际交流，前面三部分通常要同时翻译成英文放在论文的合适位置。

（4）引言　这是论文的开始部分，核心内容是提出论文的中心论题。一般包括进行这项研究的背景；前人或他人在这方面的研究进展情况；研究的目的；提出的中心论题。研究者将研究假设与研究结果联系起来进行思考，总述对问题的解决、验证所发表的观点、见解和新发现；简单介绍研究方法和研究过程。

（5）正文　这是论文的主体。首先根据中心论题的论证要求分出分论题，并用简练的语言概括出主标题；根据需要再分出若干段落，每个段落配以小标题。标题序号：一级标题“一、”、二级标题“（一）”、三级标题“1. ”、四级标题“（1）”、五级标题“①”（或一级标题“1”、二级标题“1. 1”、三级标题“1. 1. 1”、四级标题“（1）”、五级标题“①”）。

（6）结论　这是论文的结尾部分。结尾不是正文中各段小标题的简单重复，结论需要归纳论证的结果，形成明确的论点；也可以对中心论题做进一步的深化，或是围绕中心论题，提出不足、建议、设想和进一步研究的方向。

（7）参考文献　列出本课题研究和论文撰写中引用的有关图书资料，目的是反映出真实的科学依据；体现严肃的科学态度，分清是自己的观点或成果，还是别人的观点或成果；对前人的科学成果表示尊重，同时也是为了指明引用资料出处，便于检索。论文正文部分引用的文献采用顺序编码制标注。常用的参考文献格式如下：

① 学术期刊：[序号] 作者. 文题 [J]. 刊名，年，卷号（期号）：起止页码.（有卷号的期刊写明卷号）

② 专（译）著：[序号] 作者（译者）. 书名 [M]. 出版地：出版者，出版年：起止页码.

③ 论文集：[序号] 作者. 论文集名称 [C]. 出版地：出版者，出版年：起止页码.

④ 电子文献：题名 [EB/OL]. 发表或更新日期 [引用日期]. 获取或访问地址.

（8）附录　若有必要，可补充附录。

实训过程

任务1　调查问卷的设计与制作

问卷调查是用卷面提出问题的方式搜集资料的一种研究方法，有纸质和网络两类，本实训任务通过网络问卷方式进行。

（1）研读调查问卷模板

① 在浏览器中输入 https://www. wjx. cn/，进入“问卷星”网站，如图6-5所示。

图6-5　“问卷星”网站首页

② 选择“应用展示”，在弹出的菜单中选择“问卷调查”（或单击“问卷调查模板”），选择自己感兴趣或与专业相关的若干问卷进行研读（也可参考帮助文档）。

问卷的主要应用：____

____

问卷的主要题型：____

____

（2）设计制作调查问卷

① 注册一个账号，并登录。

② 确定一个调查课题，针对调查人员的情况和内容，设计调查问卷。

③ 根据自己的设计，选择一个合适的模板，制作调查问卷。

④ 发布问卷，将问卷链接或二维码发布到微信、QQ、微博、博客或通过邮件告知调查者。

（3）导出问卷　将问卷导出为 Word 文档或打印。

（4）汇总并分析　汇总并分析问卷结果。

任务 2 论文制作

扫一扫

毕业论文排版

①下载教研论文模板，对其排版和格式等进行研读，并完成表 6-3。

表 6-3 研读论文模板

项目	撰写、排版要点和注意事项
论文题目	
作者信息	
摘要	
关键词	
引言	
正文	
结论	
参考文献	
英文题目 摘要 关键词	
图表	
附录	

② 根据论文模板，撰写和制作自己的论文。

③ 下载学校的毕业论文模板并研读，研究其结构特点及撰写、排版要点和注意事项，并尝试制作，掌握其排版要点。

注意

与科研论文相比，毕业论文在结构上项目更多，包括封面、摘要和关键词（中英文）、目录、引言、正文、结论、参考文献、附录（图表、程序等）、鸣谢等。在排版制作上，为了生成目录，需要对论文采用“样式和格式”来排版；还需要通过分页符和分节符来规范论文的结构。

巩固练习

回顾：通过本项目的实训，读者了解了教育科研课题研究的一般过程和方法，并学会了调查问卷和论文的制作方法。

练习：请完成以下习题。

1. 填空题：

（1）课题研究的选题原则有________、________、________、________等。

（2）常用的课题研究方法有________、________、________、________等。

2. 简答题

（1）用流程图表示课题研究的一般过程。

（2）谈谈你对行动研究法的认识。

项目 6.4

信息技术与课程整合

现代教育技术又称信息化教育技术，这是因为信息技术在教育教学中的应用是现代教育技术的主要内容，“信息技术与课程整合”成为 21 世纪教育教学改革的新视点。本项目通过对“信息技术与课程整合”案例的观摩、评价和研讨，让读者理解信息技术与课程整合的内涵，明确其基本要求、基本策略和基本方式，提高信息技术与课程整合的实践运用能力。

实训目标

① 通过案例分析和研究，理解“信息技术与课程整合”。

② 通过用“信息技术与课程整合”的理念来改进教学设计，提高现代教育技术的综合运用能力。

知识准备

1. 信息技术与课程整合

21 世纪初教育部发布的《基础教育课程改革纲要（试行）》中就提出：“大力推进信息技术在教学过程中的普遍应用，促进信息技术与学科课程的整合，逐步实现教学内容的呈现方式、学生的学习方式、教师的教学方式和师生互动方式的变革，充分发挥信息技术的优势，为学生的学习和发展提供丰富多彩的教育环境和有力的学习工具”。随着研究和实践的深入，“信息技术与课程整合”的内涵、方式等都发生了很大的变化。

（1）*内涵* 所谓信息技术与课程的整合，就是通过将信息技术有效地融合于各学科的教学过程来营造一种新型教学环境，实现一种既能发挥教师主导作用又能充分体现学生主体地位的以“自主、探究、合作”为特征的教与学方式，从而把学生的主动性、积极性、创造性较充分地发挥出来；使传统的以教师为中心的课堂教学结构发生根本性变革，从而使学生的创新精神与实践能力的培养真正落到实处，即具有 3 个基本属性：创设新型教学环境、实现新的教与学方式、变革传统教学结构。

（2）*策略* 在系统科学方法论中，“整合”表示为由两个或两个以上较小部分的事物、现象、过程、物质属性、关系、信息、能量等在符合具体客观规律或一定条件的前提下，凝聚成较大整体的过程及结果。因此信息技术与课程的“整合”，就是在课程教学过程中把信息技术、信息资源、信息方法、人力资源和课程内容有机结合，共同完成课程教学任务。具体表现在以下几个方面：

① 利用信息化学习环境和资源，创设情境（包括自然、社会、文化和各种问题情境及虚拟实验环境），培养学生的观察能力和思维。

② 利用信息化学习环境和资源，借助其内容丰富、多媒体呈现、具有联想结构的特点，培养学生自主发现、探索学习的能力。

③ 利用信息化学习环境和资源，借助人机交互技术和参数处理技术，建立虚拟学习环境，培养学生积极参与、不断探索的精神和科学研究的方法。

④ 利用信息化学习环境和资源，组织协商活动，培养合作学习的精神。

⑤ 利用信息化学习环境和资源，创造机会让学生运用语言、文字表述自己的观点和思想，形成个性化的知识结构。

⑥ 利用信息化学习环境和资源，借助信息工具平台，尝试创造性实践，培养学生信息加工处理和表达交流的能力。

⑦ 利用信息化学习环境和资源，提供学习者自我评价和反馈的机会。学生可通过形成性练习、作品评价方式获得学习反馈，调整学习的起点和路径。

（3）*方式* 信息技术与课程整合的方式有以下 3 种。

① Learn about IT 方式：即把信息技术作为学习对象，最典型的就是在中小学开设的“信息技术”课程教学中融入其他学科课程知识，如在“信息搜索下载”课中把检索语文、数学资料作为学生的练习。

② Learn from IT 方式：即把信息技术作为教师教学的辅助工具，包括各种基于信息技术的教学（信息化教学）。图 6-6 是信息技术与课程整合在“情境—探究”教学模式中的具体应用。

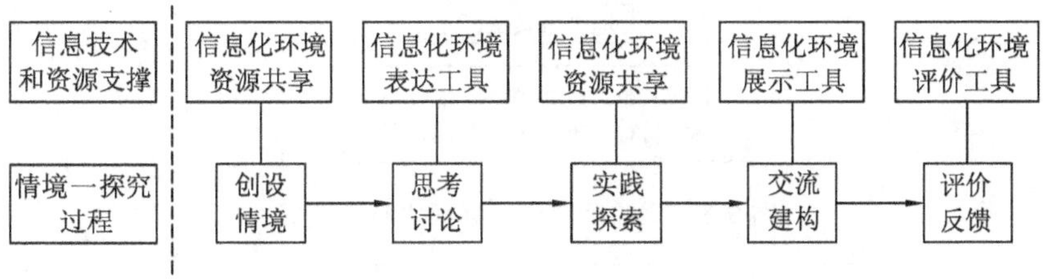

图 6-6 “情境—探究”教学模式

③ Learn with IT 方式：把信息技术作为学生学习的认知工具，作为课程学习内容和学习资源的获取工具、作为情境探究和发现学习的工具、作为协商学习和交流讨论的通信工具、作为知识构建和创作实践的工具、作为自我评测和学习反馈的工具（信息化学习）。常用的应用模式有“资源利用—主题探究—合作学习”模式（如图 6-7 所示）、“校际合作—远程协商”模式（如图 6-8 所示）和“专题探究网站”模式（如图 6-9 所示）。

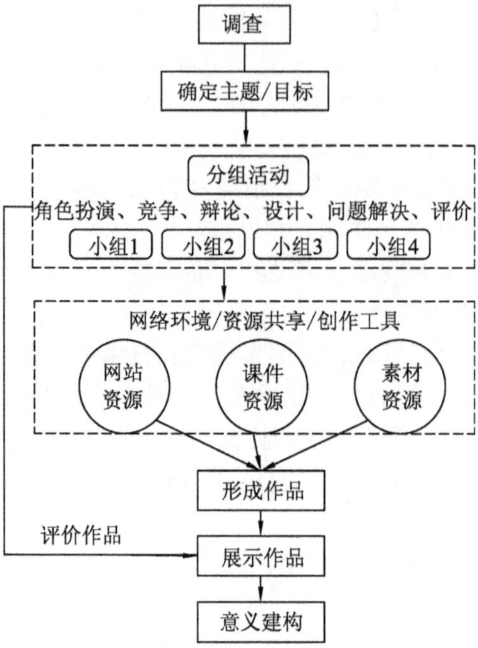

图 6-7 “资源利用—主题探究—合作学习”模式

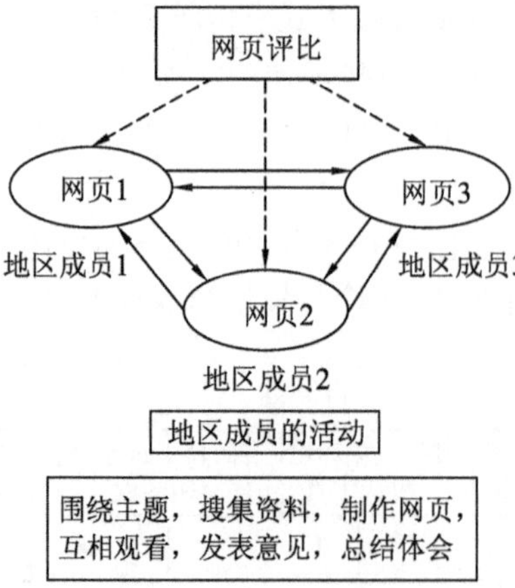

图 6-8 “校际合作—远程协商”模式

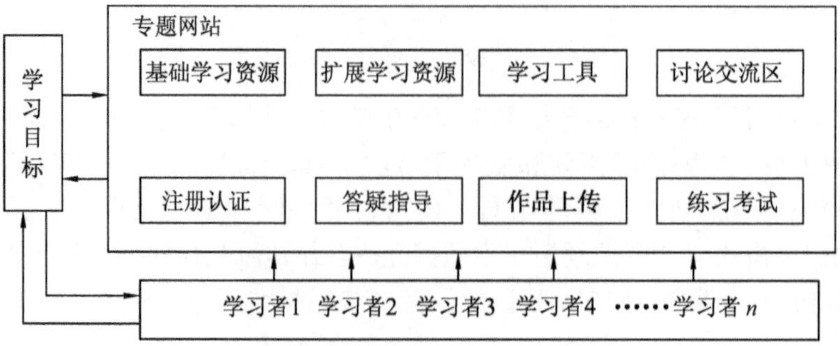

图 6-9 “专题探究网站”模式

2. 信息化教学

（1）信息化教学概述　信息化教学，是以现代教学理念为指导，以信息技术为支持，应用现代教学方法的教学。在信息化教学中，要求观念、组织、内容、模式、技术、评价、环境等一系列因素信息化。

在信息化教学中，信息网络技术是基础，信息资源是核心，信息技术与资源的应用是目的，而信息化人才、政策、法规和标准是保障。

信息化教学具有以下特点：从技术方面看，信息化教学具有教学的数字化、网络化、智能化和多媒体化等特点。从教学过程方面看，信息化教学具有教学个性化、学习自主化、活动合作化、管理自动化、资源全球化、信息表征多元化等特点，是以学生为中心、以学生能力培养为目的的教学。

信息化教学提倡用技术有效地支持教学。因此教师在选择技术应用于课堂教学时，不能只关注工具与技术的能力，因为不是技术与工具越先进、越高级越好。教师应当重点考虑技术是否有效地支持了学生的学习，能否实现教学的最优化。

（2）信息化教学模式　信息化教学模式是以学生为中心，学习者在教师创设的情境、协作与会话等学习环境中充分发挥自身的主动性和积极性，对当前所学的知识进行意义建构并用所学解决实际问题。

在教学中，教师由知识的传授者、灌输者转变为学生主动获取信息的帮助者、促进者；学生由外部刺激的被动接受者和知识的灌输对象转变为信息加工的主体、知识意义的主动建构者。教学过程由讲解说明的过程转变为通过情境创设、问题探究、协商学习、意义建构等以学生为主的过程。

信息化教学与传统教学模式不同之处在于：

① 教师角色：传统教学中，教师是知识的来源，是知识的垄断者、传授者；而信息化教学中，教师是导航者、设计者和帮助者。

② 学生角色：传统教学中，学生是知识的被动接受者；而在信息化教学中学生是学习过程的探究者、意义建构主体，主动参与各种形式的教学活动。

③ 教学目的：传统教学的教学目的是完成教学活动，局限于课堂教学活动本身；而信息化教学的教学目的是培养一种终身学习的能力，不局限于教学活动本身。

④ 教学地点：传统教学多数时间只能在教室；而信息化教学由于多种形式的教学活动，教室的外延被拓宽了，学校、社会、家庭的各个角落都可以成为教学地点。

⑤ 教学方法：传统教学中教师呈现，学生听，以教师讲授为主；而信息化教学中以启发学生探究为主，讨论式、协作式和个别辅导式为辅。

⑥ 教学媒体：传统教学以书本、板书、教具为主；而信息化教学则集合多种媒体和计算机网络。

⑦ 交流合作：传统教学合作学习多流于形式，学校和社会相分离，与外界少交流；而信息化教学则利用信息技术等手段把外界和教室联系在一起。

⑧ 学习评价：传统教学评价是以学生记住了多少知识为主；而信息化教学则基于学生在解决问题、交流思想、呈现信息等方面的提高，综合评价。

（3）信息化教学设计　信息化教学设计是充分利用现代信息技术和信息资源，科学安排教学过程的各个环节和要素，为学生提供良好的信息化学习条件，实现教学过程全优化的系统方法。

① 信息化教学设计的原则主要有：

- 以学生为中心，注重学习者学习能力的培养。
- 充分利用各种信息资源来支持学习。
- 以“任务驱动”和“问题解决”作为学习和研究活动的主线，让学生在有具体意义的情境中学习。
- 强调“协作学习”。
- 强调针对学习过程和学习资源的评价。

② 在进行信息化教学设计时应注意：

- 教学目标分析：不但要分析知识、能力和情感目标有哪些，还要分析这些目标用什么样的技术支持能够更好更快达成。
- 学习者分析：在分析学生知识、能力起点的同时，分析学生的信息素养水平。
- 教师自身情况分析：在分析对课程内容把握的同时，考虑自身是否具备所需技术技能素养和对技术的驾驭能力，还需考虑如何应对学生信息技术能力高于自身时如何应对。
- 教学资源准备：考虑需要准备哪些硬件、软件和教学资源及如何准备。对可能出现的故障要有解决的预案。
- 课程内容分析和教学策略设计：考虑如何将技术与课程整合，教学内容、教学模式与技术相适应等问题。

3. 数字化学习

信息技术与课程整合的核心是让学生学会数字化学习，以适应数字化时代生存的需要。

数字化学习是指学习者在数字化的学习环境中，利用数字化学习资源，以数字化方式进行学习的过程。信息技术是以数字化为支柱，它应用到教育教学过程后，形成数字化的学习环境、数字化的学习资源和数字化的学习方式。

(1) *数字化的学习环境* 信息化学习环境就是数字化的学习环境，在这种学习环境中，经过数字化信息处理具有信息显示多媒体化、信息传输网络化、信息处理智能化和教学环境虚拟化的特征。它包括设施（如多媒体计算机、多媒体教室网络、校园网络、因特网等）、资源（如多媒体课件、网络资源和素材、电子书等）、平台（向学习者展现的学习界面，实现网上教与学活动的软件系统）、通信（实现远程协商交流和讨论）、工具（学习者进行知识构建、创造实践、解决问题的学习工具）。

(2) *数字化的学习资源* 指经过数字化处理，可以在多媒体计算机上或网络环境下运行的多媒体材料，包括数字视频、数字音频、多媒体软件、CD-ROM、网站、电子邮件、在线学习管理系统、计算机模拟、在线讨论、数据文件、数据库等。数字化学习资源具有多媒体、超文本、友好交互、虚拟仿真、远程共享等特性。

(3) *数字化的学习方式* 利用数字化平台和数字化资源，教师、学生之间开展协商讨论、合作学习，并通过对资源的搜集利用、探究知识、发现知识、展示知识、创造知识的方式进行学习，因此，数字化学习方式具有多种途径：① 资源利用的学习，即利用数字化资源进行情境探究的学习；② 自主发现的学习，即借助资源，依赖自主发现、探索性的学习；③ 协商合作的学习，即利用网络通信，形成网上社群，进行合作式、讨论式的学习；④ 实践创造的学习，即使用信息工具，进行创新性、实践性的问题解决学习。

实训过程

任务 1 研习信息技术与课程整合案例

搜索信息技术与课程整合案例（与自己所学专业相关），观摩并评价，完成表 6-4。

表 6-4 评价信息技术与课程整合案例

案例概况	课程名称	
	案例题目	
	学生情况	
整合模式		
教学流程图		
信息技术运用情况		
情境创设		
思考讨论		
实践探索		
交流建构		
评价反馈		
教学工具		
学习工具		
交流工具		
其他		
学生学习主动性体现		
整合中存在的问题		
改进建议		

任务 2 基于信息技术与课程整合理念的教学设计

用信息技术与课程整合的理念、策略和方式，对“设计篇”的“项目 3.1　教学设计技术”的教学设计方案进行修改或重新设计，采用合适的信息技术与课程整合方式，设计并制作新的教学设计方案（信息化教学设计方案）。

巩固练习

回顾：本项目通过对信息技术与课程整合案例的观摩剖析和用信息技术与课程整合理念教学设计的实训，让读者进一步领会了现代教育技术在教育教学中的运用技巧。

练习：请完成以下习题。

1. 名词解释

（1）整合：____

____。

（2）信息技术与课程整合：______________________________________

____。

（3）信息化教学：____

____。

（4）数字化学习：____

____。

2. 简答题

（1）信息技术与课程整合的基本方式有哪些?

（2）什么是信息化教学？信息化教学模式与传统教学模式有何异同?

（3）什么是信息化教学设计？有何原则和注意事项?

参考文献

[1] 冷国华. 多媒体 CAI 课件设计与制作 [M]. 镇江：江苏大学出版社，2010.
[2] 武丽志. 现代教育技术——学科教师应用指南 [M]. 广州：华南理工大学出版社，2009.
[3] 陈琳. 现代教育技术 [M]. 北京：高等教育出版社，2006.
[4] 方其桂. 多媒体 CAI 课件设计制作教程 [M]. 北京：人民邮电出版社，2004.
[5] 方其桂. 多媒体 CAI 课件制作实例教程 [M]. 北京：清华大学出版社，2006.
[6] 柏宏权，李哲. 现代教育技术教程 [M]. 北京：电子工业出版社，2010.
[7] 孙方. PowerPoint! 让教学更精彩：PPT 课件高效制作（修订版）[M]. 北京：电子工业出版社，2012.
[8] 刘海燕，施教芳. PowerPoint 2010 从入门到精通 [M]. 北京：中国铁道出版社，2011.
[9] 赵志群. 职业教育工学结合一体化课程开发指南 [M]. 北京：清华大学出版社，2009.
[10] 侯冬梅. 计算机应用基础实训教程 [M]. 北京：中国铁道出版社，2011.
[11] 王朋娇. Photoshop 平面设计 [M]. 北京：电子工业出版社，2012.
[12] 孙宁青，曾海文，韦大欢. 计算机应用基础项目化教程 [M]. 北京：电子工业出版社，2012.
[13] 吴疆. 多媒体课件设计与制作 [M]. 北京：人民邮电出版社，2005.
[14] 张福炎，孙志辉. 大学计算机信息技术教程（第 5 版）[M]. 南京：南京大学出版社，2012.
[15] 陈魁. PPT 演义——100% 幻灯片设计密码（第 2 版）[M]. 北京：电子工业出版社，2014.
[16] 陈云山. 现代教育技术教程与实训 [M]. 昆明：云南大学出版社，2006.
[17] 何克抗，李文光. 教育技术学 [M]. 北京：北京师范大学出版社，2003.
[18] 黄荣怀，沙景荣，彭绍东. 教育技术学导论 [M]. 北京：高等教育出版社，2006.
[19] 蒋家傅，唐春生，李美华. 现代教育技术技能训练与评价标准 [M]. 北京：

电子工业出版社，2005.
［20］祝智庭，顾小清，闫寒冰．现代教育技术——走进信息化教育（修订版）［M］．北京：高等教育出版社，2005.
［21］张妙华，武丽志．远程教育学——学与教的理论和方法［M］．广州：华南理工大学出版社，2008.
［22］张剑平．现代教育技术——理论与应用［M］．北京：高等教育出版社，2006.
［23］张一春．现代教育技术实用教程［M］．南京：南京师范大学出版社，2005.
［24］祝智庭．教育技术培训教程（教学人员版初级）［M］．北京：北京师范大学出版社，2006.
［25］李运林，徐福荫．教学媒体的理论与实践［M］．北京：北京师范大学出版社，2009.
［26］田俊华．现代教育技术实践教程［M］．北京：科学出版社，2009.
［27］华南师范大学网络教育学院．“现代教育技术”网站［EB/OL］．［2019－06－15］．http://jpkc.gdou.com/Jyjs/Home/Index.
［28］王竹立．竹立的 BLOG［EB/OL］．［2019－06－15］．http://blog.sina.com.cn/wzl63.
［29］焦建利．教育技术自留地［EB/OL］．［2019－06－15］．http://www.jiaojianli.com/.
［30］杨宁．现代教育技术——为有效教学而使用技术［M］．上海：上海交通大学出版社，2017.
［31］孙方，宋秋莲，杨继琼．现代教育技术［M］．上海：上海交通大学出版社，2017.
［32］张德成．现代教育技术［M］．上海：上海交通大学出版社，2018.
［33］马维启，陈声健．信息化教学理论与实践［M］．上海：上海交通大学出版社，2017.
［34］钟芝和．现代教育技术［M］．上海：上海财经大学出版社，2018.
［35］陈妩．现代教育技术［M］．北京：北京师范大学出版社，2017.
［36］孙方．网易云课堂．现代教育技术［EB/OL］．［2019－06－15］．https://study.163.com/course/courseMain.htm? courseId=1201005.
［37］王珏．网易云课堂．微课设计与制作·从入门到精通［EB/OL］．［2019－06－15］．https://study.163.com/course/courseMain.htm? courseId=1002978003.
［38］汪晓东．网易云课堂．现代教育技术［EB/OL］．［2019－06－15］．https://study.163.com/course/courseMain.htm? courseId=1439001.
［39］中国大学 MOOC. 教师教学能力系列 MOOC［EB/OL］．［2019－06－15］．https://www.icourse163.org/topics/teachermooc/.

[40] 陈琳. 中国大学 MOOC. 现代教育技术[EB/OL]. [2019 - 06 - 15]. https://www.icourse163.org/course/XZNU - 1001753170.

[41] 汪基德. 中国大学 MOOC. 现代教育技术应用[EB/OL]. [2019 - 06 - 15]. https://www.icourse163.org/course/HENU - 1001796004.

[42] 傅钢善. 中国大学 MOOC. 现代教育技术[EB/OL]. [2019 - 06 - 15]. https://www.icourse163.org/course/SNNU - 1001517001.

[43] 安素平. 中国大学 MOOC. 现代教育技术应用 [EB/OL]. [2019 - 06 - 15]. https://www.icourse163.org/course/MNNU - 1205887805.

[44] 李彩霞. 中国大学 MOOC. 现代教育技术应用[EB/OL]. [2019 - 06 - 15]. https://www.icourse163.org/course/LYUN - 1002751005.

[45] 杨宁. 中国大学 MOOC. 现代教育技术 [EB/OL]. [2019 - 06 - 15]. https://www.icourse163.org/course/FJNU - 1205712803.